Foto: Brigitte Friedrich

Dorothee Sölle, geboren 1929 in Köln, studierte Philosophie, Theologie und Literaturwissenschaften. 1972 habilitierte sie sich an der Universität Köln mit einer Arbeit über die Zusammenhänge von Literatur und Theologie nach der Aufklärung. Von 1975 bis 1987 war sie Professorin am Union Theological Seminary in New York. Heute lebt sie als freie Schriftstellerin in Hamburg.
Wichtigste Veröffentlichungen: Leiden (1973); Verrückt nach Licht. Gedichte (1984); Gott denken. Einführung in die Theologie (1990); Es muß doch mehr als alles geben. Nachdenken über Gott (1992); Mutanfälle. Texte zum Umdenken (1993); Gegenwind. Erinnerungen (1995); Mystik und Widerstand (1997).

Dorothee Sölle

Lieben und arbeiten

Eine Theologie der Schöpfung

campe paperback

Die Deutsche Bibliothek – CIP-Einheitsaufnahme
Sölle, Dorothee:
Lieben und arbeiten: eine Theologie der Schöpfung/Dorothee
Sölle. – 1. Aufl. – Hamburg: Hoffmann und Campe, 1999
(Campe-Paperback)
ISBN 3-455-10377-4

Umschlaggestaltung: Büro Hamburg unter Verwendung eines Fotos von
Photonica/Kamil Vojnar
Satz: Dörlemann Satz, Lemförde
Druck und Bindung: Clausen & Bosse, Leck
Printed in Germany

Inhalt

Vorwort 7

1 Schwierigkeiten, den Gott der Schöpfung zu loben 11

2 Im Anfang war Befreiung 18

3 Aus Erde gemacht 40

4 Geschaffen nach Gottes Bild 60

5 Eine Spiritualität der Schöpfung 72

6 Arbeit und Entfremdung 84

7 Zwischen Paradies und Fluch 103

8 Arbeit als Selbstausdruck 120

9 Arbeit und sozialer Bezug 140

10 Arbeit als Versöhnung mit der Natur 153

11 Sexualität und Entfremdung 169

12 Ekstase und Vertrauen 187

13 Ganzheit und Solidarität 203

14 Zur Hoffnung geschaffen 225

Vorwort

Dieses Buch hat eine lange Reise durch verschiedene Weltgegenden hinter sich: Amerika und Europa, eine Low-Tech-Vergangenheit und eine High-Tech-Zukunft, die Jahre des atomaren Wettrüstens und die neue Epoche der Weltgeschichte, die die Menschen endlich von mühseliger und stumpfsinniger Arbeit »freisetzen« wird. Es ist entstanden aus einer Vorlesung über »Schöpfung, Arbeit und Sexualität«, die ich im Frühjahr 1983 in New York hielt. Der Beitrag der Studierenden des Union Theological Seminary in Rückfragen und hitzigen Debatten hat mein Differenzbewußtsein geschärft. Aus Tonbändern, Vorlesungsnotizen und anderen Materialien erarbeitete ich dann, zusammen mit Shirley A. Cloyes (New York), ein englisches Manuskript, das unter dem Titel »To work and to love – a theology of creation« (Fortress Press, 1984) erschien. Elisabeth Schüssler Fiorenza hat in einer Besprechung kritisch angemerkt, daß das Adjektiv »feministisch« im Untertitel des Buches fehle, obwohl doch der damit verbundene Anspruch erfüllt sei. Ich glaube, es kann der denkenden Leserin nicht verborgen bleiben, daß es sich hier in der Tat um eine feministische Theologie der Schöpfung handelt.

Helmut Weigel, damals Lektor im Kreuz Verlag, Stuttgart, hat eine hilfreiche Rohübersetzung ins Deutsche angefertigt, ich habe Beispiele und Materialien dieser neuen Version aus dem deutschen Diskursbereich eingefügt. An diesem zuerst 1985 erschienenen Text habe ich jetzt, im Herbst 1998, eine Reihe von Kürzungen und kleinen Korrekturen vorgenommen. Der damalige Kontext war von der atomaren Bedrohung geprägt, die ich am klarsten in dem Ausdruck »to undo creation« ausgesprochen fand. Aber es gibt verschiedene Formen, die Schöpfung rückgängig zu machen. *Tempora mutantur*, die Zeiten haben sich geändert – und eine sich als »kontextuell« verstehende Theologie muß darauf reagieren.

Eine der Grundfragen, die mich im Hinblick auf die Schöpfung beschäftigten, war und ist die nach einer humanen und befreienden Theologie der Arbeit, die ich an vielen Stellen der christlichen Reflexion vermißte oder gar zerstört fand. Diese Frage hat sich selbstredend in den Jahren nach der Wende oder dem Beginn des 3. Jahrtausends, das ich ins Jahr 1989 datieren möchte, verschärft. Sie wird heute an vielen Stellen produktiv neu gedacht.[1] Im Zusammenhang der Dritten industriellen Revolution, in der Denkmaschinen und Computer die neuen »arbeiterlosen Fabriken« prägen, hat Jeremy Rifkin »The End of Work« realistisch und pessimistisch dargestellt (1995). Steuert die Weltwirtschaft unausweichlich auf ein Zeitalter ohne Arbeit zu? Oder ist es nur die bezahlte Arbeit, die für eine große Mehrheit abgeschafft wird? Und läßt sich die menschliche Arbeit durch maschinelle ersetzen? Oder wird sie neue, kreativere Formen finden?

Das moderne, vom Industriepatriarchat geprägte Denken mißt den Wert eines Menschen am Marktwert seiner Arbeitskraft. Aber in einer automatisierten Welt wird diese Ware »Arbeitskraft« zunehmend überflüssig. Gibt es ein anderes Verständnis von Arbeit als das der Lohnarbeit? Ich vermute, daß die Aussagen der Bibel eine Hilfe zu diesem neuen Denken leisten können. Es wird über die notwendige Kritik an der Barbarei des Neoliberalismus hinausgehen. Die Grundbedingungen für ein humanes und zugleich nachhaltiges Verständnis menschlicher Arbeit wer-

1 Vgl. »Zukunftsfähiges Deutschland«. Ein Beitrag zu einer global nachhaltigen Entwicklung (Studie des Wuppertal-Instituts für Klima, Umwelt, Energie), hrsg. v. B.U.N.D. und Misereor, Basel 1996; Orio Giarini und Patrick M. Liedtke: Wie wir arbeiten werden. Der neue Bericht an den Club of Rome, Hamburg 1998; Jeremy Rifkin: Das Ende der Arbeit und ihre Zukunft, Frankfurt/M. 1998 (Fischer-Taschenbuch).

den klarer, wenn wir uns auf den Dialog mit der uralten Weltsprache namens Religion einlassen.

Ich denke, daß ein Stück theologischer Anthropologie bei der verschärften Diskussion darüber, wie wir diese knappe Ware Arbeit besser verteilen können, nicht fehlen darf. Arbeit gehört mitten in den großen Kontext der Schöpfung hinein, und falls wir dem Ziel »ecojustice«, dem Zusammenhang einer nachhaltigen Ökologie und ökonomischer Gerechtigkeit, etwas näherkommen wollen, brauchen wir auch eine andere Spiritualität als die der »maîtres et possesseurs de la nature«, von denen René Descartes spricht. In diesem Sinn hat dieses Buch in der grundsätzlichen Reflexion von Arbeit, die sich nicht als Lohnarbeit definiert, ganz von selber eine neue Aktualität gewonnen. Dasselbe gilt für die menschliche Sexualität, die nach wie vor nicht nur von lustfeindlichen Kirchenverboten bedroht ist, sondern vom sehr viel effizienteren Konsumismus!

Mein Nachdenken über Schöpfung, Arbeit und Sexualität ist getragen von der schönen Erfahrung der Zusammenarbeit mit anderen. Vor allem die Gespräche mit Luise Schottroff, Maria Mies und Rosemary Ruether haben mir in den Ökofeminismus hineingeholfen.[2] Während wir den Traum von der guten Arbeit träumten, haben wir ihn ein wenig realisiert und uns weniger individualistisch, mehr kooperativ auf die Suche nach einem allen Menschen gemeinsam zustehenden Recht auf Arbeit gemacht, in einer Welt, die »für alle Platz hat«, wie die Aufständischen in Chiappas ihre Vision formulieren. Arbeits- und liebesfähig zu werden konstituiert nach wie vor unser Verhältnis zur Schöpfung.

Hamburg, Oktober 1998 — Dorothee Sölle

2 Rosemary R. Ruether: Gaia & Gott. Eine ökofeministische Theologie der Heilung der Erde, Luzern 1994 (edition exodus); Dorothee Sölle und Luise Schottroff: Den Himmel erden. Eine ökofeministische Annäherung an die Bibel, München 1996 (dtv); Maria Mies und Vendana Shiva: Ökofeminismus. Beiträge zu Praxis und Theorie, Zürich 1995 (Rotpunktverlag).

1
Schwierigkeiten, den Gott der Schöpfung zu loben

Und Gott sah an alles, was er gemacht hatte, und siehe, es war sehr gut« (1. Mose 1,31). So lautet die Aussage des biblischen Gottes über die Menschheit und die übrige Schöpfung. Es ist schwer, sich dieser Meinung anzuschließen. Ist die Schöpfung wirklich »gut«? Ist alles, was Gott gemacht hat, »sehr gut«? Das vorliegende Buch ist aus meinem manchmal verzweifelten Wunsch, mit Gott übereinzustimmen, hervorgegangen; mein Ziel ist, in den Lobpreis der Schöpfung endlich einstimmen zu können; auch gegen den Augenschein und gegen die eigene Erfahrung möchte ich Gott gern recht geben. Damit komme ich allerdings – am Ende des 20. Jahrhunderts lebend – nicht zu Rande, aber eines ist mir klargeworden: Unsere Fähigkeit, die Schöpfung zu loben, hängt ab von unserer Fähigkeit, an ihr zu partizipieren. Einverständnis wächst nicht ohne Anteilhabe. Wir können die Schöpfung nur dann bejahen, lieben und preisen, wenn wir – passiv und aktiv – an ihr teilnehmen. Nur dem *cooperator Dei* ist das Lob Gottes möglich.

Was bedeuten diese Begriffe: Partizipation, Anteilhabe, Kooperation oder Teilnahme an der Schöpfung? Ich denke jetzt an einen blühenden Magnolienstrauch auf dem Broadway, mitten in der Steinwüste der Großstadt. Ich kann dieses Stück Natur, dieses Mitgeschöpf, nur dann loben, wenn ich in einer lebendigen Beziehung zu ihm stehe. Loben bedeutet, daß ich ein inneres Wissen von dieser ganz bestimmten Magnolie gewonnen habe; ich stelle sie mir vor, ruhend oder vom Wind bewegt. Ihre wechselnden Färbungen zu verschiedenen Zeiten des Tages oder der

Nacht haben sich meiner Erinnerung eingeprägt, und mein gewachsenes Empfinden für die Schönheit der Magnolie läßt mich selbst wachsen. Ich bin anders geworden, seit ich sie kenne.

Ähnlich nimmt auch die Betrachterin der Sternenwelt an der Schönheit der Natur teil, indem sie diese weit entfernten strahlenden Gegenstände beobachtet, erkennt und beim Namen nennt; die Anschauung der Milchstraße kann zum Lob der Schöpfung führen. Der Prozeß der Wahrnehmung des Schönen gründet in unserer Teilnahme an der Ordnung der geschaffenen Dinge. »Die Himmel rühmen des Ewigen Ehre« (Psalm 19,2) – wenn wir das singen, nehmen wir teil an dem Tun der himmlischen Sphären. Überlassen wir uns dem Gesang, so schwingen wir selbstvergessen in Harmonie mit anderen Stimmen. Gemeinsames Singen in einem großen Chor kann manchmal die Erfahrung mystischer Einheit hervorrufen, in der wir Raum und Zeit vergessen und das gemeinsame Halleluja zeitweilig die Sorgen und Kümmernisse des Ichs tilgt. Doch diese Augenblicke des Ganzseins sind selten. Unsere normale Alltäglichkeit gibt wenig Anlaß zu unzweideutigem Lob Gottes. Die Magnolie oder die Sterne – wir nehmen sie gar nicht wahr, genausowenig wie die Erfahrung der Einheit im Gesang; und wir neigen uns schon gar nicht in Ehrfurcht vor der Schöpfung. Herrschaft über die Natur, nicht Ehrfurcht vor ihr bestimmt unser Verhältnis.

Wenn es stimmt, daß das Lob der guten Schöpfung Ausdruck unseres Lebendigseins ist, dann sind wir die meiste Zeit unseres Lebens tot. Gibt es ein Leben *vor* dem Tode? Das ist durchaus keine zynische Frage. Es braucht Mut, an ein Leben vor dem Tod zu glauben und einzusehen, daß unser Schmerz und unsere verborgenen oder offenen Verletzungen weder unüberwindlich sind noch automatisch zum Tode führen; sie können uns die Ganzheit des Lebens erkennen lassen. Aber oft sind wir unfähig zum Lob, zur Anteilnahme, zum Glauben an ein Leben vor dem Tode. Immer wieder werden wir Zeugen des Todes von Menschen, die zwar noch leben, die aber einem »gestreckten« Tod anheimgefallen sind und nur noch die Maske des Lebens tragen. Darum fällt es manchen leichter, sich im üblichen Sinne auf die Gewißheit eines Lebens *nach* dem Tode zu verlassen, als an ein Leben der Partizipation an Gottes weitergehender guter Schöpfung *vor* dem Tode zu glauben.

Das Leben wählen angesichts des Todes, das heißt teilnehmen an dem Prozeß der Schöpfung durch Liebe und Arbeit. Diese drei Begriffe – Schöpfung, Arbeit und Liebe – zueinander in Beziehung zu setzen erscheint nur so lange befremdlich, als wir in einem unentwickelten Verständnis von Schöpfung und unserer Rolle in ihr gefangen bleiben. Sigmund Freud wurde einmal gefragt, was denn das Wesen der gesunden, nichtneurotischen Persönlichkeit ausmache. In seiner Antwort bezeichnete er als gesund einen Menschen, der fähig ist, zu arbeiten und zu lieben. Dieser arbeits- und liebesfähige Mensch entspricht dem Schöpfer; ihn trägt die gleiche Kraft. Freud scheint mir hier fest auf dem Boden der jüdischen Tradition zu stehen, die er im Bewußtsein so leidenschaftlich kritisierte. Daß wir mit anderen Menschen zusammen am Schöpfungsprozeß teilhaben und so mit Gott verbunden sind, indem wir arbeiten und lieben, das will uns kaum in den Sinn, weil die Ungerechtigkeit unseres Systems – die Klassentrennung, die falschen Arbeitsteilungen und die geschlechtsbedingten Rollenvorschriften – die Schöpfung zerstört und die Möglichkeit ihrer Fortführung in menschlicher Arbeit und Sexualität pervertiert. Unter den Bedingungen der Ungleichheit besteht keine Chance, das große Projekt Gottes vom schöpferisch arbeitenden und schöpferisch liebenden Menschen zu realisieren.

Die Erde ist heilig. Vor Jahren war ich mir dieser Heiligkeit nicht so schmerzlich bewußt. Erst wenn das, was wir lieben, aufs äußerste bedroht wird, dann entdecken wir den Ursprung unserer Liebe und erfahren aufs neue unsere wechselseitige Abhängigkeit. Die Verschwörung zur Vernichtung der Schöpfung entzündet in uns ein neues Bewußtsein von der Heiligkeit oder, um mit Heidegger zu reden, von der Unverfügbarkeit der Erde. Wir haben kein Verfügungsrecht über die Erde. Einige ihrer natürlichen Ressourcen sind unwiederbringlich. Die Erde ist nicht unser Besitz, wir haben sie nicht geschaffen. Die Heiligkeit der Erde macht, auch wenn wir einen atheistischen Standpunkt einnehmen, ihr Recht geltend, erhebt ihre Stimme und drängt uns zur Überwindung einer rein positivistischen Weltanschauung. Es gibt eine unbewußte Frömmigkeit im Innersten der ökopazifistischen Bewegung, oft in der Form einer verzweifelten Suche nach religiösen Begründungen und religiösen Gestalten, die uns Mut machen im Kampf gegen die, die sich im Besitz der Erde wähnen. Und um dieser größeren Liebe willen müssen wir auch theologisch neu über die Schöpfung nachdenken.

Das Motiv, um dessentwillen ich über das Thema Schöpfung schreiben möchte, rührt von einer Veränderung meines theologischen Denkens her. Fordert man mich auf, einem nichtreligiösen Menschen zu erklären, warum ich Christin bin und das auch weiterhin zu bleiben gedenke, dann beginne ich nachzudenken über drei Phasen der religiösen Entwicklung, die mir einem verbreiteten Muster westlicher Kulturentwicklung zu entsprechen scheinen. Die erste Phase durchleben die Älteren von uns während der Kindheit, wenn sie im Sinne der religiösen Normen, Glaubensinhalte und Glaubenspraktiken ihrer Vorfahren erzogen werden. Das religiöse Empfinden unserer Vorfahren erwuchs im kulturellen Klima der Kleinstadt oder des Dorfes, in dem die Kirche das Zentrum sowohl des sozialen als auch des spirituellen Lebens war. Mythen und Überlieferungen, Werte und ethische Normen waren verwurzelt und zentriert in weitgehend fraglosen Traditionen. Auch heute noch gibt es Menschen, die ihr ganzes religiöses Leben »im Dorf« verbringen. Aber die große Mehrheit ist ausgewandert in die Großstadt, wenn nicht in Wirklichkeit, dann doch gefühlsmäßig; sie hat aufgehört, zu beten und zur Kirche zu gehen. In dieser zweiten Phase gerät die Religion, da sie langsam, aber sicher alle Macht verliert, die sie einst über das Leben der Menschen hatte, entweder in Vergessenheit oder in den Brennpunkt bewußter Kritik, bei der die Menschen herauszufinden suchen, wie ihre persönliche Entwicklung durch die religiöse Sozialisation bestimmt worden ist und wie sie sich von einer Religion befreien können, die ihnen übergestülpt wurde. Wie können sie sich von der »Gottesvergiftung« heilen? Die Mehrzahl der Menschen verwirft in dieser zweiten Phase ihr religiöses Erbe und lebt ihr Leben als nach-christliche oder nach-jüdische Einwohner der säkularen Stadt.

Manche von ihnen können aber innerhalb der Widersprüche der säkularen Stadt nicht leben und gedeihen; sie machen sich auf die Suche nach heiligem Grund, nach unverletztem Ursprung. Wer in diese dritte Phase eintritt, trifft eine bewußte religiöse Entscheidung. Diese Entscheidung erfolgt nach-kritisch, keineswegs naiv; sie ist eher selektiv als rezeptiv. Die meisten Menschen, die diese Entscheidung nach dem Durchgang durch eine von intensiver kritischer Auseinandersetzung geprägten zweiten Phase getroffen haben, geraten in Konflikte mit ihren Kirchen und Gemeinden. Sie werden sich ihre Art zu glauben nicht von irgendwelchen religiösen Autoritäten vorschreiben lassen. Wer zu einer kritischen Bejahung der Religion gelangt ist, kämpft um die Entwicklung neuer Lebensformen des Glaubens. Er verfällt dabei keineswegs einer religiösen Regression in die erste Phase, auch wenn manche, die sich in Phase zwei befinden, diesen Verdacht hegen.

Meine eigene religiöse Entwicklung begann mit der zweiten Phase. Ich bin da hineingeboren worden. Meine Eltern waren hochgebildete Angehörige der deutschen Mittelklasse, die gegenüber der Kirche eine gewisse »aufgeklärte« Duldsamkeit an den Tag legten. Zu Beginn meines Universitätsstudiums wählte ich Philosophie und Alte Sprachen, wie es meiner bürgerlichen und familiären Herkunft entsprach. Herausgefordert durch einige Freunde, die bewußt Christen waren, noch mehr aber durch radikale christliche Denker wie Pascal, Kierkegaard und Simone Weil, geriet ich nach fünf Semestern in eine existentielle Krise, die mich zum Theologiestudium führte. Dieser Studienwechsel markiert den Anfang meines Übergangs von der zweiten zur dritten Phase.

Meine ersten theologischen Überlegungen kreisten mehr um Christus als um Gott. Die europäische Theologengeneration, zu der ich gehöre, war auf Christus konzentriert. Durch Christus versuchte ich, Gott zu verstehen; er war der Bruder, durch den ich vom Vater hören und zum Vater sprechen konnte. Der zweite Artikel des Glaubensbekenntnisses eröffnete mir einen Zugang, der erste Artikel war von zweitrangiger Bedeutung. Christus verlockte mich zum Glauben, weil dieser Mensch mir die Macht machtloser Liebe zeigte. Weil ich seiner Wahrheit vertraute, suchte ich dann auch nach einem Verständnis der Schöpfung und nach Versöhnung mit dem Schöpfer.

Man kann diese theologische Überbetonung Christi, die ich übrigens mit Dietrich Bonhoeffer und vielen anderen teilte, »Christozentrismus« nennen. Nach zwei Weltkriegen hatte meine Generation das naive Vertrauen in Gott als den Vater, den Schöpfer, Regenten und Erhalter, verloren und richtete den Blick ganz auf Christus. Unschuldiges Gottvertrauen war unmöglich geworden, und die Wiederherstellung solch unschuldigen Gottvertrauens liegt auch nicht in der Absicht dieses Buches. Mag sein, daß ich lange Zeit nach Gott Heimweh hatte und es vielleicht noch immer habe. Aber es zieht mich nicht zurück in den sicheren Mutterschoß einer Paradiesvorstellung. Unterwegs zu einer Spiritualität der ganzen Erde, nicht nur der persönlichen Erlösung, versuche ich auszusprechen, was Schöpfung für mich bedeutet und wie ich an ihr teilnehme. Dennoch: Ausgangspunkt meiner Reise ist der gefolterte Mensch aus Galiläa: Jesus, der Arbeiter, der Liebende, der Revolutionär, der mich das Arbeiten und Lieben lehrt. Obwohl ich wenig von Jesus Christus reden werde in diesem Buch – es ist meine Erfahrung mit ihm, die mich aus der Verzweiflung zur Hoffnung geführt hat, der Hoffnung auf ein Leben, in dem wir immer mehr lernen, Liebende zu werden.

Heute erscheint es mir notwendig, die Hoffnung auf ein neues Leben in einem neuen Verständnis der Schöpfung zu gründen. Ich wünsche, daß auch die Leser, die die besondere Hoffnung, die ich von einem armen jüdischen Mann aus Nazareth geschenkt bekam, nicht teilen, mich dennoch begleiten mögen auf der Suche nach einer Vision der ganzen irdischen Schöpfung. Wir brauchen ein umfassenderes Bewußtsein der Quellen unseres Lebens und allen Lebens auf der Erde. Wer nicht weiß, woher er kommt, kann nicht wissen, wohin er künftig gehen soll. Wenn wir Zukunft haben wollen, müssen wir das Versprechen unserer Herkunft einlösen. Dieser Prozeß, uns unserer Herkunft zu vergewissern, wird notwendigerweise ganz verschiedene Quellen der Hoffnung erschließen und uns mit ganz verschiedenen Heiligen und Narren bekannt machen, die uns an bestimmten Punkten unseres Weges in Verbindung zum Quell des Lebens gebracht haben; das kann einer wachsenden Toleranz unter uns nur förderlich sein. Aber über die religiöse Vielfalt hinaus müssen wir nach religiöser Einheit unter denen streben, die der Erde verschwistert sind. Der Glaube an die gute Schöpfung ist ein Weg, die Erde mit andern zu teilen.

2
Im Anfang war Befreiung

Der biblische Glaube hat seinen Ursprung in einem geschichtlichen Ereignis der Befreiung, nicht in der Überzeugung vom Wirken eines Schöpfergottes. Der Auszug aus Ägypten, der Exodus aus der Sklaverei, war für das Volk Israel eine grundlegende und ursprüngliche Erfahrung, die der jüdische Denker Emil L. Fackenheim als »root experience« bezeichnet und die der argentinische Befreiungstheologe Severino Croatto ein »radikales Datum« genannt hat.[1] Das Ereignis des Exodus ist ein radikales Geschehen, sowohl im buchstäblichen Wortsinn (lateinisch *radix* = Wurzel) als auch in der umfassenderen Bedeutung, die wir meinen, wenn wir heutzutage dieses Wort auf Menschen anwenden, die für die Befreiung arbeiten. Eine solche Grunderfahrung ist ein öffentliches historisches Ereignis, das auch für die später Lebenden grundlegende Bedeutung behält, sofern sie sich in eben diese Tradition stellen.

Die Wurzeln eines Baumes sind in Stamm und Zweigen lebendig; ohne seine Wurzeln wäre der Baum tot. Das Bild der Wurzeln erinnert an den Zusammenhang von Vergangenheit und Gegenwart, durch den ein vergangenes Ereignis, wie Fackenheim sagt, »verpflichtende Bedeutung für die Gegenwart«[2] erhält. Rückbesinnung auf die Wurzeln der jüdischen und christlichen Tradi-

1 Vgl. Emil L. Fackenheim: God's Presence in History. Jewish Affirmations and Philosophical Reflections, New York 1970 (Harper & Row), S. 9; Severino Croatto: Exodus. A Hermeneutics of Freedom, Maryknoll N.Y. 1981 (Orbis Books), S. 13.

2 Fackenheim, a.a.O. (vgl. Anm. 1).

tion bedeutet, das geschichtliche Projekt der Befreiung zu verstehen, das im Exodus-Ereignis zum Ausdruck kommt, ehe man zu dem ontologischen Projekt, das Gott als der Schöpfer des Universums begann, fortschreitet. Beide Projekte, das historische und das ontologische, zielen auf die Freiheit des Menschen, und beide Entwürfe – das ist eine der Thesen dieses Buches – brauchen den mithandelnden Menschen.

In seinem berühmten Aufsatz »Das theologische Problem des alttestamentlichen Schöpfungsglaubens«[3] hat Gerhard von Rad dargelegt, daß der sich durchhaltende Glaube des Volkes Israel die Antwort auf Jahwes vorgängiges erlösendes Handeln war. Der Schöpfungsglaube entwickelte sich nach Ansicht von Rads verhältnismäßig spät; er trägt ausgesprochen ergänzende und sekundäre Züge. Das Buch Exodus (2. Mose) wurde wesentlich früher zusammengestellt als das Buch Genesis (1. Mose), was wiederum den Vorrang des Befreiungsglaubens beweist. Noch wichtiger ist für von Rad die aus den Texten gewonnene Einsicht, daß die Gottesvorstellung Israels aus dem geschichtlichen Befreiungshandeln Gottes an seinem Volk erwächst. Daß Gott für sein auserwähltes Volk in einem bestimmten historischen Augenblick, an bestimmtem Ort und unter besonderen Umständen mit befreiender Kraft in Aktion trat, ist der entscheidende Faktor für das Verständnis von Gott und Mensch im Glauben Israels.

Das Volk Israel wurde von der Unterdrückung durch eine ausländische militärische Supermacht befreit – im Lichte dieser Erfahrung müssen wir die biblischen Schöpfungsberichte in Genesis 1 und 2 sehen. Das Exodus-Geschehen geht dem jüdischen Schöpfungsglauben und seiner erzählerischen Ausdrucksform voraus. Die Schöpfungsgeschichte ist eine Interpretation des Exodus-Geschehens in der Sprache eines nach den Ursprüngen menschlichen Daseins fragenden ontologischen Entwurfs. Von einem ontologischen Projekt sprechen wir, wo es um den Sinn des menschlichen

3 Dieser Aufsatz erschien zuerst im Jahre 1936 im Beiheft 66 zur »Zeitschrift für die alttestamentliche Wissenschaft«, S. 138–147.

Daseins in der Welt geht, angefangen mit der Tatsache, daß wir zur Freiheit erschaffen wurden. Aber dieses ontologische Projekt verstehen wir nur dann, wenn wir die geschichtlichen Projekte der Menschheit begreifen. Interpretiert die Genesis den Exodus, dann dient der ontologische Entwurf unseres eigentlichen Daseins den geschichtlichen Entwürfen für unsere Befreiung.

Das Exodus-Ereignis blieb unauslöschlich lebendig in der Erinnerung des Kults, der dieses Ereignis in seinen religiösen Ritualen feierte: »Und gedenke, daß du Knecht in Ägypten gewesen bist« (5. Mose 16,12a). Der Kult war aber nicht nur ein Ritual; er verbürgte das geschichtliche Bewußtsein von Israels Freiheit. Sogar die zentrale Institution des jüdischen Lebens, der Sabbat, der meist als Erinnerung an das Ruhen Gottes am siebten Tag nach der Erschaffung der Welt verstanden wird, steht in der Vorstellung des Deuteronomisten in Beziehung zur Befreiung Israels aus der ägyptischen Knechtschaft: »Denn du sollst gedenken, daß du auch Knecht in Ägyptenland warest und der Herr, dein Gott, dich von dort ausgeführt hat mit einer mächtigen Hand und ausgerecktem Arm. Darum hat dir der Herr, dein Gott, geboten, daß du den Sabbattag halten sollst« (5. Mose 5,15). Hat also die Befreiung Vorrang vor der Schöpfung, dann ist die Soteriologie der Kosmologie vorgeordnet (vgl. das Schema auf S. 23). Ein altes Glaubensbekenntnis unterstreicht diese theologische Grundrichtung in Israel: »Antworten sollst du und sagen vor dem Herrn, deinem Gott: Ein wandernder Aramäer war mein Vater und nahe dem Umkommen und zog hinab nach Ägypten und war daselbst ein Fremdling mit geringem Volk und ward daselbst ein großes, starkes und zahlreiches Volk. Aber die Ägypter behandelten uns übel und zwangen uns und legten einen harten Dienst auf uns. Da schrien wir zu dem Herrn, dem Gott unsrer Väter; und der Herr erhörte unser Schreien und sah unser Elend, unsre Angst und Not und führte uns aus Ägypten mit mächtiger Hand und ausgerecktem Arm und mit großem Schrecken, durch Zeichen und Wunder und brachte uns an diesen Ort und gab uns dies Land, darin Milch und Honig fließt« (5. Mose 26,5–9).

Auch in diesen Versen liegt die Betonung auf der Befreiung. Der »wandernde Aramäer«, ohne Land und ohne Heimat, fand seinen Trost nicht im gestirnten Himmel über ihm. Es war vielmehr die geschichtliche Befreiungstat Gottes, die ihm Identität gab und das Gefühl, in dem neuen Land zu Hause zu sein. »Antworten sollst du dem Herrn, deinem Gott ...«, so beginnt dieser Abschnitt; das setzt voraus, daß Gott zuerst gesprochen hat: durch sein die Versklavten befreiendes Handeln. So ist dieser Abschnitt ein Dialog zwischen einem Volk und seinem Gott. Deshalb auch wird die Erinnerung zum unaufgebbaren Bestandteil des Glaubens, und Vergessen ist Sünde, weil darin Gottes geschichtliches Handeln ohne Antwort bleibt. Sich erinnern ist ein kategorischer Imperativ des Judentums, der über das Judentum hinaus uns alle angeht. Wir müssen uns erinnern, wenn wir mit dem Ursprung des Lebens in Verbindung bleiben wollen. Es ist nicht die Schöpfung, die unsere Freiheit verbürgt; umgekehrt: Unsere Erinnerung an die erfahrene Befreiung setzt uns in den Stand, die Schöpfung zu verstehen.

Man muß diese besondere Tradition der Befreiung im Judentum nicht anderen religiösen oder säkularen Traditionen überordnen oder entgegensetzen. Diese jüdische Tradition enthüllt der gesamten Menschheitsfamilie, daß wir zur Freiheit erschaffen sind und daß Freiheit unsere geschichtliche Aufgabe ist. Die Exodus-Tradition des Judentums spricht zu uns allen in überzeugender Sprache von einem Gott, der Freiheit will für die Unterdrückten (»historisches Projekt«), und sie bezeugt den Befreier als Schöpfer (»ontologisches Projekt«). Es gibt andere solcher Grunderfahrungen, andere »root experiences«, in der Geschichte anderer Völker: Christi Auferstehung von den Toten oder Gandhis Marsch zum Indischen Ozean. Mein Interesse ist nicht, andere Befreiungstraditionen auszuschließen, sondern ich will den Gegensatz und Zusammenhang begreifen, der zwischen den beiden religiösen Urerfahrungen von Befreiung und Schöpfung im Judentum besteht.

Wir brauchen Befreiung, bevor wir an Schöpfung glauben können. Zumindest unterdrückte Menschen brauchen einen Gott, der ihnen gegen ihre Unterdrücker zur Seite steht. Die Schöpfungsordnung als solche – ohne Verbindung zu einer Befreiungstradition – kann Sklaven und Unterdrücker nicht versöhnen, weil sie ihnen die Kraft, sich zu befreien, nicht zu geben vermag. In der lateinamerikanischen Theologie der Befreiung wird deutlich, daß eine Theologie, die nur von der Schöpfung her argumentiert, unzureichend und ideologisch ist; sie versäumt es, die historische Sünde zu artikulieren, und kann darum auch kein Leben hervorbringen.[4] Der Glaube an die Schöpfung gerät leicht in die Gefahr »billiger Versöhnung«, die uns dazu bringt, so zu leben, als brauchten wir keine Befreiung von den herrschenden ungerechten Verhältnissen! Als sei Gottes Nähe im vorzeitlichen Anfang gewiß! Als hätte der Gott der Natur über den Gott der Geschichte gesiegt!

Am schärfsten hat Ernst Bloch die Kritik an einer Religion der Schöpfung herausgearbeitet.[5] Er sieht in der Bibel zwei Gottesvorstellungen miteinander im Streit liegen: den Retter- oder Befreiergott des Exodus und der prophetischen Tradition, des aufbegehrenden Hiob und des Menschensohns – und auf der anderen Seite den Schöpfergott der kosmischen Macht und Ordnung, der durch Opfer gnädig gestimmt werden muß und vermittels seiner Priesterkaste die staatliche Macht legitimiert. Dieser Schöpfergott ist wesentlich repressiv, auf seiten der Staatsmacht, ihre Formen der Ausbeutung legitimierend; er ist um seine autoritäre Macht über die Geschöpfe besorgt (1. Mose 3,22) und will die Ordnung, die er ihnen auferlegt hat, erhalten. Er behauptet, daß alles »sehr gut« sei, während in Wirklichkeit das Böse herrscht. Die Priesterschaft muß immer wieder auf die Schöpfung als Ausdruck der Abhängigkeit, des Gemachtseins der Menschen hinweisen, um das Volk in Knechtschaft zu halten. »Wie es war im Anfang / Jetzt und immerdar / Und von Ewigkeit zu Ewigkeit« – so drückt die Liturgie die ewige Abhängigkeit aus.

4 Vgl. H. Assmann u.a. (Hrsg.): Die Götzen der Unterdrückung und der befreiende Gott (Theologie und Kirche im Prozeß der Befreiung, Bd. 3), Münster 1984 (Edition Liberación).

5 Ernst Bloch: Atheismus im Christentum. Zur Religion des Exodus und des Reichs, Frankfurt/M. 1968 (Suhrkamp Verlag).

Aber ist es notwendig, die beiden Traditionen der Bibel in einen unüberwindlichen Gegensatz zu bringen? Bei Bloch verschlingt das historische Projekt das ontologische. Ein befreiender Glaube muß sich nach ihm von aller Ontologie lossagen; Freiheit kann nur gegen die Vorstellung der Geschöpflichkeit gedacht werden. Das Wort »Kreatur« ist in Blochs Sinn nicht ein umfassender Name, der uns mit Tier und Pflanze und allen anderen Geschwistern zusammendenkt, sondern ein Ausdruck, der wie in der Sprache der höfischen Kultur des 18. Jahrhunderts gebraucht wird, um Abhängigkeit, Servilität und Lakaienhaftigkeit zu signalisieren.

Was ich in diesem Buch versuche, erwächst nicht aus einer Blindheit gegenüber den reaktionären Tendenzen des Schöpfungsglaubens. Die Berufung auf den Schöpfer ist immer wieder zur Rechtfertigung von Herrschaft und Unrechtsordnungen wie Sexismus und Apartheid mißbraucht worden. Aber dieser Mißbrauch hat keinen Grund im Ganzen der Bibel und im Zusammenhang ihrer beiden Traditionen. Die biblische Aussage scheint mir eher zu sein: Der Befreier, der aus dem Diensthaus rettende Gott, ist auch der Schöpfer der ganzen Welt. Der Ansatz der Befreiungstheologie beweist gerade seine Stärke, indem wir das ontologische Projekt Gottes in der Schöpfung nicht ausschließen und absondern, sondern es integrieren.

Schöpfungstradition	versus	*Befreiungstradition*
Kosmologie		Exodus-Erfahrung
Schöpfung		Befreiung
Urgeschichte		Geschichte
universal		partikular
Natur des Menschen		Errettung Israels
kosmische Ordnung		geschichtliches Ereignis

Die Unterdrückten verfügen in der Tat über einen erkenntnistheoretischen Vorteil: Sie erwarten einen größeren Gott. Die Schöpfung ist noch nicht am Ziel. Nicht nur das geschichtliche, sondern auch das ontologische Projekt zielt auf Freiheit für das menschliche Dasein und braucht die Mitarbeit des Menschen. Die Partizipation am ontologischen Entwurf der Schöpfung, der auf Befreiung aller Menschen zielt, gelingt nur im Vollzug des Exodus. Menschengruppen und Völker, die – und sei es auch nur ein einziges Mal – die befreiende Kraft, die vom Quell allen Lebens ausgeht, erfahren haben, loben Gott anders; die Liturgie und Poesie, die in der kurzen Zeit der Befreiung in Nicaragua entstanden, sind ein Beispiel dafür.[6] Universale Lebenskraft steht uns nicht jederzeit beliebig zur Verfügung, sondern wir gelangen zu ihr, wie sowohl die jüdische als auch die christliche Überlieferung behauptet, durch bestimmte geschichtliche Erfahrungen.

Ich will an einem Zerrbild von Theologie, das heute in den USA auf der äußersten Rechten eine gewisse Rolle spielt, deutlich machen, inwiefern eine Theologie der Schöpfung ohne Gründung in der Befreiungstradition zu einer gefährlichen Ideologie wird. Die sogenannten Kreationisten sind eine biblizistische Sekte; sie vertreten einen »reinen« Schöpfungsglauben und lehnen zum Beispiel modernen naturwissenschaftlichen Schulunterricht als religionsfeindlich ab. Sie leben in einem Buchstabenglauben, der zu geistlicher Blindheit für die Befreiungstraditionen der Bibel führt; sie sind einer objektiv zynischen Weltanschauung verfallen, der die beiden großen Kräfte des Glaubens fehlen: Erinnerung und Hoffnung. Wer wie die Kreationisten den Schöpfungsglauben aus dem Kontext der Befreiungstradition herauslöst, hat die Worte vergessen: »Gedenke, daß du Knecht in Ägypten gewesen bist!« Dadurch verliert der Schöpfungsglaube seinen biblischen »Sitz im Leben«, nämlich die Befreiungserfahrung des Volkes Israel. Der latente oder offene Antisemitismus dieser Gruppen ist nur konsequent. Ohne die Erinnerung an die geschehene Befreiung gibt es keine Hoffnung.

6 Vgl. Dorothee Sölle und Horst Goldstein (Hrsg.): Dank sei Gott und der Revolution. Christen in Nicaragua, Reinbek bei Hamburg 1984 (rororo aktuell, Nr. 5438).

Sieht man wie die Kreationisten von der Tradition der Befreiung ab, so verliert der Schöpfungsglaube seine geschichtlichen Wurzeln in dem Gott, der Israel aus Ägypten befreit hat, und wird damit zu einer vorwissenschaftlichen Welterklärung ohne jede substantielle Bedeutung für das Leben der Menschen. Objektiv ist für Verfechter einer solchen Theologie die ganze Welt zu einem ägyptischen Unterdrückungssystem geworden, aus dem selbst das Verlangen nach Befreiung verschwunden ist. Das Unvermögen, die Wahrheit der Befreiung im ontologischen Entwurf des Schöpfungsglaubens zu entdecken, ist dann gepaart mit dem Versuch, das Leben und Denken der Menschen unter Kontrolle zu bringen und ihre Kraft zur Selbstbestimmung zu schwächen. Die vulgarisierte Theologie der »moralischen Mehrheit« in den USA ist eine nationalistisch-religiöse Ideologie, die das biblische Motiv der Befreiung um jeden Preis vermeidet. Aber die biblische Zusage »Unsere Hilfe steht im Namen des Herrn, der Himmel und Erde gemacht hat« (Psalm 124,8) nimmt die Befreiung, die hier schlicht »Hilfe« genannt wird, zum Ausgangspunkt, als Erfahrung, von der aus wir zur Erkenntnis von Gottes guter Schöpfung kommen. Im Anfang war Befreiung – im Sinn dieses Anfangs nähern wir uns den Dimensionen unseres Geschaffenseins. Wir müssen eine Synthese von Schöpfungs- und Befreiungstraditionen finden, die die Befreiungstraditionen nicht entwertet, sondern die Schöpfungstradition aus der Befreiungsperspektive begreift.

Wenden wir uns nun dem Schöpfungsbericht der Priesterschrift im Ersten Buch Mose (1–2, 4a) zu. Diese Erzählung ist gegen die Kultur und Religion der Babylonier gerichtet. Israel gewann sein Verständnis von Schöpfung, Natur und der Rolle, die der Mensch darin spielt, im Kampf gegen die babylonische Religion und deren Mythologisierung kosmisch-politischer Mächte. Im Exil hatten die Israeliten die Weltanschauung der Supermacht Babylon kennengelernt. Sie waren Fremdlinge am Hof jenes Königs gewesen, dem alle Menschen dienstbar zu sein hatten. Dem sumerisch-babylonischen Schöpfungsmythos zufolge herrschte am Anfang der Welt das ungeordnete Chaos, und viele Götter kämpften um die Macht. Schließlich trug der stärkste Gott den Sieg über die anderen davon und wurde König. Die besiegten Götter verloren ihre Unabhängigkeit und wurden zum Dienst an seinem Königshof gezwungen. Mit der Zeit bekamen diese niedrigeren Gottheiten die zunehmenden Ansprüche des »heiligen« Herrschers gründlich satt. Zur Lösung ihres Problems beschlossen sie endlich, sich selbst einen Knecht zu erschaffen. Dieser Knecht war der erste Mensch.[7]

Der babylonische Schöpfungsmythos war ein Skript für soziale Ungleichheit: Der König war Gottes Stellvertreter auf Erden; die Höflinge genossen Macht und Wohlleben, während die Masse der Menschen Frondienste leistete. Indem der Schöpfungsmythos Babylons die Erschaffung des Menschen als Befreiung der Götter vom Joch der Arbeit feierte, diente er der Stabilisierung eines hierarchischen Sozialsystems durch kultische Mittel. Seit der frühesten sumerischen Epoche waren mit dem Tempelkult umfangreiche ökonomische Unternehmungen verbunden. Die Masse des gemeinen Volks arbeitete für den Kult, erbaute Tempel und Paläste und produzierte Nahrung. Es war ihr Los, dem König zu dienen, den Priestern, den Befehlshabern und deren Göttern. Im Gegensatz zum babylonischen Mythos mit seiner Betonung der Unterwerfung des Menschen steht die biblische Erzählung, die den Menschen als Herren der Schöpfung darstellt, geschaffen nach dem Bilde Gottes. Auch wenn die großen religiösen Überlieferungen Ägyptens und Mesopotamiens ebenfalls den Menschen als ein Wesen, geschaffen nach dem Bilde Gottes, verstanden haben, so zeigen doch verschiedene altorientalische Texte, daß diese Vorrangstellung dem König oder dem Pharao vorbehalten war.

Eine entscheidende Rolle in der babylonischen Religion spielte die Beobachtung der Sterne. Die Astronomie war in diesem kul-

7 Vgl. Claus Westermann: Schöpfung, erweiterte Studienausgabe, Stuttgart 1983 (Kreuz Verlag), S. 73ff.

turellen Kontext den gebildeten, herrschenden Eliten vorbehalten, wohingegen die Astrologie die religiösen Bedürfnisse der Massen erfüllte. Mitglieder des Königshofes hatten ihre eigenen Sterne, die das Volk verehren mußte. Die Sterne waren entsprechend ihrer Größe in eine Rangordnung eingestuft und galten sowohl als religiöse Symbole der herrschenden Macht wie auch als Repräsentanten der verschiedenen Gottheiten. Für die Babylonier waren die Sterne göttliche Himmelswesen.[8] Im Gegensatz dazu betrachtet die biblische Erzählung im Ersten Kapitel der Genesis die Gestirne als das Werk eines größeren Gottes, der sie als Lampen in den Himmel hängt, damit die Erde Licht habe und Tag und Nacht geschieden seien. Gott erschuf die Sterne für die Menschen, die die Erde bevölkern; sie sind der Bibel zufolge nützliche Hilfsmittel, aber keine Astralgottheiten.

Nach der biblischen Überlieferung sind Gott und Welt voneinander unterschieden; der Schöpfungsbericht der Priesterschrift in Genesis 1 bezeugt, daß Gott nicht mit der Welt identifiziert werden darf. Das Christentum hat die Schöpfungsansicht Israels übernommen, wonach Gott und Welt unterschieden sind und die Menschen untereinander in keiner hierarchischen Beziehung stehen. Genau an dieser Stelle aber, wo das Christentum die Unterschiedenheit und Getrenntheit von Gott und Welt, von Menschheit und Erde betont, muß unsere Überprüfung und Befragung der christlichen Tradition ansetzen. Wenn wir versuchen, den Glauben an die Schöpfung im Lichte der Befreiungstheologie zu sehen, dann müssen wir fragen: Welche Elemente des Schöpfungsglaubens und der Schöpfungstheologie tragen befreienden und welche unterdrückenden Charakter?

Es ist befreiend, zu wissen, daß der hebräische Schöpfungsmythos die Herrschaft von Menschen über Menschen weder fordert noch voraussetzt. Der biblische Mythos eignet sich nicht zur Legitimation von staatlicher Macht, von Rassismus oder Sexismus, auch wenn er traditionell zur Begründung eines patriarchalen Se-

8 Ebd., S. 64.

xismus herhalten mußte[9], vor allem aufgrund des jahwistischen Schöpfungsberichtes in Genesis 2,4b bis 3,24. Die überzogene Unterscheidung, ja Trennung von Gott und Welt ist Ursache vieler Irrwege des Christentums. Ich will hier einen anderen Schöpfungsmythos zitieren, der gerade die Einheit zwischen der Gottheit und ihrer Schöpfung betont.

Sakokwenonkwas, ein Indianerhäuptling vom Stamm der Mohawks, erzählt: »Wir glauben, als das große Geheimnis, als Gott das Universum erschuf, da legte er seine Hand auf alles, deshalb ist alles von seinem Geist erfüllt. Niemals hat meines Wissens Gott uns Mohawks aufgetragen, Dinge zu trennen, sondern alles, was er geschaffen hat, als göttlich und heilig anzusehen und dementsprechend mit Ehrfurcht zu behandeln.«[10]

Die abendländische Theologie hat dagegen die Trennung von Schöpfer und Schöpfung betont, um Gottes absolute Transzendenz hervorzuheben. Bei der Deutung des Begriffs Schöpfung ging die Tendenz der orthodoxen[11] theologischen Tradition – im Gegensatz zu häretischen und mystischen Gegenströmungen – unaufhaltsam in Richtung eines Rückzugs Gottes aus seiner Schöpfung, zur Überbetonung seines ganz Andersseins; »Er« wurde als der absolut transzendente Herr angesehen.

Der Keim dieser Trennung zwischen Gott und der Welt liegt in der Genesis und im ganzen Pentateuch; die dort überlieferten Geschichten sind auch deswegen verfaßt worden, um Jahwes Überlegenheit über Baal, Astarte, Marduk und andere Naturgottheiten zu demonstrieren. Die Gegenwart Gottes *in* der Welt, die überall sonst im Alten Testament ganz offenkundig in Erscheinung tritt, rückt in der Schöpfungsgeschichte in den Hinter-

9 Vgl. Phyllis Trible: God and the Rhetoric of Sexuality, Philadelphia 1978 (Fortress Press), S. 18.

10 »The Road Back to Our Future«, in: Gamaliel 3, Nr. 1, Washington 1977, S. 35.

11 Den Ausdruck »orthodox« (= rechtgläubig) benutze ich hier und im folgenden nicht zur Bezeichnung einer Kirche wie zum Beispiel der russisch-orthodoxen, sondern um die Hüter der reinen Lehre gegenüber liberalisierender Abweichung innerhalb der großen Konfessionen zu bezeichnen.

grund. In der kultischen Verehrung der fremden Götter sah und bekämpfte Israel die pantheistischen Züge. Das Christentum und insbesondere die orthodoxe Theologie verstärkten diese antipantheistische Tendenz, und das führte schließlich zur völligen Trennung von Gott und Welt. Pantheismus galt im Christentum sehr bald als Ketzerei. Gott als der einzige Ursprung allen Lebens wurde gleichgesetzt mit dem *creator ex nihilo*. Das Gesondertsein wurde zum Merkmal des Göttlichen an und für sich. Die Unabhängigkeit Gottes wurde als das eigentlich Göttliche verstanden, Beziehungslosigkeit wurde zum Signum von Gottes Größe und Herrlichkeit.

Die herrschende theologische Vorstellung von Gottes absolutem Anderssein hat Konsequenzen in dreierlei Richtungen: für Gott, für die Welt und für das menschliche Dasein. Ist Gott absolut transzendent, dann wird er zum unsichtbaren, unbegreiflichen Schöpfer, für dessen Sein und Wirken es keine menschlichen Analogien gibt. Zwischen ihm und uns kann es keine Wechselwirkung geben. »Er« erschafft die Welt aus seinem freien Willen, obwohl er das eigentlich gar nicht nötig hätte. »Seine« Schöpfung entspringt einem Akt absoluter Freiheit und Willkür. Absolute Transzendenz ist gleichbedeutend mit Beziehungslosigkeit. Das Gegenteil von Beziehungslosigkeit – in Beziehung stehen – wurde in den Hauptlinien der klassischen Theologie als Schwäche angesehen, als Abhängigkeit von anderen Wesen durch Leidenschaft, die Leiden schafft. In diesem Sinne ist der transzendente Gott in seiner absoluten Freiheit eine Projektion patriarchaler Weltanschauung mit ihrem Ideal des unabhängigen Königs, Kriegers und Helden.

Im Gegensatz dazu sieht der schwarze Dichter James Weldon Johnson Gott als bedürftiges Wesen, das aus seiner Einsamkeit die Welt erschuf.[12] Er bietet uns eine ganz andere Version der Schöpfungsgeschichte:

12 James Weldon Johnson: Gib mein Volk frei, deutsch von Rudolf Hagelstange, Gütersloh o.J. (Gütersloher Verlagshaus Gerd Mohn).

Und Gott trat heraus in den Weltenraum
und blickte rundum und sprach:
Ich bin allein –
ich mache mir eine Welt.

Gottes Einsamkeit und sein Bedürfnis nach etwas außer ihm ist der Anfang der Schöpfung. Wenn wir Gottes Absolutheit postulieren, so wird der Schöpfungsakt nichts als ein willkürlicher Entschluß. In der theologischen Überbetonung von Gottes Freiheit, die Schöpfung ins Werk zu setzen oder es zu lassen, spiegelt sich der Wunsch orthodoxer männlicher Theologen, den Raum wechselseitiger Abhängigkeit zu überschreiten, einzudringen in ein imaginäres Reich absoluter Freiheit jenseits von Beziehung, Liebe und Gerechtigkeit. Wer aber braucht einen solchen Gott? Gewiß nicht der schwarze Autor dieses Schöpfungsgedichts.

Von der herrschenden theologischen Tradition unterscheidet sich Johnsons Gedicht noch in anderer wichtiger Hinsicht: Nach dem Bericht der Priesterschaft in Genesis 1 ist Gottes Tun ein Resultat aus Gottes Wort. Gott sprach: »Es werde Licht«, und es ward Licht. Gott arbeitet also nicht wie ein Handwerker oder ein Künstler. Gott ruft die Schöpfung ins Dasein durch die Autorität und Macht seines göttlichen Wortes. Ganz anders stellt Johnson Gottes schöpferisches Handeln dar:

Und so weit das göttliche Auge sah,
bedeckte Finsternis alles,
schwärzer denn hundert Mitternächte
tief im Zypressen-Moor.

Dann lächelte Gott,
und das Licht brach hervor,
und das Dunkel rollte zur einen Seite sich auf,
und das Licht stand hell auf der andern.
Und Gott sprach: Das ist gut!

Dann holte Gott aus
und nahm das Licht in seine Hände,
und Gott ballte das Licht in seinen Händen,
bis er die Sonne gemacht.
Und er setzte diese Sonne auflodernd in die Himmel.

Der Gott in diesem erzählenden Gedicht leistet körperliche Arbeit. Er gebraucht sein Lächeln, seine Hände und Füße für das schöpferische Handeln. Alles, was von seinem allmächtigen Wort in dieser Version der Schöpfungsgeschichte übrigbleibt, ist der naive Refrain »Das ist gut!«, mit dem Gott jede neue Erscheinung in der Welt willkommen heißt.

In Johnsons Text sind die verschiedenen Elemente des jahwistischen und des priesterschriftlichen Schöpfungsberichts miteinander verwoben. Er benutzt den Rahmen und die Erzählfolge aus Genesis 1 und die anthropomorphe Darstellung Gottes als eines Handwerkers aus Genesis 2. Das Gedicht ist erfüllt von einer Theologie der Gegenseitigkeit, Wechselseitigkeit und Mütterlichkeit, im Gegensatz zu einer Theologie autoritativer Macht, Unabhängigkeit und absoluter Freiheit.

Dann schritt Gott rundum,
und Gott blickte rundum
auf alles, das er gemacht.
Er sah nach der Sonne,
und er sah nach dem Mond,
und er sah nach den kleinen Sternen;
er sah seine Welt
und das Leben darauf,
und Gott sprach: Ich bin noch immer allein.

Dann saß Gott nieder am Fuß eines Hügels,
wo er nachdenken konnte,
saß nieder an einem tief-tiefen Fluß,
das Haupt in den Händen,

und dachte nach und dachte und dachte:
Ich mache mir einen Menschen!

Dieser Gott braucht ein Gegenüber. Beziehungsfähigkeit ist diesem Gott, der Einsamkeit zu erfahren vermag und unter ihr leidet, eigentümlich.

Liebe braucht die Gegenwart und das Einbeziehen eines anderen Wesens; Liebe kann ohne Gegenüber nicht bestehen. Sich selbst genügen ist ein Ideal des einsamen, beziehungslosen »Mannes«. Wer die Schöpfung als ein System der Beziehungslosigkeit auffaßt, beraubt sie ihres zentralen Elements, nämlich der Liebe. Welchen Sinn auch immer wir in den Begriffen Schöpfer, Schöpfung und Geschöpf finden – er ist abhängig von Liebe. Warum hat die abendländische Theologie eine Lehre von der *creatio ex nihilo* entwickelt, aber nie eine *creatio ex amore* gedacht?! Wenn Gott nicht aus Liebe die Welt erschaffen hat, dann bleibt jeder Begriff von Schöpfung sinnlos und leer.

Wir müssen uns selbst als Wesen verstehen lernen, die erwartet und geliebt wurden, schon bevor sie zur Welt kamen. Ein Kind, das mit dem Gefühl aufwächst, unerwünscht zu sein und von den Eltern nicht gebraucht zu werden, wird schwerlich ein ursprüngliches Weltvertrauen entwickeln. Ganz anders ein Kind, das sich der elterlichen Liebe gewiß ist: Es verfügt über so viel Welt- und Selbstvertrauen, daß es sein eigenes Dasein in die Zeit vor seiner Geburt zurückprojizieren und fragen kann: »Wie war das, bevor ich geboren wurde? Habt ihr mich nicht vermißt?« Unser Selbstwertgefühl und unsere Menschenwürde sind verwurzelt in unserem Gebrauchtwerden; jemand vermißt uns, seien es unsere Eltern oder sonsteiner, dem wir wichtig sind. Den religiösen Ausdruck für dieses menschliche Grundbedürfnis, gebraucht zu werden, finden wir in den Schöpfungsmythen, die erzählen, daß Gott uns erwartet hat, daß Gott uns braucht. Der mystische Unterstrom gegen herrschaftsorientierte Theologie hat das immer wieder zum Ausdruck gebracht. So singt Paul Gerhardt in dem Choral »Ich steh an deiner Krippen hier« genau aus der Tiefe gegenseitiger Abhängigkeit von Gott und der Seele:

Da ich noch nicht geboren war,
da bist du mir geboren
und hast mich dir zu eigen gar,
eh ich dich kannt, erkoren.
Eh ich durch deine Hand gemacht,
da hast du schon bei dir bedacht,
wie du mein wolltest werden.

An diesem Weihnachtslied läßt sich der Übergang vom historischen Projekt Gottes, der Geburt Jesu im Stall von Bethlehem, zum ontologischen einer existentiellen Theologie der Schöpfung ablesen. Gott will schon vor aller Zeit »mein werden«, aber das verstehe ich erst in der historischen Zeit, wenn der Befreier als Licht in »tiefster Todesnacht« leuchtet. Glauben, daß Gott »mich« geschaffen hat, bedeutet auch, daß ich mich selber in der Tiefe der Zeit, über meine Lebenszeit hinaus, als gewollt verstehe. Ich bin nicht nur durch den Zufall meiner Erzeugung entstanden, Gott brauchte gerade mich, gerade dich. Wenn wir Gott fehlen, weil wir des Lebens in Anteilnahme beraubt sind, so vermißt Gott uns wie eine Mutter ein verlorenes Kind. Gott ist nicht der souveräne Heerführer, der auf einige Regimenter auch verzichten kann.

Eine zweite Konsequenz aus der theologischen Prämisse von Gottes absolutem Anderssein betrifft unser Verhältnis zur Erde. Der Wirklichkeitsbegriff, den die modernen Naturwissenschaften entwickelt haben, entbehrt der theologischen Dimension der Schöpfung. Descartes will die Menschen als Meister und Besitzer der Natur verstehen, »maîtres et possesseurs de la nature«, die damit als schrankenlos zur Verfügung stehend gedacht ist. Gott und die Welt werden als zwei getrennte Entitäten verstanden, und die Natur verliert jedes Moment des Sakralen; als säkulare ruht sie in sich und verweist höchstens auf ihre Vorstufen in der Evolution, aber nicht auf Gott. Die Erde ist uns nicht heilig, sondern bloßes Objekt. Wenn wir aber etwas in unserem Denken zum Objekt, zum benutzbaren Gegenstand machen, so wird das eine Gewohnheit – eben die gewöhnlicher Unterdrückung. Der Naturimperialismus entsteht. Die Behauptung vom totalen Anderssein Gottes diente der neuzeitlichen Theologie als Schlupfloch, durch das sie sich dem Dialog mit den Wissenschaftlern entzog. Die Theologie hat de facto die Welt der Natur der Wissenschaft überlassen. Die Wissenschaft wiederum hat mehr und mehr die Beziehung zwischen Wirklichkeit und Schöpfung ignoriert, und auch für die meisten Christen ist der Glaube an die Schöpfung etwas, was in der Anerkenntnis der bloßen Tatsächlichkeit des Universums, seines puren »daß«, aufgeht. Ein solcher substanzlos gewordener Schöpfungsglaube hat aus dem Blick verloren, was es bedeutet, die Welt als geschaffen zu bezeugen.

Ist Gott der total Andere, so wird die Welt zu einem gottlosen Ort, und es gibt in ihr nichts Heiliges, keine göttliche Wirklichkeit mehr. Die Welt schrumpft zusammen auf Fakten und Sachen. Es gibt keinen Grund mehr für Ehrfurcht und Staunen, wenn die göttliche Wirklichkeit von unserer Welt total ausgegrenzt und unabhängig gemacht wird. Eine irrationale Negativität dem Heiligen gegenüber greift Platz und wird als normal angesehen. Die positivistische Weltanschauung ist ansteckend; sie infiziert sogar diejenigen, die auf einen Gott jenseits von Zeit und Raum setzen. Transzendenz ohne Immanenz ist verdinglicht und verkommt zu einer beziehungslosen dogmatischen Behauptung, die uns in keiner Weise persönlich betrifft und unser Weltverhältnis nicht bestimmt. Ein theologischer Schöpfungsbegriff, der sich, jeden sakramentalen Gefühls ledig, auf die Aussage beschränkt, Gott habe die Welt erschaffen, verliert durch seine Unverbundenheit mit der Immanenz jegliche Sensibilität für die Spiritualität der Schöpfung; er trocknet aus. Wir verlieren die Fähigkeit des inneren Auges, mit dem wir die ganze Welt als Moment in Gottes Sein sehen könnten.

Eine der großen Reden aus dem 19. Jahrhundert ist die Ansprache des Indianerhäuptlings Seattle an den »großen Häuptling« in Washington.[13] Diese Rede, in der das Politische und das Religiöse miteinander verschmelzen, wurde wahrscheinlich 1854 aus Anlaß der Übereignung des angestammten Indianerlandes an die amerikanische Bundesregierung gehalten:

»Wie kann man den Himmel kaufen oder verkaufen – oder die Wärme der Erde? Diese Vorstellung ist uns fremd ... Jeder Teil dieser Erde ist meinem Volk heilig, jede glitzernde Tannennadel, jeder sandige Strand, jeder Nebel in den dunklen Wäldern, jede Lichtung, jedes summende Insekt ist heilig in den Gedanken und Erfahrungen meines Volkes. Der Saft, der in den Bäumen steigt, trägt die Erinnerungen des roten Mannes ... Glänzendes Wasser, das sich in Bächen und Flüssen bewegt, ist nicht nur Wasser – sondern das Blut unserer Vorfahren. Wenn wir Euch das Land verkaufen, müßt Ihr wissen, daß es heilig ist, und Eure Kinder lehren, daß es heilig ist und daß jede flüchtige Spiegelung im klaren Wasser der Seen von Ereignissen und Überlieferungen aus dem Leben meines Volkes erzählt. Das Murmeln des Wassers ist die Stimme meiner Vorväter. Die Flüsse tragen unsere Kanus und nähren unsere Kinder.

Wenn wir unser Land verkaufen, so müßt Ihr Euch daran erinnern und Eure Kinder lehren: Die Flüsse sind unsere Brüder – und Eure –, und Ihr müßt von nun an den Flüssen Eure Güte geben, so wie jedem anderen Bruder auch. Der rote Mann zog sich immer zurück vor dem eindringenden weißen Mann – so wie der Frühnebel in den Bergen vor der Morgensonne weicht. Aber die

13 Die Echtheit dieser Rede ist indessen mehrfach und mit guten historischen Gründen bezweifelt worden; die meistverbreitete Version geht auf den Amerikaner William Arrowsmith zurück, der 1969 die ursprünglich von Dr. Henry Smith überlieferte Fassung (Seattle Sunday Star, 29. 10. 1887) stark überarbeitet hat. Für unseren Zusammenhang einer Kritik des abendländischen Naturverständnisses, ist diese historische Relativierung aber nicht umstürzend. Vgl. A. Pytlik und R. Gehlen: »Mit der Wahrheit auf Kriegsfuß«, in: Natur, Juli 1984. Wir zitieren im folgenden nach der unter dem Titel »Wir sind ein Teil der Erde« 1982 im Walter-Verlag in Olten erschienenen deutschen Übersetzung von Dedo Weigert.

Asche unserer Väter ist heilig, ihre Gräber sind geweihter Boden, und so sind diese Hügel, diese Bäume, dieser Teil der Erde uns geweiht. Wir wissen, daß der weiße Mann unsere Art nicht versteht. Ein Teil des Landes ist ihm gleich jedem anderen, denn er ist ein Fremder, der kommt in der Nacht und nimmt von der Erde, was immer er braucht. Die Erde ist sein Bruder nicht, sondern Feind, und wenn er sie erobert hat, schreitet er weiter. Er läßt die Gräber seiner Väter zurück – und kümmert sich nicht. Er stiehlt die Erde von seinen Kindern – und kümmert sich nicht. Seiner Väter Gräber und seiner Kinder Geburtsrecht sind vergessen. Er behandelt seine Mutter, die Erde, und seinen Bruder, den Himmel, wie Dinge zum Kaufen und Plündern, zum Verkaufen wie Schafe oder glänzende Perlen. Sein Hunger wird die Erde verschlingen und nichts zurücklassen als eine Wüste.«

Dieses Zeugnis des roten Mannes für die Heiligkeit der Erde endet mit einer klaren Verurteilung der Fähigkeit des weißen Mannes, die Natur zu zerstören. Die Haltung der amerikanischen Ureinwohner gegenüber der Erde wurzelt in einem tiefen Gefühl der Verbundenheit, gegründet in dem Einssein mit der Natur. Gott existiert für sie innerhalb der geschaffenen Welt, er ist nicht der absolute Herrscher und Herr über sie. Gott hat seine Seele in die Schöpfung gegeben, folglich ist die Erde mehr als bloß Materie, die man ungestraft ausbeuten dürfte. Im Lichte einer religiösen Tradition, die eng mit der Natur verbunden geblieben ist, bedeutet der Glaube an die Schöpfung, daß wir die Heiligkeit allen Lebens auf Erden, nicht nur unseres eigenen, bekennen. Der imperialistische Standpunkt gegenüber der Natur hat tiefe Wurzeln in der übertrieben transzendenten, monotheistischen und patriarchalen Religion. Die befreienden Elemente der christlichen Schöpfungslehre werden durch unterdrückerische Elemente neutralisiert. Eines der ältesten Objekte von Unterdrükkung und Ausbeutung ist die Erde.

Eine der dringendsten Aufgaben heutiger Theologie besteht in der Wiederentdeckung der befreienden Anteile im religiösen Erbe. Am kreativsten bei dieser Arbeit an einem neuen Gottesbild sind diejenigen, die von den unterdrückerischen Elementen der christlichen Tradition am meisten verletzt worden sind. Feministische religiöse Gruppen stehen bei diesen Versuchen an der Spitze. Sie haben in den letzten Jahren die besten bewegenden und mutigen Formen einer neuen Liturgie geschaffen. Ein Beispiel dafür ist ein Text von Carter Heyward:[14]

Im Anfang war Gott,
im Anfang die Quelle von allem, was ist,
im Anfang die Sehnsucht: Gott.

Gott – die stöhnende,
Gott – die in Wehen liegende,
Gott – die gebärende,
Gott – die jubelnde,
Gott, voller Liebe für ihr Geschöpf,
sprach: Es ist gut!

Dann hielt Gott zärtlich die Erde im Arm,
wissend, daß alles Gute geteilt sein will.
Gott sehnte sich nach Verbundenheit.
Gott wollte die gute Erde teilen mit andern,
und die Menschheit ward geboren aus Gottes Verlangen.
Wir wurden geboren, die Erde zu teilen.

Dies ist eine feministische Liturgie, aber nicht einfach deshalb, weil das Gedicht von einer Theologin verfaßt wurde und von Gott als »sie« spricht. Es ist eine feministische Liturgie, weil die Autorin die Schöpfung aus der Perspektive der Zärtlichkeit, nicht der Herrschaft sieht; Gott und Mensch haben gemeinsam an der Erde teil – wie es zum Ausdruck kommt im Bild von der irdischen Mutter, die abhängig ist von dem Ersehnten, wie die Liebe abhängig ist.

14 Aus: Carter Heyward: Our Passion for Justice. Images of Power, Sexuality, and Liberation, New York 1984 (Pilgrim Press).

Die dritte negative Konsequenz aus dem abendländischen Glauben an einen absolut transzendenten Gott betrifft die Rolle des Menschen. Der biblische Schöpfungsmythos betont die Herrschaft des Menschen über die Erde. In der Genesis wird der Mensch als von den Tieren und der übrigen Natur verschieden dargestellt. Die Unterschiedenheit des Menschen von seinen natürlichen Geschwistern, den Tieren und Pflanzen, wird überbetont. Das Ergebnis dieser scharfen Unterscheidung ist, daß uns das Bewußtsein für das, was wir mit den nichtmenschlichen Lebewesen gemeinsam haben, verlorengegangen ist – und damit die Ehrfurcht vor dem Leben. In Wahrheit sind wir genauso abhängig von Luft, Wasser, Licht und Nahrung wie sie. Wir sind ebenso verletzlich und sterblich wie sie, aber unsere imperialistische Einstellung gegenüber der Natur läßt uns dieses gemeinsame Los vergessen und verdrängen. Häuptling Seattle erinnert an unser gemeinsames Schicksal:

»Die Luft ist kostbar für den roten Mann – denn alle Dinge teilen denselben Atem – das Tier, der Baum, der Mensch – sie alle teilen denselben Atem. Der weiße Mann scheint die Luft, die er atmet, nicht zu bemerken; wie ein Mann, der seit vielen Tagen stirbt, ist er abgestumpft gegen den Gestank. Aber wenn wir Euch unser Land verkaufen, dürft Ihr nicht vergessen, daß die Luft uns kostbar ist – daß die Luft ihren Geist teilt mit all dem Leben, das sie enthält. Der Wind gab unseren Vätern den ersten Atem und empfängt ihren letzten. Und der Wind muß auch unseren Kindern den Lebensgeist geben. Und wenn wir Euch unser Land verkaufen, so müßt Ihr es als ein besonderes und geweihtes schätzen, als einen Ort, wo auch der weiße Mann spürt, daß der Wind süß duftet von den Wiesenblumen.

Das Ansinnen, unser Land zu kaufen, werden wir bedenken, und wenn wir uns entschließen anzunehmen, so nur unter einer Bedingung: Der weiße Mann muß die Tiere des Landes behandeln wie seine Brüder.

Ich bin ein Wilder und verstehe es nicht anders. Ich habe Tausende verrottende Büffel gesehen, vom weißen Mann zurückgelassen – erschossen aus einem vorüberfahrenden Zug. Ich bin ein

Wilder und kann nicht verstehen, wie das qualmende Eisenpferd wichtiger sein soll als der Büffel, den wir nur töten, um am Leben zu bleiben. Was ist der Mensch ohne die Tiere? Wären alle Tiere fort, so stürbe der Mensch an großer Einsamkeit des Geistes. Was immer den Tieren geschieht – geschieht bald auch den Menschen. Alle Dinge sind miteinander verbunden …

Denn das wissen wir, die Erde gehört nicht den Menschen, der Mensch gehört zur Erde – das wissen wir. Alles ist miteinander verbunden, wie das Blut, das eine Familie vereint. Alles ist verbunden.«

Könnten wir die Verbundenheit alles Lebendigen begreifen, so würden wir zu einer Haltung der Demut angesichts der Schöpfung zurückfinden. Der theologische Begriff von Gottes totalem Anderssein macht uns zu Fremdlingen auf Erden; er ist die Voraussetzung für Herrschaft und den Willen zur Macht.

Das klassische christliche Schöpfungsdogma hat drei unterdrückerisch wirkende Konsequenzen: das totale Anderssein Gottes und »seine« Herrschaft über Männer, Frauen, Tiere und die ganze Erde; eine gottverlassene Welt purer Tatsachen; und die Herrschaft des Menschen, der die profane Welt nüchtern benutzen kann, aber es verlernt hat, die sakrale Wirklichkeit Gottes in der Natur fromm zu verehren. Dieser Naturimperialismus bringt, wie Häuptling Seattle bemerkt, eine große Einsamkeit des Menschen hervor, von der dann angenommen wird, sie gehöre zum unveränderlichen Wesen menschlichen Daseins. Die ökologische Katastrophe, die heute über uns hereinbricht, ist durch die christliche Tradition mitverursacht. Wenn wir ein neues Verständnis von Schöpfung entwickeln wollen, brauchen wir ein kritisches Bewußtsein von der unserem Glauben innewohnenden Destruktivität. Wir müssen immer klarer unterscheiden zwischen unterdrückerischen und befreienden Elementen in unserer Theologie und unseren Frömmigkeitstraditionen. Eine Theologie der Schöpfung muß in der Lage sein, uns zu lehren, wie wir die Erde mehr lieben können.

3
Aus Erde gemacht

Das Ziel einer Theologie der Schöpfung ist, uns zu einem großen Ja zu befähigen, so daß wir sagen können: Amen, so soll es sein, es ist sehr gut. Aber von wo aus könnten wir so sprechen? Unsere Erfahrung der Wirklichkeit führt keineswegs zum Einstimmenkönnen in das Lob der guten Schöpfung. Es gibt keinen »natürlichen« Weg dahin, und in diesem Sinn ist die protestantische Kritik an natürlicher Theologie, die Gott als selbstverständlich ansehen wollte, berechtigt. Gott muß erst verständlich gemacht werden, überliefert, benannt, »offenbart«, wie die Orthodoxie sagen würde. Gott braucht die Gleichnisse, die Jesus für ihn erfand.

Die natürliche Theologie ist ein Versuch, das ontologische Projekt unabhängig vom historischen zu machen und sozusagen schnurstracks in das Paradies zurückzukehren, aus dem wir vertrieben wurden, ohne den langen Umweg durch die Welt.[1] Sie täuscht, abgelöst von der Geschichte, gerade über das hinweg, was ihre eigene Stärke sein könnte, nämlich den Mangel der Welt, in sich selbst Halt zu haben, die Unabgeschlossenheit der Schöpfung, ihr Angewiesensein auf Gott darzustellen. Es gibt ein Urbedürfnis danach, die Schöpfung als gut zu bejahen, auch unter Menschen, die unter extremen Härten und Entbehrungen leiden. Vertrauen ist besser als Mißtrauen, so wie Sehen besser als Blindsein ist. Wir suchen nicht ein billiges Halleluja, das die eigene Erfahrung verleugnet und die Sensibilität für das Leiden

1 Vgl. Heinrich von Kleist: Über das Marionettentheater, 1810.

anderer glorios zum Schweigen bringt, sondern eine Bejahung, die aus dem Glauben kommt, der immer Frucht des Kampfes mit Zweifel und Verzweiflung ist.

Gibt es eine Theologie, die unseren Glauben an die Schöpfung stützen kann? Theologie sollte ja ein vernünftiges Hilfsmittel sein zur Klärung unserer Gedanken und zur Stärkung unseres Glaubens angesichts von Zweifel und Verzweiflung. Aber das traditionelle theologische Verständnis der Schöpfung leistet nicht, was es sollte. Es hilft mir nicht, den Gott der Schöpfung zu preisen, denn es stellt »Ihn« als Herrn und »Macher« dar auf Kosten meines eigentlichen Menschseins.

Unsere Schwierigkeit mit dem Lob der Schöpfung stammt aus der überkommenen gedanklichen Spaltung in Gott als »den Herrn«, das Subjekt des Schöpfungsaktes, auf der einen Seite und den Menschen als das Objekt, den »Stoff«, aus Staub gemacht, auf der anderen Seite.

Die traditionelle Unterscheidung zwischen Gott und Welt

Gott	*Welt*
Schöpfer	Geschöpf
Herr	Knecht
Produzent	Produkt
Künstler	Kunstwerk
Wille oder Form	Stoff oder Materie
Ursache	Wirkung
Subjekt	Objekt

Spricht die Bibel aber tatsächlich von einem unendlichen Unterschied zwischen Schöpfer und Geschöpf? Trifft es nicht eher zu, daß diese Zweiteilung der willkürlichen Auswahl entstammt, die unsere Tradition aus der Bibel getroffen hat? Wir müssen uns eine Grundfrage stellen: Wenn wir Gott als den Schöpfer an einem Ende des Spektrums lokalisieren und die Welt als sein Geschöpf am anderen Ende, wo bleibt dann der Mensch? Sind wir Objekte, lebloser Lehm, Ton in den Händen des Töpfers? Beschreibt die Allegorie von Ton und Töpfer bei Jeremia (18,1–6), wer wir sind? Können wir uns selber in dieser Weise verstehen? Dieses Bild ist in der christlichen Tradition dazu benutzt worden, uns als menschliche Wesen zu demütigen, uns von unserer Freiheit abzuschneiden, uns als »Stoff«, als lebloses Material, abzutun. Mit Zorn lehne ich eine religiöse Tradition ab, die dem Töpfer/Schöpfer alle Macht zuspricht, sein Gebilde, den Topf, aber erniedrigt.

Das Problem mit der angeblich unüberbrückbaren Kluft zwischen Schöpfer und Geschaffenem wird sichtbar, wenn man – was historisch unvermeidlich ist – diese Dichotomie auf andere Gebiete überträgt. Ich nenne als Beispiel die sexistische Zweiteilung der Welt, wobei man dem Männlichen »göttliche« (etwa »Wille«) und dem Weiblichen »weltliche« Merkmale (etwa »Materie«) zuschreibt. Hier wird das ontologische Denkmodell in sexistischem Sinne mißbraucht; aber die eindeutige Trennung zwischen Gott und der Menschheit hat viele solcher falschen Zweiteilungen hervorgerufen oder legitimiert. Der Rassismus und die Unterdrückung der Armen funktionieren in ähnlicher Weise, indem Leben zum Objekt gemacht und ihm die eigene Würde, die eigene Gottesebenbildlichkeit genommen wird. Müssen wir, wenn wir innerhalb der jüdisch-christlichen Tradition bleiben, das imperialistische Verständnis von Schöpfung und Natur unterschreiben? Gibt es keinen anderen Weg, die Schöpfung und das Verhältnis zwischen Gott und Welt zu denken? Sind Religion und Herrschaft unauflöslich verbunden? Wie kommen wir von der Schöpfung zur Mit-Schöpfung, zur Kokreation, von der *creatio ex nihilo* zur *creatio ex amore*, von der Zwangsmacht des omnipotenten Herrn zur überzeugenden Kraft des Lebens?

Ich glaube, wir brauchen ein neues Verständnis der Beziehung zwischen Göttlichem und Menschlichem und eine Kritik am Begriff der absoluten autokratischen Freiheit des Schöpfers. Die umfassende Struktur von Herrschaft, die der orthodoxe Gottesbegriff beinhaltet, steckt bereits in dem lateinischen Wort für Herr: *dominus* bezeichnet, ebenso wie der griechische *kyrios*, den feudalen Zwingherrn. Das Bild eines Gottes, der seine Untertanen beherrscht, eignet sich bestens zur Aufrechterhaltung von Unterdrückung und Ausbeutung in der Welt. Noch einmal: Gibt es einen nicht-imperialistischen Schöpfungsbegriff, der ein anderes und neues Verständnis der Beziehung zwischen Gott und Welt ermöglicht?

Ich stelle hier drei moderne Ansätze dar, den klassischen Imperialismus in der Schöpfungstheologie zu überwinden: Prozeßtheologie, feministische Theologie und materialistische Bibelexegese.

Ein Versuch, ein anderes Verständnis der Beziehung zwischen Göttlichem und Menschlichem zum Ausdruck zu bringen, ist die Prozeßtheologie. In der Philosophie von Alfred North Whitehead und seiner Nachfolger, vor allem Charles Hartshorne, heißt die grundlegende ontologische Kategorie nicht »Sein«, sondern »Werden«. In diesem Denken wird alles, was lebt, sich bewegt und wächst, nicht als Substanz, sondern als Prozeß aufgefaßt. Auch Gott ist von dieser dynamischen Ontologie nicht ausgenommen. Das Prozeßdenken bietet somit ein Korrektiv an zu der in der klassischen abendländischen Philosophie vorherrschenden Verehrung des »Seins« als der letzten Kategorie der Schöpfung. Damit wird die in der klassischen Philosophie selbstverständliche Auffassung in Frage gestellt, wonach die Wirklichkeit aus unverständlichen Substanzen besteht, die untereinander nur akzidentielle, zufällige Beziehungen unterhalten. Ebenso wird der klassische Begriff eines in sich selbst ruhenden Gottes überwunden, eines Gottes *a se*, der sich aus freiem, grundlosem Entschluß, aus Willkür, in Beziehung zu etwas außer seiner selbst begibt.

Im Gegensatz zum Begriff eines Gottes *a se* betrachtet das Prozeßdenken Beziehungshaftigkeit als notwendiges Wesenselement dessen, was wir überhaupt Gott nennen können. Auf etwas bezogen zu sein ist essentiell für Gott und kein zufälliges und zusätzliches Merkmal. »Im Anfang ist die Beziehung«, heißt es bei Martin Buber.[2] Das Prozeßdenken stimmt mit Buber überein, daß, weil für Gott »Beziehung« nicht zufällig ist, darum auch die Welt nicht als akzidentiell und zufällig entstanden angesehen werden kann. Die Wirklichkeit ist ein Beziehungsgeflecht von miteinander in Verbindung stehenden Prozessen, Ereignissen und Gelegenheiten von Erfahrung. Die Absolutheit Gottes wird durch diese Vorstellung relativiert.

Das Prozeßdenken beschreibt die Wirklichkeit in bipolaren Ausdrücken: Potentialität und Aktualität, Veränderung und Permanenz, Relativität und Absolutheit, Werden und Sein. In der Terminologie Whiteheads würde man sagen: Auch wenn Gott vor dem Schöpfungsakt allein war, so verfügte er doch über die Potentialität, die Welt zu erschaffen, nur hatte er diese Potentialität noch nicht aktualisiert. In gleicher Weise könnte man von Gottes Permanenz sprechen, die in der Fähigkeit der Gottheit zur Veränderung besteht, in ihrem Vermögen, sich selbst in unterschiedlichster Weise zum Ausdruck zu bringen und in verschiedenen Formen zu offenbaren. Es gibt einen schönen Ausdruck des Prozeßtheologen Charles Hartshorne, der sagt, Gott sei der »selfsurpassing surpasser of all«; Gott ist die selbstüberschreitende Überschreiterin von allem. Gott ist nicht nur größer als alles andere, sondern auch größer, umfassender als Gott selbst. Gott ist aufgrund ihrer Potentialität immer größer als Gott in irgendeinem bestimmten Augenblick. Aber Gottes Potentialität könnte nicht aktualisiert werden, wäre Gott ein unwandelbarer Gott *a se*. Von daher gewinnt das Prinzip des Prozeßdenkens, daß jede Aktion eine Interaktion, jede Beziehung eine Wechselbeziehung ist, seine Bedeutung. Kein göttliches oder menschliches Handeln besteht in sich selbst oder *a se*. Gottes Beständigkeit oder Unveränderlichkeit zeigt sich gerade darin, daß sie

2 Martin Buber: Die Schriften über das dialogische Prinzip, Heidelberg 1954 (Lambert Schneider Verlag), S. 22.

ständig neue Möglichkeiten eröffnet. Mit anderen Worten: Gott liebt uns immer. Daß Gott sich selber treu bleibt, daß Gott immer über sich selbst hinauswächst – beides wird bestätigt und bezeugt durch die immer erneuten Angebote ihrer Liebe. Gottes Konstante ist Liebe, aber Gottes Permanenz ist nicht statisch. Ebenso kennt Gott alle unsere Möglichkeiten, ohne jedoch zu wissen, welchen Gebrauch wir von ihnen machen. Gott kennt unsere Fähigkeiten, doch sie wartet auf ihre Verwirklichungen – und läßt Raum für unsere Freiheit.

Gottes Liebe offenbart sich durch Interaktion, und durch Interaktion wird – wie die Prozeßtheologie sagt – die Welt zum Leib Gottes. Jedes lebende Wesen steht in Berührung mit anderen lebenden Wesen, von denen es beeinflußt wird und die es seinerseits beeinflußt. In gleicher Weise wirken wir auf Gott ein, Gott macht durch uns Erfahrungen. Unser Tun hat Auswirkungen auf Gott. In der Sicht der Prozeßtheologie residiert Gott nicht in einer Überwelt jenseits der Geschichte, sondern lebt und wirkt ganz im Gegenteil genau wie wir in und durch Geschichte.

Unter diesen Voraussetzungen ist aber auch der zentrale Begriff des theologischen Denkens neu zu interpretieren, der in vielen Theologien der Hoffnung von der Kritik ausgespart und einfach weitertradiert wurde, nämlich die Macht Gottes, seine *potentia* oder *omnipotentia*, Gottes »power«. Es wäre ja relativ leicht, die Prozeßtheologie als eine ausschließlich philosophische Anschauung, die sich mit den soziopolitischen Realitäten einer Welt von menschlichem Leid wenig beschäftigt, einer umfassenden Kritik zu unterwerfen, aber das ist nicht mein Interesse, weil ich diejenigen Aspekte des Prozeßdenkens herausarbeiten will, die dazu beitragen, den Imperialismus, der der traditionellen theologischen Auffassung vom Verhältnis zwischen Gott und Mensch innewohnt, zu überwinden. Wie sollen wir Gottes Macht verstehen, wie den *modus operandi* seines Handelns bestimmen? Der traditionelle Theismus in der abendländischen Theologie – von Augustin über Thomas, Luther, Calvin bis hin zu Karl Barth – denkt Gottes Macht als Zwangsmacht, als zwingende Allmacht (»coercive omnipotence«).[3] »Macht« läßt sich philosophisch einteilen in immanente und transitive Macht. Immanente Macht ist die Macht eines individuellen Wesens, Ursache seiner selbst zu sein, Verursachung an sich selber auszuüben, die Macht der Selbstbestimmung. In einem politischen Song aus den USA ist zum Beispiel von der Macht des Grases (»the power of the grass«) die Rede: Das ist die dem Gras innewohnende, also immanente Macht, seine eigene Ursache zu sein, zu wachsen, zu blühen. Transitive, verändernde Macht dagegen wird von einem Lebewesen auf ein anderes ausgeübt. Dabei lassen sich wiederum zwei Formen unterscheiden. Auf andere einwirkende Macht kann zwanghaft (»coercive«) oder überzeugend (»persuasive«) sein. Sie kann also das Resultat ohne jede Kooperation dessen, auf den sie sich richtet, erreichen durch Zwang; das Ergebnis ist dann nicht von beiden getragen.

Im ontologischen Sinn wird Zwang dort ausgeübt, wo das Ergebnis einseitig durch die transitive Macht des Handelnden erreicht wird. Können wir Gottes Macht in dieser Form denken? Ist Zwangsmacht ein höchstes Attribut? Ist Omnipotenz das Höchste, was wir denken können, also das Gott Gemäße? Die transitive Macht ist überzeugend, persuasiv, wenn sie ihre Wirkung nicht einseitig hervorbringt. Das Resultat ist dann eine Veränderung innerhalb des Wesens, auf das die Macht einwirkt, so daß dieses Wesen unter der Begegnung mit der Macht des anderen mit seiner eigenen immanenten Macht in Berührung kommt und eine selbständige Antwort auf die begegnende transitive Macht geben kann. Das Resultat ist in diesem Fall ein beiderseitiges, ein bilaterales Produkt, das auf der Kooperation von mindestens zwei Handelnden beruht. Gute, überzeugende Macht ist immer Macht, die sich mitteilt, die andere an ihrer Macht be-

3 Vgl. David R. Griffin: »Creatio ex nihilo. The divine modus operandi and the imitatio dei«. Papier für die Konsultation »Spannungen innerhalb heutiger Schöpfungstheologie« des Centre d'Etudes Œcuméniques, Straßburg, Oktober 1984. Dieser Weiterentwicklung prozeßtheologischer Ansätze verdanke ich sehr viel.

teiligt, sie er-mächtigt ihr Gegenüber, statt es zu unterwerfen. »Power« ist »empowerment«.

Natürlich gibt es Übergangsformen zwischen zwingender und überzeugender Macht, wie jeder Erziehende nur zu gut weiß. Aber wenn wir versuchen zu denken, wer Gott für uns ist, dann müssen wir an der klaren Unterscheidung dieser beiden Formen der Macht festhalten und bezeugen, daß ein Gott, den wir lieben und verehren können, *nur* überzeugende, nur gewinnende Macht sein kann – eine Macht, der eine innere Anziehungskraft innewohnt, die uns verlockt, sie freiwillig zu bejahen.

Die theistische Gottesvorstellung orientiert sich an der Zwangsmacht Gottes, und hierin liegen die tiefsten Schwierigkeiten vieler heutiger Menschen mit der religiösen Tradition. Ein Gott, der seine Größe darin hat, omnipotent zu sein, der seine Geschöpfe aus dem absoluten Nichts geschaffen hat und sie genauso wieder zurückwerfen kann in das Nichts, dessen Herrscherwillen die Menschen total unterworfen sind, ist unglaubwürdig. Er negiert sowohl unsere immanente Macht der Selbstbestimmung, die wir unter Menschen »Freiheit« nennen, wie er auch seine eigene transitive Macht falsch, nämlich im Sinne von Zwangsherrschaft, benutzt. Und dieser Allmächtige ist kein Hirngespinst, sondern eine ideologisch-politische Realität bis auf den heutigen Tag. Der Theologe Carl-Heinz Ratschow sagte im Zusammenhang der Friedensdebatte: »Wer angesichts der atomaren Bedrohung Furcht hat, glaubt nicht an Gott.« Er ermunterte Studenten auf einer Konferenz der Studentenmission (SMD), »absolut furchtlos« zu sein. Christen brauchten keine Angst vor einem Atomkrieg zu haben, weil nicht der Mensch, sondern Gott die Geschichte lenke.[4] Der Gott, der hinter dieser Theologie steht, ist das omnipotente Himmelswesen, das den Atomkrieg, unabhängig vom Stand seiner Vorbereitung und von wissenschaftlicher Wahrscheinlichkeit, verhindern oder ausbrechen lassen kann. Während die Friedensbewegung in der Tat an Gott glaubt, dessen

4 Vgl. epd-Zentralausgabe, Nr. 201, vom 16. Oktober 1984.

wahre Macht die Überzeugung, die *persuasio*, die überredend-einladende Kraft der Gewaltfreiheit, ist, gibt es innerhalb der christlichen Gemeinde durchaus andere Stimmen, deren Glauben sich an der Omnipotenz ihres Gottes orientiert und die darum nicht davor zurückscheuen, selber Omnipotenz (in militärischer Sprache »Unverwundbarkeit«) zu erstreben.

Dieser Gott der Zwangsmacht ist zugleich der Gott des Patriarchats. Auch die feministische Theologie arbeitet an der Überwindung der traditionellen theologischen Aufspaltung in Schöpfer und Geschöpf, in Machthaber und Machtlose. Carter Heyward zum Beispiel versucht, die Beziehung zwischen Gott und Mensch »reziprok und dynamisch« zu denken, so daß sie »beiden Seiten zugute kommt« und nicht bloße Abhängigkeit der Menschen von Gott bedeutet.[5] Heyward definiert Gott als »die Kraft der Beziehung zueinander, zur Menschheit und zur ganzen Schöpfung«. Unsere Berufung ist, »den schöpferischen Charakter unseres Daseins ernst zu nehmen, sowohl in der Beziehung untereinander (Menschheit) als auch zu der Beziehungskraft selbst (Gott)«. Es geht ihr um die Befreiung von der Unterwerfung unter die Macht, wie sie in der Tradition der Schöpfungstheologie gesetzt war. Wenn Verbundenheit, nicht Unterwerfung unsere Beziehung zu Gott charakterisiert, dann arbeiten wir in den Werken der Liebe und der Gerechtigkeit schöpferisch und partnerschaftlich mit Gott zusammen. Heyward widersetzt sich der klassischen und neoorthodoxen Tendenz, dem Göttlichen eine verhältnislose, beziehungslose Bedeutung zuzusprechen; und sie zeigt, daß insbesondere die Neoorthodoxie ein »Musterbeispiel darstellt zur Legitimierung einer auf Herrschaft und Unterordnung beruhenden Beziehung, in der das Höhere eine Wahrheit besitzt, mit der es das Niedrige durchdringt, das diese Wahrheit mit großen Dankesbezeugungen zu empfangen hat«. Feministische Theologie beantwortet die Frage nach der Macht

5 Carter Heyward: Und sie rührte sein Kleid an. Eine feministische Theologie der Beziehung, Stuttgart 1986 (Kreuz Verlag).

Gottes neu und befreit die Theologie aus den Potenzphantasien der Männer, die sich bislang exklusiv theologisch zu Wort meldeten. Heyward unterscheidet begrifflich zwischen Autorität (*exousia*) und Macht (*dynamis*). Diese Unterscheidung ist an der Gestalt Jesu gewonnen. Jesus verzichtete auf Autorität und Herrschaftsmacht (*exousia*), stellt aber eine andere Macht (*dynamis*) in seinem Leben und Sterben dar. So müssen wir auch Gottes Macht verstehen lernen; der von der Orthodoxie propagierte Gedanke, daß alle Macht einem »ganz Anderen« gehöre, muß als unjesuanisch überwunden werden. In Heywards Begriffssystem ist *exousia* die gesellschaftlich erlaubte und privilegierte Macht des einen über den andern, also eine Macht, die wir mit religiöser oder staatlicher Obrigkeit assoziieren, die sich auf Gewalt gründet. Die andere Macht, die Heyward im Sinne des Neuen Testaments *dynamis* nennt, ist hingegen spontane, ursprüngliche, eigenständige, unprivilegierte Kraft, die nicht befiehlt, sondern uns einlädt und umwirbt. Prozeßtheologisch ausgedrückt ist *dynamis* gemeinsame, wechselseitig geteilte Macht der Überzeugung.

Heywards Unterscheidung von *dynamis* und *exousia* entspricht der Unterscheidung von guter, überzeugender und böser, erzwungener Macht. Eine im Sinne der *dynamis* seinsmächtige Person braucht es, ihre Macht zu teilen, anderen an der Macht Anteil zu geben. Die *exousia*-Macht nimmt dagegen den Charakter eines Privilegs an, das ungeteilt einen oder eine Gruppe bevorzugt und deswegen eifersüchtig bewacht und verteidigt werden muß. Nur geteilte Macht ist gute Macht. Echte Macht ist nichts, was *einer* besitzt. Böse Macht im Dienst von Herrschaft, sei es durch Gott oder Menschen, ist etwas ganz anderes.

Neben der Prozeßtheologie und der feministischen Theologie existiert noch eine weitere Basis, von der aus man zu einem Neuverständnis der Schöpfung gelangen kann: der philosophische Materialismus. Die orthodoxe christliche Theologie hat sich auf idealistische Philosophie eingelassen und den philosophischen Materialismus abgelehnt. Idealistisches Denken betont die Herrschaft des Geistes über die ihm unterworfene Materie. Im Gegensatz dazu nimmt der philosophische Materialismus die Materie ernst. In den letzten Jahren wurden neue Wege der Bibelauslegung im Sinne einer materialistischen Exegese diskutiert.[6] Dabei werden – im Unterschied zu einer »idealistischen« Exegese – Leiblichkeit und Gesellschaft ernst genommen. Damit ist nicht nur eine neue Entwicklung in der exegetischen Forschung angezeigt, sondern auch eine Verschiebung der philosophischen beziehungsweise systematisch-theologischen Fragestellung. In der Sichtweise des philosophischen Materialismus ist die Realität bewegte Materie, und wir benötigen zu ihrer Erklärung keine anderen Prinzipien. Philosophische Materialisten verfechten aber keineswegs die Lehre, alles in der Welt, einschließlich des Denkens, Wollens und Fühlens, könne in einer undialektischen Art als tote Materie erklärt werden. Vielmehr suchen sie die Materie, den »Stoff« oder die Leiblichkeit, als lebendigen Bewegungsprozeß zu verstehen, dessen kreative Kraft es wahrzunehmen gilt. Mein Versuch, die Schöpfung im Licht so irdischer Phänomene wie Arbeit und Liebe zu interpretieren, ist ein Beispiel für eine philosophisch-materialistische Deutung; es ist ein poetischer Materialismus, der die Sinnlichkeit und die Schönheit bejaht, die in den lebendigen, sich bewegenden Dingen, dem Stoff dieser Welt, aufscheinen.

Das theologische Symbol der Inkarnation bringt die irdisch-materielle Textur unseres Daseins in Gott zum Ausdruck. Gott ist Fleisch geworden, in Christus. Es ist wichtig, den Leib als fleischgewordenen Geist zu begreifen und nicht als Gefängnis. Wir sind verleiblichte lebendige Wesenheiten. Man kann die Bedeutung dieser Erkenntnis für unser Selbstverständnis gut daran zeigen, daß es in der deutschen Sprache zwei Wörter gibt: Leib

6 Vgl. Willy Schottroff und Wolfgang Stegemann (Hrsg.): Der Gott der kleinen Leute. Sozialgeschichtliche Auslegungen, Bd. 1: Altes Testament, Bd. 2: Neues Testament, München/Gelnhausen 1979; und von denselben: Traditionen der Befreiung. Sozialgeschichtliche Bibelauslegungen, Bd. 1: Methodische Zugänge, Bd. 2: Frauen in der Bibel, München/Gelnhausen 1980 (beide Werke im Chr. Kaiser Verlag/Burckhardthaus-Verlag).

und Körper. Leib hat mit Leben zu tun, während Körper eine leblos-mechanische Sache bedeutet. Mein Leib ist lebendig, ganzheitlich, mein Körper ist ein kontrollierbares und beherrschbares Ding, ein potentieller Leichnam. Spreche ich von meinem Leib, dann meine ich mein eigentliches Sein. Ich *bin* mein Leib. Ich habe oder besitze ihn nicht. Mein Leib – das bin ich. Nur der Körper gehört zur Kategorie des Habens und der Verfügbarkeit; der Leib gehört zur Kategorie des Seins.

Diese Bemerkungen über Materialismus und Leib sollen als Auftakt zu einer leiblichen Theologie verstanden werden, die ich auf der Basis von drei Grundsätzen entwickeln möchte. Der erste Grundsatz lautet: »Ich bin aus Erde gemacht.« Der zweite Satz ist ein Satz aus der Rede des Indianerhäuptlings Seattle von 1854: »Die Erde gehört nicht den Menschen, der Mensch gehört der Erde.« Und der dritte ist der erste Vers des 24. Psalms: »Die Erde ist des Herrn« oder »Del Señor es la tierra«, wie es bei den Campesinos in vielen vergangenen und gegenwärtigen Bauernaufständen in Lateinamerika heißt.

Welchen Sinn hat der Satz »Ich bin aus Erde gemacht«? Meine freien Assoziationen dazu fügen sich zu einer Art Meditation:

> Ich bin begrenzt durch Zeit und Raum,
> beschränkt in meinen Fähigkeiten und Kräften;
> ich bin verletzlich, vergänglich, sterblich;
> ich bin gebunden an meine biologische Konstitution;
> ich habe nur begrenzte Entscheidungsspielräume,
> die abhängig sind von meinem leiblichen Dasein …

Als Beispiel wähle ich die Menstruation, die zum Leben einer Frau gehört. Sie ist nichts, das ich überwinden oder zum Verschwinden bringen könnte oder wollte, sonst müßte ich einen Teil meiner selbst töten, etwas zerstören, was zu meinem Dasein gehört. Meine Möglichkeiten sind begrenzt, denn ich bin aus Erde gemacht. Die theologische Frage, die daraus folgt, lautet: Kann ich mich selbst annehmen als eine, die aus Erde gemacht ist? Kann ich sagen, daß meine Geschöpflichkeit »sehr gut« ist? Wie entspreche ich, die ich aus Erde gemacht bin, dem ontologischen Entwurf, zur Freiheit geschaffen zu sein? Anders gefragt: Vermag ich meine eigene Geschöpflichkeit zu akzeptieren und zu respektieren, weil ich weiß, daß meine Existenz bejaht und gewollt war, noch bevor ich geboren wurde? Daß ich nicht bloß durch Zufall hier auf Erden bin? Daß ich gebraucht werde? Daß ich kein verfügbares Objekt bin? Daß ich zur Freiheit und Gleichheit bestimmt bin?

Wir werden hineingeboren in ein ontologisches Projekt, das dem menschlichen Geschlecht von Anfang an zugeordnet ist; wir erfahren diesen Entwurf Gottes im geschichtlichen Entwurf der Befreiung. Als Menschen sind wir hineingeboren in den Prozeß der Befreiung. Wenn wir diese Aufgabe nicht ernst nehmen, verfehlen wir unser Leben. Wir sind geschaffen nach Gottes Bild und doch aus Erde gemacht. Bejahen wir unser Geschaffensein, dann können wir weder unsere irdische Verletzlichkeit und Sterblichkeit leugnen noch den ontologischen Entwurf verneinen, der auf eine Befreiung zielt, die Gott für uns alle im Sinn hat. Daß wir von Gott gewollt und geplant sind, von ihm gebraucht und benötigt werden, ist die größte Vergewisserung unseres Lebens. Diese Art der Selbstvergewisserung entspringt aus unserem Geschaffensein. Dennoch sind wir aus Erde, aus Staub gemacht. Die Spannung zwischen diesen beiden Polen unseres Selbstverständnisses scheint so lange unauflöslich, bis wir erkennen, daß das Bejahen unserer Geschöpflichkeit beide Seiten des dialektischen Verhältnisses umfassen muß.

Die Geschichte des Christentums ist gekennzeichnet durch Ablehnung dieses irdischen Faktors »Staub« oder »Erde« und seiner beiden grundlegenden Dimensionen Leiblichkeit und Gesellschaft. Mein Leib sagt mir, daß ich Schmerzen habe, Hunger und sexuelle Bedürfnisse. Durch meinen Leib erfahre ich, daß es hier auf Erden doch nicht so »sehr gut« ist. Es ist falsch, diesen Widerspruch aufzulösen, indem man den Leib mit seinen Bedürfnissen verleugnet und unterdrückt zugunsten einer idealistischen, von allen leiblichen Begierden gereinigten Spiritualität. Eine idealistische Spiritualität ist der Feind einer geschöpflichen Spiritualität; sie beruht auf dem Dualismus von Leib und Geist, den wir von der griechischen Philosophie geerbt haben. In Platons »Phaidon (67a) sagt Sokrates: »Solange wir leben, werden wir, wie sich zeigt, nur dann dem Erkennen am nächsten sein, wenn wir, soviel möglich, nichts mit dem Leibe zu schaffen noch gemein haben, was nicht höchst nötig ist, und wenn wir mit seiner Natur uns nicht anfüllen, sondern uns von ihm rein halten, bis der Gott selbst uns befreit.«

Die meisten von uns kennen das Gefühl, sich des eigenen Körpers zu schämen, den Wunsch, sich von seinem Körper zu befreien, sogar den Haß auf den eigenen Körper. Manchmal wird die Seele dem Körper fremd und sehnt sich danach, ihn zu verlassen. Dann wird der Leib als Gefängnis erfahren. Der spirituelle Dualismus verfälscht dieses Gefühl der Entfremdung in eine Ideologie, die den Bereich des Körperlichen als niedrigste Stufe eines hierarchischen Systems verunglimpft. Aber wenn wir den Leib mißachten, so verzichten wir auch auf unsere Gefühle und auf unser Vermögen, uns selbst sinnlich auszudrücken, damit aber auf unsere Beziehungsfähigkeit zu anderen.

Daß wir aus Erde gemacht sind, bedeutet auch, daß wir von allem Anfang an soziale Wesen sind. Unser Aufeinanderbezogensein ist ein fundamentales menschliches Wesensmerkmal. Eine Anthropologie, die beim Individuum ansetzt, befindet sich nicht in Übereinstimmung mit der biblischen Überlieferung. Wir sind füreinander gemacht, aufeinander hin geschaffen. Unsere soziale Existenz ist der Ort, wo die Schöpfung als gut bezeugt, bezweifelt und bewahrheitet wird. Im Anfang war die Beziehung.

Jede Theologie, die den Bereich des Leibes und der Gesellschaft flieht zugunsten einer angeblich »höheren« Ebene, nimmt nicht ernst, daß wir aus Erde gemacht sind. Ich will Beispiele nennen für das, was ich meine. In einer Fernsehdiskussion über das Gleichnis vom reichen Jüngling (Markus 10,17–22) hat es der

Evangelist Billy Graham fertiggebracht, dem Thema Reichtum und den Fragen nach der Bedeutung des Materiellen, die diese Geschichte aufwirft, geschickt aus dem Wege zu gehen. Statt dessen machte Graham den Text zu einem Bericht über die Entscheidung eines jungen Mannes für oder gegen Jesus. An keiner Stelle ging er auf das Wort Jesu an den reichen Jüngling ein: »Verkaufe alles, was du hast, und gib's den Armen!« Kein Mensch, der dem Prediger zuhörte, wäre auf den Gedanken gekommen, dieses Gleichnis könne möglicherweise etwas mit Geld zu tun haben.

Ich denke, das Gleichnis vom reichen Jüngling ist eine Geschichte über seelische Depression und ihre Ursachen. Der reiche junge Mann hat alles, was er braucht, und noch mehr, aber er ist beunruhigt von einem Gefühl der inneren Leere. Seine Frage an Jesus drückt seine Sehnsucht nach etwas aus, das jenseits von Besitz und materieller Wunscherfüllung liegt: »Was soll ich tun, daß ich das ewige Leben ererbe?« Heute würde man sagen: Was soll ich mit meinem Leben anfangen? Wie kann ich mein Leben radikalisieren, so daß es kompromißloser, unzweideutiger und weniger fragmentarisch wird? Was kann ich tun, um der Halbherzigkeit meiner Existenz zu entkommen? Jesu Aufforderung, seine Besitztümer zu verkaufen, das Geld den Armen zu geben und ihm nachzufolgen, ist eine harte Probe auf die Ernsthaftigkeit des jungen Mannes bei seiner Suche nach spiritueller Befriedigung. Angesichts dieses Vorschlags, so wird erzählt, wurde der reiche Jüngling »unmutig über die Rede und ging traurig davon, denn er hatte viele Güter« (Matthäus 19,22).

Der reiche Jüngling hätte zur Fülle des Lebens gelangen können. Die Frage, die er Jesus stellt, zeigt an: Er ist sich bewußt, daß ihm etwas fehlt, daß er mehr vom Leben erwarten kann. Aber seine Vorstellung vom ewigen Leben ist von Grund auf falsch. Er denkt: Ich besitze alles, ich erfülle alle religiösen Gebote, es fehlt mir nur eines – spirituelle Vollkommenheit. Alles würde gut werden, wenn ich auch noch Nahrung für meine Seele fände. Aber Jesus stellt seine Erwartung auf den Kopf: Du hast nicht zuwenig, du hast zuviel. Dein materieller Überfluß trennt dich von

Gott. In Billy Grahams Version beschäftigt sich dieser Text ausschließlich mit der Seele und dem Willen zur Entscheidung für oder gegen Jesus; seine Interpretation dieser Geschichte zeigt, daß er den Faktor »Erde« nicht beachtet.

In diesem Zusammenhang erinnere ich mich an eine Predigt, die eine elegant gekleidete Dame in einer Kathedrale von New York City gehalten hat. Sie sprach über die Schöpfung und erzählte dabei von einer Kreuzfahrt nach Südamerika, vom weiten Himmel über dem Äquator und von der außerordentlichen Schönheit der südlichen Hemisphäre. Sie pries die Herrlichkeit der Schöpfung und schloß ihre Beschreibung mit den Worten: »Alles ist unser, alles ist uns geschenkt worden!« Ihre Spiritualität war nicht von körperloser, abgehobener Art, sondern durchaus leibhaftig und sinnlich, aber ohne jedes Verständnis für die soziale Wirklichkeit, in der wir leben. Sie hatte keinerlei Bewußtsein für die Realität von Klassenunterschieden, keinerlei Kenntnisse von den Menschen, die in den Ländern leben müssen, die sie auf ihrer Kreuzfahrt besucht hatte. Sie verschwendete nicht einen Gedanken an das chilenische Volk. Statt dessen sprach sie in gewählten Ausdrücken und aus der Perspektive einer Touristin über die eindrucksvolle Landschaft Chiles. Als sie ausrief: »Alles ist unser!«, wäre ich fast hinausgelaufen. Sie wußte wohl gar nicht, was sie da sagte, aber in meinen Ohren hörte es sich an wie: Alles ist unser, um es auszubeuten und zu beherrschen; alles ist unser, und wer sich dagegen auflehnt, wird zum Schweigen gebracht, gefoltert und getötet; alles ist unser, denn die ganze Welt ist geschaffen worden zum Touristenvergnügen der Weltoberklasse.

Wahrhaft ja sagen zu Gottes guter Schöpfung setzt einen anderen Horizont voraus als die Touristenperspektive. Gottes gute Erde kann nur lieben, wer Hunger und Ausbeutung derer, die mit uns leben, zur Kenntnis nimmt. Idealistische Spiritualität ist blind nicht nur für die leibliche, sondern mehr noch für die soziale Realität. Begeisterung für die Schönheit der Natur bleibt unwahrhaftig, wenn sie die große Mehrheit unserer Brüder und Schwestern ausschließt.

Christliche Theologie behauptet, wir seien von Gott geschaffen, gewollt und geliebt. Wie können wir aber unsere Geschöpflichkeit bejahen, ohne uns mit einem idealistischen Sprung von der Erde, dem Leib, der Gesellschaft zu entfernen? Wir werden jede Theologie daraufhin zu prüfen haben, in welchem Maße sie unser Geschaffensein aus Erde ernst nimmt; mit anderen Worten: ob sie unsere biologische und sozioökonomische Wirklichkeit in den Blick bekommt. Eine Theologie, die ignoriert, daß wir aus Erde gemacht sind, leistet der idealistischen Flucht aus der Wirklichkeit Vorschub und wird früher oder später zum ideologischen Überbau, der mit der wirklichen Struktur unseres Daseins nichts mehr zu tun hat. Solche Theologie ist für unsere realen Bedürfnisse und Hoffnungen bedeutungslos; sie lenkt uns nur ab von der geschichtlichen Aufgabe der Befreiung. Die Tendenz zur Verneinung der Erde in konservativ-christlicher Theologie und Kirchlichkeit stellt heute nichts anderes dar als eine Kombination aus hilflosem Idealismus und praktischem Materialismus.

Die Mehrheit der Christen in der Ersten Welt befindet sich genau in dieser Verfassung. Viele Gemeinden können mit der Vielzahl der Probleme, denen sie sich gegenübersehen, nicht fertig werden. Wenn sie ehrlich sind, geben sie zu, daß sie hilflos sind, daß sie nicht wissen, was zu tun und zu sagen ist. Viele Menschen in der Kirche leiden unter Depressionen. Warum? Ist es so schwer, Hoffnung zu hegen und an der geschichtlichen Aufgabe der Befreiung mitzuarbeiten? Der hilflose Idealismus, gepaart mit einem praktischen Materialismus der Besitzgier und Selbstsucht, ist zu einer verbreiteten Ideologie geworden.

Der zweite Grundsatz, den ich für eine verleiblichte Theologie hilfreich finde, ist der Satz des Häuptlings Seattle: »Die Erde gehört nicht den Menschen, der Mensch gehört der Erde.« Unsere Beziehung zur Erde ist geschichtlich von einem rücksichtslosen Imperialismus gegenüber der Natur geprägt. Als Herren der Erde haben wir die Natur zur Handelsware gemacht. Als wäre Land beliebig vermehrbar, behandeln wir den Boden als Objekt finanzieller Spekulationen unter Anwendung der kapitalistischen

Produktionsgesetze. Die kapitalistische Auffassung von dem Verhältnis zwischen dem Produzenten und seinen Verkaufsobjekten wird auf unsere Beziehung zur Erde übertragen. Diese Beziehung wird geprägt von unserer Verfügungsgewalt und unserem Vermögen, immer mehr zu produzieren, um immer mehr zu verkaufen.

Nach Abschluß seines Studiums war Karl Marx Journalist in Köln geworden. Als Reporter für die »Rheinische Zeitung« entdeckte er 1842, daß eine zunehmende Zahl von Menschen wegen Diebstahls strafrechtlich verfolgt wurde. Der junge Marx wollte wissen, welche Ursachen die wachsende Diebstahlsrate hatte und warum die Menschen so schlagartig kriminell geworden waren. Er fand heraus, daß der Staat ein neues Gesetz erlassen hatte, das es den Armen verbot, in den Wäldern Brennholz zu sammeln. Früher hatten die Armen auf der Suche nach Holz, vor allem nach trockenem Holz für ihre Öfen, ungehindert die Wälder durchstreift. Sie betrachteten den Wald als Freiraum und bewegten sich darin in der Annahme, die Erde gehöre Gott, und deshalb dürften sie sich nehmen, was sie brauchten. Die Inanspruchnahme ihres gewohnheitsmäßigen Rechts war nun mit einem Male zu Diebstahl geworden. Ich halte diese Geschichte aus der Zeit von Karl Marx für ein ausgezeichnetes Beispiel dafür, wie der Kapitalismus unser Verhältnis zur Erde verwandelt. In vorindustrieller Zeit war der Grund und Boden teilweise frei: Die Wälder waren frei, die Gewässer waren frei. Es ist notwendig, in vorindustriellen Begriffen zu denken – und nach postindustriellen Lösungen zu suchen –, wenn wir verstehen wollen, was es heißt, daß die Erde nicht Eigentum eines einzelnen ist, sondern daß wir der Erde gehören.

Unser ökologischer Imperialismus hat seine Wurzeln in dem Zwiespalt von Geist und Leib, der wiederum eine ganze Reihe weiterer Dichotomien erzeugt hat: der Mensch im Gegensatz zum Tier, der Mann im Gegensatz zur Frau, der Erwachsene im Gegensatz zum Kind, die Herrenrasse im Gegensatz zur Sklavenrasse, geistige Arbeit im Gegensatz zu manueller Arbeit. Alle diese Gegensätze beruhen auf einem falschen Verständnis von Schöpfung. Sie verstärken den Glauben an die Überlegenheit des Geistes über die Materie und geben die Legitimationsbasis ab für die Herrschaft über das Unterlegene. Wir müssen eine andere Sprache für unsere Beziehung zu Schöpfung und Schöpfer finden, die sich deutlich unterscheidet von der hierarchischen Einteilung der Wirklichkeit in angeblich höhere und niedere Bestandteile.

Die Erde gehört uns nicht. Sie ist nicht dazu da, um von uns nach Lust und Laune ausgeplündert und ausgebeutet zu werden. Im Gegenteil: Der Mensch gehört zur Erde, und zu etwas gehören, das bedeutet, in gegenseitiger Abhängigkeit zu leben. Wir sind abhängig von der Erde; wir können es uns nicht leisten, gegen sie oder ohne sie zu leben. Wir versuchen zwar beständig, unsere Abhängigkeit von der Erde zu verleugnen oder aufzuheben. Wir leben gegen den Rhythmus von Tag und Nacht, Sommer und Winter, Schlafen und Wachen. In der industriellen Welt neigen wir dazu, dem Rhythmus der Natur zu widerstreben oder ihn ganz außer acht zu lassen. Aber wir können unmöglich die Verbindung zu allen natürlichen Rhythmen abschneiden, ohne uns selbst Schaden zuzufügen. Wir sind eben nicht absolut unabhängig. Wir müssen unsere Abhängigkeit von unserer Mutter, der Erde, bejahen. Genauer gesagt: Es geht um die wechselseitige Abhängigkeit von Menschheit und Erde, denn wir sind verantwortliche Haushalter im Gesamthaushalt der Schöpfung.

»Del Señor es la tierra« oder »Die Erde ist des Herrn« – dieser dritte Grundsatz ist seit dem Mittelalter als Aufruf zum Befreiungskampf der europäischen Bauern gegen ihre Feudalherren zu hören. Im heutigen Lateinamerika benutzen die Bauern bei ihren Aufständen dieses Bibelwort, um auszudrücken, daß Grund und Boden allen gemeinsam gehören, nicht aber im Alleinbesitz von wenigen einzelnen bleiben dürfen. Der Ruf nach Umverteilung von Grund und Boden ist einer der Brennpunkte der gegenwärtigen Konflikte in Lateinamerika. Die verarmten Bauern fordern die herrschende Schicht heraus, die dem biblischen Verständnis des Lebens widerspricht, weil sie das Land als Handelsware betrachtet, die denen gehört, die bezahlt haben.

Es ist ein Verbrechen, die Erde zur Ware zu machen. Die Erde kennt nicht »mein« oder »dein«. Die Auffassungen von der Erde als Gottes guter Schöpfung oder als Privateigentum schließen einander aus. Wenn der Boden überhaupt jemandem gehört, dann denen, die ihn wirklich bearbeiten, nicht aber denen, die ihn nur besitzen. Es sind die Landarbeiter, die an Gottes Schöpfung teilhaben, und nicht die ausländischen Grundbesitzer. Ernesto Cardenal, der Priester und Dichter aus Nicaragua, lehrt uns: »Die Schuhe, die wir tragen, wurden von einem Arbeiter gemacht. Die Kleidung von einem anderen Arbeiter. Die Städte und alles, was es darin gibt, die Landstraßen und die Brücken … Die Arbeiter setzen die Macht Gottes auf der Erde fort und arbeiten mit an der Schöpfung. Darum müßten die Arbeiter die Herren der Erde sein und nicht die, die nicht arbeiten …, die Schuhe und Kleidung und Essen haben und überall herumreisen und nicht arbeiten und nicht säen und überhaupt nichts hervorbringen. Aber das sind die Herren der Arbeit der anderen und der Häuser und der Ländereien …«[7]

Die Erde gehört allen Arbeitenden, nicht ihren Käufern und Verkäufern. Wenn wir die Erde als Gottes Schöpfung denken, so kann sie nicht Eigentum einer Gruppe von Menschen sein.

7 Das Evangelium der Bauern von Solentiname, aufgezeichnet von Ernesto Cardenal, aus dem Spanischen übersetzt von Anneliese Schwarzer de Ruiz, Wuppertal 1980 (Peter Hammer Verlag), S. 16.

4
Geschaffen nach Gottes Bild

Nach einem Gottesdienst, den ich am Union Theological Seminary in New York gehalten hatte, kam ein Kollege und Freund auf mich zu, umarmte mich herzlich und sagte: »Dorothee, my co-creator!« Kein Mensch hatte mich bis dahin je »Mit-Schöpferin« genannt, jetzt aber gewann das Wort einen neuen Sinn für mich. Natürlich hatte ich von »Mitwirkung an der Schöpfung« schon reden hören, aber das war nur eine abstrakte Ausdrucksweise; eine Freundin oder einen Freund als meine »Mit-Schöpfer« zu bezeichnen wäre mir nie in den Sinn gekommen, es wäre mir übertrieben ja anmaßend erschienen. In Wahrheit hatte ich von dem, was Mit-Schöpfung (*cocreatio*) bedeutet, nur einen intellektuellen Begriff und wußte existentiell nichts damit anzufangen. Als ich mich »Mit-Schöpferin« nennen hörte, wurde ich mir der eigenen kreativen Kräfte bewußter, die wir ja alle haben, aber oft vernachlässigen oder ignorieren. Die schöpferische Kraft besteht in der Fähigkeit, für einen anderen Menschen oder für eine Gemeinschaft die Welt zu erneuern. Als Mit-Schöpfer versuchen wir, das Haus des Lebens aus den Ruinen, in denen wir heute hausen, wiederaufzubauen.

Eine Voraussetzung für den Gedanken der schöpferischen Mitwirkung ist die Einsicht, daß die ursprüngliche Schöpfung unvollendet ist. Die Schöpfung geht weiter, sie ist ein sich fortsetzender Prozeß. Wir mißverstehen die Bedeutung der Schöpfung, wenn wir sie auf etwas reduzieren, das irgendwann einmal vor langer Zeit geschehen ist. Die Vorstellung von Gott als dem Uhrmacher geistert auch heute noch in den Köpfen vieler Menschen herum: Das ist ein Gott, der die Welt als ein riesiges, sich automatisch, selbsttätig aufziehendes kunstvolles Uhrwerk konstruiert hat und der danach in die Ewigkeit verschwunden ist. Das ist Deismus, nicht aber christlicher Glaube. Wer den Gedanken der Schöpfung ernst nimmt, braucht etwas völlig anderes als diesen naiven Glauben an die fraglose Zuverlässigkeit eines göttlichen Uhrmachers. Wenn wir wirklich der Schöpfung innewerden wollen, müssen wir uns dem Nichts stellen.

Die Überlieferung lehrt, Gott habe die Welt aus dem Nichts erschaffen. Kein Ding existierte, bevor Gott die Welt schuf; da gab es nur Chaos und Nichts. Wenn wir sagen, daß die Schöpfung weitergeht, so bedeutet das unter anderem, daß Chaos und Nichts unser Dasein immer noch begleiten und das »Haus des Seins« zu zerstören drohen. Die Gegenwart des Nichts ist eine Grundtatsache nicht nur des göttlichen, sondern gerade auch des menschlichen Lebens. Wir erfahren das Nichts in zweierlei Gestalt. Die eine ist die Leere in uns selbst, die uns oft zum erstenmal während der jugendlichen Suche nach Identität entgegentritt. Diese Entdeckung innerer Leere ruft in uns eine Mischung aus Angst und Faszination hervor. Wir schrecken vor der Leere in uns selbst zurück, aber sie zieht uns auch unwiderstehlich an; es ist so, als blickten wir von einem Berggipfel in den Abgrund: Wir zucken zurück und werden angezogen von der Weite des leeren Raums vor unseren Füßen, von der Kraft des Nichts. Nur durch die Konfrontation mit dem Nichts in uns selbst können wir eine schöpferische Lösung finden und zum Beispiel die Identitätskrise der Jugend in einem neuen Schöpfungsakt produktiv machen. Wenn wir an der Schöpfung partizipieren, können wir den Todeswunsch überwinden, der aus dem Nichts hervorkriecht.

Die zweite Gestalt, in der wir das Nichts erfahren und die mit der ersten zusammenhängt, ist das Zerstörerische und Böse, das unsere Welt in überpersönlichem Sinne prägt. Wir müssen den Prozeß der Schöpfung weitertreiben, weil es in der Welt die Bedrohung durch das Nichts als Leben zerstörende, tödliche Macht gibt. Die Schöpfung ist unvollendet und braucht unsere Mitwirkung, indem wir uns mit dem Nichts, das uns zu verschlingen droht, auseinandersetzen. Mit-Schöpfer, Kokreator werden bedeutet ein bißchen mehr, als Blumen im Garten zu pflanzen und sich dabei wohl zu fühlen! Als Mitarbeiter der Schöpfung müssen wir dem Nichts, das in uns selbst ist und uns umgibt, ins Auge blicken lernen. Jede Atombombe bedroht die Schöpfung mit Vernichtung und ist ein Bote des Nichts, aber ohne Verbündete in unseren eigenen Herzen zu finden, ohne Todes- und Tötungswünsche könnte die Bombe nicht stationiert werden.

Schöpfung und Nichts sind nicht die alleinige Domäne Gottes. Nicht nur Gott, sondern auch wir begegnen dem Gespenst des Nichts in jedem authentischen schöpferischen Akt. Im erneuernden und heilenden Handeln treiben wir die unvollendete Schöpfung weiter. Die traditionelle theologische Lehre will es allerdings anders wissen: Sie unterscheidet zwischen Erschaffen und Machen. Das Machen ist dem Menschen zugeordnet und umfaßt das Herstellen von Dingen aus vorgegebenem Material. Das Erschaffen bleibt Gott vorbehalten, denn er schuf die Welt aus dem Nichts. In Wirklichkeit wird aber unsere Beziehung zu Gott zerstört, wenn göttliches Handeln mit der Erschaffung aus dem Nichts gleichgesetzt und menschliches Tun auf den Bereich des bloßen Machens beschränkt wird. Die Gott und Mensch gemeinsame schöpferische Kraft des Lebens wird in einer solchen Theologie verleugnet.

Hinter dieser theologischen Unterscheidung von Erschaffen und Machen steckt die Angst, Gott verliere aufgrund der menschlichen Entwicklung an Bedeutung, die Schöpferkraft des Menschen schmälere die Macht der Gegenwart Gottes. Doch es ist ein Mißverständnis, wenn man meint, die Lebendigkeit des Schöpfers verliere an Fülle, wenn »das Geschöpf« ein erfüllteres Leben gewinnt. Die Lebenskraft ist keine feststehende, endliche Größe, die zwischen Schöpfer und Geschöpf ungleich verteilt wäre, auch wenn die übliche Theologie oft diesen seltsamen Eindruck vermittelt. Im Gegenteil: Je mehr eine Person ihre schöpferischen Fähigkeiten entwickelt, sich den Entwurf der Befreiung zu eigen macht und ihre eigenen Grenzen überschreitet, desto mehr wird Gott Gott. Denn Gott klebt nicht an »seiner« Schöpfungsmacht, er behält sie nicht für sich, nicht in seinem Besitz, sondern er teilt sie aus, weil Gott weiß, daß nur geteilte Macht gute Macht ist.

Obwohl die hebräische Bibel die Vokabel »schaffen« nur in bezug auf Gott gebraucht, so enthält sie doch Beschreibungen menschlichen Handelns mit kühnen Metaphern, die diese schöpferische Kraft des Menschen ausdrücken. In Jesaja 58,6–12 heißt es:

Löse die Fesseln der Ungerechtigkeit,
Sprenge die Bande der Gewalt.
Gib frei die Mißhandelten –
Jedes Joch sollt ihr zertrümmern.

Brich dem Hungrigen dein Brot.
Die Obdachlosen führe in dein Haus.
Wenn du einen nackt siehst, so kleide ihn.
Entzieh dich nicht deinen Brüdern.

Dann wird dein Licht hervorbrechen wie die Morgenröte.
Deine Heilung wird schnell wachsen.
Deine Gerechtigkeit wird vor dir hergehen
Und die Herrlichkeit des Herrn dir folgen.

Dann wirst du rufen, und er antwortet dir.
Wenn du schreist, wird er sagen: Siehe, hier bin ich.
Wenn du aus deiner Mitte entfernst die Unterjochung,
Das Mit-Fingern-Deuten und das schlimme Gerede,

Wenn du den Hungrigen dein Herz finden läßt
Und die niedergeschlagene Seele sich sättigen läßt,
So wird dein Licht in der Finsternis aufgehen,
Und dein Dunkel wird sein wie der helle Mittag.

Dann wird der Herr dich allezeit leiten
Und deine Seele sättigen selbst in der Dürre.
Er wird deine Glieder mit Kraft erfüllen.
Du wirst sein wie ein bewässerter Garten
Und wie ein Wasserquell, der nie versiegt.

Durch dich soll aufgebaut werden,
Was lange wüst gelegen hat.
Die Grundmauern vergangener Geschlechter
Wirst du wiederaufrichten,
Dann wirst du einen Namen bekommen,
der heißt »Der die Risse schließt«
und »Der Trümmer zum Wohnen wiederherstellt«.

In diesen Versen beschreibt Jesaja das Werk der Gerechtigkeit in Ausdrücken der weitergehenden Schöpfung. Jedesmal wenn ich die Slums von Harlem durchstreife, kommt mir Jesajas Vision von dem, »der Trümmer zum Wohnen wiederherstellt«, in den Sinn. Wir zählen Millionen von Arbeitslosen, sowohl in den Vereinigten Staaten als auch in Europa, dabei gäbe es so viel zu tun, um die von uns verursachten Ruinen in der Gesellschaft wiederaufzubauen und die Wunden in unserer Umwelt zu heilen. Wer wird es sein, »der die Risse schließt ... und Trümmer zum Wohnen wiederherstellt«? Wer wird die Schöpfung weitertreiben?

Jesaja zeigt, was es heißt, Mit-Schöpfer zu werden und am Prozeß der Schöpfung aktiv teilzunehmen, nämlich »die Fesseln der Ungerechtigkeit« zu sprengen und »jedes Joch (zu) zertrümmern«. Dann bricht unser Licht hervor »wie die Morgenröte«; das Licht derer, die sich nicht aufsparen, sondern verschwenden für die Hungernden, wird »in der Finsternis aufgehen«. Ein anderes Bild Jesajas ist das vom »bewässerten Garten«, das an den Garten des Paradieses mit seinen vier Strömen erinnert: »Du wirst sein ... wie ein Wasserquell, der nie versiegt.« Alle diese Naturbilder – das Licht, der helle Mittag, der Wasserquell – sagen, daß Schöpfung ein fortwährender Prozeß der Erhellung von Finsternis ist. Wir werden aufgerufen, an der Schöpfung mitzuarbeiten, die keine vergangene, abgeschlossene Tatsache ist, sondern der Prozeß, der unsere eigentliche Zukunft verbürgt. Als »Mit-Schöpfer« nehmen wir teil am Guten der Schöpfung, wenn wir Böses ungeschehen machen.

Wenn die Schöpfung aber weitergeht kraft unserer Partizipation an ihr – was bedeutet das für unser Gottverständnis? Carter Heyward[1] kommt zu dem Schluß, daß »Gott kein Jemand ist, sondern transpersonaler Geist, Beziehungskraft (›power-in-relation‹), die zu ihrer Inkarnation in der Welt der Menschheit bedarf, die Gutes tut, Gerechtigkeit übt und Liebe verwirklicht. Gutes zu tun und Böses ungeschehen zu machen ist ein Akt menschlicher Verantwortlichkeit. Gott ist unsere Kraft, die dazu befähigt.« Die Beziehungskraft wird wirksam durch uns Menschen. Jede schöpferische Beziehung ist eine »messianische Wechselbeziehung«, sagt Heyward[2] und lenkt damit unsere Erwartung von einem jenseitigen Messias, der unser Gott, aber nicht unser Freund sein könnte, auf ein Gott-Mensch-Verhältnis, das durch wechselseitige Freundschaft und Neuverteilung der Macht (»empowerment«) geprägt ist.

Auch wenn die Auffassung von Gott als Kraft der Beziehung von einer traditionellen Sichtweise aus ketzerisch erscheinen mag, so läßt sie sich biblisch sehr gut begründen. Dem feministischen Gottesverständnis als einer schöpferischen Wechselbeziehung kommt in der Bibel der Begriff »heilig« am nächsten. Dieses Wort wird sowohl auf Gott als auch auf die Menschen angewandt. Im Zusammenhang mit den Zehn Geboten spricht Gott zu seinem Volk (3. Mose 19,2b): »Ihr sollt heilig sein, denn ich bin heilig, der Herr, euer Gott.« Und in der Bergpredigt heißt es: »Ihr seid das Licht der Welt« (Matthäus 5,14a) und »Darum sollt ihr vollkommen sein, gleichwie euer Vater im Himmel vollkommen ist« (5,48). Heiligsein im biblischen Verständnis bezeichnet unser Zusammenwirken mit Gott bei der Linderung menschlichen Leidens und dem Eintreten für Gerechtigkeit in der Welt.

1 Carter Heyward, a.a.O., S. 159; vgl. Anm. S. 48.
2 Ebd., S. 163.

Aber gibt es in der westlichen Kultur überhaupt Menschen mit dem Bedürfnis nach Heiligkeit? Können wir einstimmen in ein amerikanisches Neger-Spiritual, in dem es heißt: »Lord, I want to be more holy in my heart«?

Vor kurzem machte ich in einem säkularen und sehr reichen College eine bestürzende Erfahrung. Die Studenten, von denen etwa die Hälfte aus jüdischen Elternhäusern stammte, sprachen über den Sinn von menschlichem Leiden, von Sterben und Tod. Sie hatten mein Buch »Leiden« gelesen. Als ich das Klassenzimmer betrat, spürte ich eine gewisse Spannung im Raum. »Was sind die Grenzen des Leidens?«, so hörte ich eine schrille Stimme fragen, die einem hübschen, gesund aussehenden Mädchen von achtzehn Jahren gehörte. Ich hätte gerne gewußt, ob sie schon jemals in ihrem Leben echtes Leid erfahren hatte. »Inwieweit sollen wir uns dem Leiden aussetzen?« fragte sie weiter. Ich entschloß mich, ihre Fragen nicht sofort zu beantworten, weil ich die Reaktion der ganzen Klasse auf meine Sicht des Leidens herausfinden wollte. Einige der Studenten hatten das Gefühl, ich verlangte von ihnen, das Leiden der ganzen Welt auf sich zu nehmen. Das junge Mädchen, das mich als erste gefragt hatte, fühlte sich von meiner unausgesprochenen Bitte überfordert, sich selbst in das Leid anderer Menschen hineinzuversetzen, besonders in das Leid derer in der Dritten Welt, das wir in der Ersten Welt, wie ich erklärte, weitgehend verursachen. Noch einmal, jetzt aber zornig, bedrängte sie mich: »Hat das alles nicht seine Grenzen?«

In diesem Augenblick fiel mir die Stelle aus dem Matthäus-Evangelium (18,21–22) ein, wo Petrus an Jesus die Frage stellt: »Herr, wie oft muß ich denn meinem Bruder, der an mir sündigt, vergeben? Ist's genug siebenmal?« Jesu Antwort ist sarkastisch: »Ich sage dir: nicht siebenmal, sondern siebzigmal siebenmal.« Kaum hatte ich diese Geschichte erzählt, da wurde ich auch schon von mehreren Studenten mit empörten Erwiderungen bombardiert: »Ich bin doch nicht Jesus!« – »Jesus? Den kannst du vergessen!« – »Für wen halten Sie uns? Erwarten Sie, daß wir Heilige sind?« In gewisser Weise blieb die Diskussion oberflächlich, weil wir gar nicht nach den realen Ursachen des Leidens fragten. Die Diskussion zeigte mir aber die hochentwickelten Abwehrmechanismen einer Elite von jungen Leuten in bezug auf das Leiden anderer, ihre Ablehnung jeglicher Verantwortung für das Leiden und ihren mangelnden Sinn für Solidarität mit anderen Völkern und Kulturen. Mein Wunsch, heilig zu sein, weil Gott heilig ist, stieß auf die vehemente Weigerung dieser Studenten, sich dem Leiden, vor allem dem Leiden anderer, zu stellen. Obwohl mich der Zuruf »Ich bin doch nicht Jesus!« ziemlich einschüchterte, rief ich zurück: »Warum eigentlich nicht?« Wir könnten doch versuchen, ganz anders zu leben! Warum wagen wir es nicht, schöpferische Solidarität mit wahrhafter Sym-Pathie zu verbinden, gleichzeitig Mit-Handelnde und Mit-Leidende zu sein? Diesen Studenten konnte ich von dem, was wir Glauben, Vertrauen, Heiligkeit und Transzendenz nennen, nicht das geringste vermitteln. Ich empfand sie als »postreligiös« und trotz erregter Diskussion als kalt.

Ein wesentliches Moment der Religionsgeschichte ist der Augenblick, wo der biblische Gott sagt: »Ihr sollt heilig sein, denn ich bin heilig, der Herr, euer Gott« (3. Mose 19,2). Das Gebot ist deutlich: Wir Menschen – nicht nur Gott – sind dazu bestimmt, heilig zu sein. Wir werden aufgerufen, Gott zu ent-sprechen. Wir sind eingeladen, die Art von Heiligkeit, die Gott eigen ist, in unserem Tun zu erreichen, indem wir Liebe und Gerechtigkeit üben. Jahwe erkennen heißt das Gerechte tun. Auf der Grundlage dieses Verständnisses von Heiligkeit betont die jüdische Tradition die *imitatio* Gottes. Der Talmud bekräftigt ausdrücklich unsere Fähigkeit zu einem Verhalten, das Gottes Handeln analog ist: »Es ist vorstellbar, daß der Mensch so heilig ist wie Gott.«[3] Zwar wird im Judentum Gott auch eine Heiligkeit zugeschrieben, die die des Menschen übersteigt, aber trotz der rabbinischen Betonung der absoluten Heiligkeit Gottes wird die menschliche Befähigung zur Heiligkeit nicht geleugnet. Wir sind nach Gottes Bild geschaffen und deshalb in der Lage, ihm zu entsprechen. Es gibt eine *imitatio*

3 A. Cohen (ed.): Everyman's Talmud, New York 1975 (Schocken Books), S. 23.

Dei, zu der wir gerufen sind. »Was bedeutet es, daß geschrieben steht: Dem Herrn, eurem Gott, folget nach?« In Beantwortung dieser Frage erklärt der Talmud den Sinn der entsprechenden Bibelstelle (5. Mose 13,5) so: »Wie er Nackte kleidete ..., so kleide auch du Nackte! Der Heilige, gelobt sei er, besuchte Kranke ..., besuche auch du Kranke! Der Heilige, gelobt sei er, tröstete Trauernde ..., tröste auch du Trauernde!«[4] Immer wieder zitiert der Talmud Stellen aus der Hebräischen Bibel, um die Vorstellung zu belegen, daß es tatsächlich möglich ist, Gott im Handeln, in der Erneuerung der Welt ähnlich zu werden. Ich denke, daß wir in der Rückbesinnung auf die jüdischen Wurzeln der christlichen Religion unser Vertrauen zur Mitleidsfähigkeit und Gerechtigkeit des Menschen wiederherstellen können; wir sind in der Tat geschaffen »wenig niedriger denn Gott« (Psalm 8,5).

In der Bibel gibt es viele positive Bilder und Zeugnisse für die Heiligkeit des Lebens, für die Ganzheit des menschlichen Daseins und für unser Eins-Sein mit Gott. Wir sind nicht bloß Gefäße, in die Gnade geschüttet wird; im Gegenteil, wir sind aktive Partner lebendiger Liebe. Von einer Bäuerin aus Nicaragua gibt es einen schönen Kommentar zum Vaterunser, den Ernesto Cardenal in seinem Buch »Das Evangelium der Bauern von Solentiname« wiedergibt. Auf die Bitte »Geheiligt werde dein Name« antwortete die Frau mit den Worten: »Heiligen ist also nicht dasselbe wie Singen, Beten, Prozessionen machen oder die Bibel lesen. Den Namen Gottes heiligen bedeutet vielmehr den Nächsten lieben und etwas für die anderen tun. Wenn wir Gott nur mit Gebeten und Prozessionen loben wie früher, dann heiligen wir seinen Namen absolut nicht. Mit anderen Worten bedeutet Liebe üben also dasselbe wie den Namen Gottes heiligen oder seine Persönlichkeit hier auf der Erde bekannt machen, auch wenn man den Namen Gottes vielleicht gar nicht dabei erwähnt.«[5]

4 Der Babylonische Talmud, ausgewählt, übersetzt und erklärt von Reinhold Meyer, München 1963 (Wilhelm Goldmann Verlag), S. 224.
5 Das Evangelium der Bauern von Solentiname, a.a.O., S. 97.

Das Verständnis dieser Frau von der Heiligkeit Gottes betont nicht (wie die nordamerikanischen Studenten) die Trennung, sondern die Vereinigung von Gott und Mensch. Heiligen bedeutet Gerechtigkeit verwirklichen. Als bessere Übersetzung von »Geheiligt werde dein Name« schlägt Cardenal vor: »Deine Person werde bekannt gemacht«, oder: »Du sollst anerkannt (Gerechtigkeit verbreitend) werden.«

Viele protestantische Kirchen sprechen dem Menschen die Kraft ab, durch gerechtes Handeln Gott nachzuahmen und ihm zu entsprechen. Anstatt unsere Partizipation am Prozeß der Schöpfung zu feiern, überbetont der Protestantismus oft die Unveränderbarkeit der Welt und die menschliche Sündhaftigkeit; der Mensch könne sich nicht ändern, weil er böse und zugleich ohne Macht sei. Diese menschenverachtende Redeweise demütigt uns und trennt uns vom Glauben an Gott und von der Teilhabe an seiner guten Schöpfung. Der tief verwurzelte anthropologische Pessimismus der meisten protestantischen Kirchen kann sich nicht auf das Zeugnis der Hebräischen Bibel berufen, wonach wir als Ebenbilder Gottes geschaffen und mit der Fähigkeit begabt sind, immer mehr in die Liebe zu wachsen, bis wir selber Liebe geworden sind. Es gehört zu den Aufgaben heutiger Theologie, diesen anthropologischen Pessimismus, der unsere Teilnahme an Gottes Schöpfersein und unsere Mitarbeit an der Schöpfung leugnet, zu überwinden.

In der Geschichte des Christentums gibt es zwei entgegengesetzte theologische Auffassungen von dem Verhältnis zwischen Gott und Mensch, die man unter den Rubriken »Andersheit« und »Einheit« voneinander unterscheiden kann. In der ersten Auffassung ist und bleibt Gott »der ganz Andere«; in der zweiten können Gott und Mensch eine mystische Vereinigung erreichen. Ist Gott der ganz Andere, so ist er – wie es Hegel in seinen Frühschriften ausdrückt – ein Fremder, der über ein entfremdetes Volk herrscht. Gottes Andersheit macht Gott zum Fremden und die Menschen zu Fremdlingen auf der Erde; sie fühlen sich nicht zu Hause, sondern sind auf Wanderschaft wie Abraham. Der Abstand zwischen Gott und Menschheit ist hier unendlich und unüberbrückbar.

Calvin und Karl Barth zum Beispiel zeigen beide eine übertriebene Furcht vor »Einheit«, vor der Möglichkeit, daß jemand Gott zu nahe kommen oder, noch schlimmer, eine mystische Vereinigung mit Gott erreichen könnte. Der orthodoxe Protestantismus hegt eine tiefe Angst vor der Möglichkeit von »Einheit« oder Identifikation von Gott und Mensch, deshalb fürchtet er die Mystik. Mystik gilt als Vergötzung des Menschen. Gott wird verstanden als Person, als Vaterfigur, die vor allem Gehorsam verlangt. Das ist die ethische Seite von Gottes totalem Anderssein. Ist Gott der ganz Andere, dann ist das, was »Er« im Grunde von uns will, Gehorsam. Unsere Erlösung ist dann abhängig von unserem Gehorsam gegenüber Gottes Willen. So wird Erlösung zur Rechtfertigung im forensischen Sinne. Gott oder Christus erklären den Sünder für gerechtfertigt, das heißt erlöst. Die Erlösung entspringt dem freien Willen Gottes, der als Richter sein endgültiges Urteil über den armen Sünder spricht. Als Sünde gilt dabei Götzendienst und Ungehorsam.

Andersheit	*Einheit*
unendlicher Abstand	*unio mystica*
Gott, »der ganz Andere«	Geburt Gottes in der Seele
Gott als Person, als Vaterfigur	Gott als Abgrund, Quelle, Meer
Gehorsam gegenüber Gott	Ermächtigung durch Gott (»empowerment«)
Erlösung = Rechtfertigung	Erlösung = Heiligung
Sünde: Götzendienst, Ungehorsam	Sünde: Gottesferne, Leere
orthodoxer Protestantismus	Mystik

Unter der Rubrik »Einheit« liegt die Betonung auf einem Gott, der bei uns ist, der in uns ist, mit dem wir uns identifizieren und schließlich vereinigen können. Die Bilder dieser Tradition stammen oft aus der Natur: Gott als die Tiefe, der Abgrund, die

Quelle des Lebens, das Wasser, das Meer. In mystischer Ausdrucksweise ist Erlösung gleichbedeutend mit Vereinigung mit Gott, und deshalb ist Sünde, im Gegensatz zum Sündenbegriff einer die »Andersheit« betonenden Theologie, Gottesferne und Leere. Sünde hat viel eher mit Verzweiflung zu tun als mit Ungehorsam und Götzendienst. Heiligung, nicht bloß Rechtfertigung, ist das Ergebnis von Erlösung.

5
Eine Spiritualität der Schöpfung

Wir sind geschaffen im Bild Gottes – aber damit ist weder die völlige mystische Einheit von Gott und Mensch noch Gottes totales Anderssein ausgesagt. Ich glaube allerdings, daß jede gute Theologie ein mystisches Element enthält. Es ist theologisch so gut wie unmöglich, das »empowerment«, die Ermächtigung des Menschen durch Gott, völlig zu verneinen.

Wenn wir Gott als Kraft der Beziehung verstehen und uns selbst als ein Teil dieser Kraft und von ihr getragen, dann verlockt uns dieser Glaube, auch die Schöpfung als gut zu bezeugen. Es gibt unter christlichen feministischen und anderen Gruppen, die für Befreiung kämpfen, ein wachsendes Bedürfnis nach neuen Formen, die Schöpfung und unsere eigene Geschöpflichkeit zu loben. Die traditionelle Ausdrucksweise nach Art von »Gepriesen sei Gott, der Allmächtige« genügt immer weniger. Wir sind unterwegs zu einer anderen Sprache, weil einmal die überkommenen Formen der Anbetung der Allmacht uns nichts mehr sagen und wir zum andern die zeitgenössische Unfähigkeit zum Lob der Schöpfung, diese Stummheit, die aus der Verzweiflung stammt, nicht hinnehmen wollen. Weder die alte religiöse noch die neue säkulare Sprache kann das Bedürfnis nach einer Spiritualität der Schöpfung stillen, das ich in vielen Gruppen empfinde. Noch sind wir auf der Suche nach neuen Namen für Gott und neuen Ausdrucksweisen für das, was uns unbedingt angeht. Carter Heyward hat Gott den Namen »Beziehungskraft« (»power-in-relation«) gegeben. Ich möchte die Leser dieses Buches dazu ermutigen, gemeinsam mit anderen eigene Namen für

Gott zu finden und sich so einzulassen auf das Wagnis der Religion, namhaft zu machen, wer Gott für uns ist.

Eine meiner biblischen Lieblingsgeschichten ist die von der Heilung des epileptischen Jungen, die im 9. Kapitel des Markus-Evangeliums erzählt wird. Es ist eine Geschichte von der Hilflosigkeit und Ohnmacht der Jünger Jesu, die, angesprochen vom Vater des kranken Jungen, den »bösen Geist« nicht austreiben können. Wie gelähmt stehen sie dem Leiden des »besessenen« Sohnes und seines unglücklichen Vaters gegenüber und sind folglich dem Hohn und Spott der Schriftgelehrten und Pharisäer öffentlich ausgesetzt. Als Jesus hinzutritt, spendet er seinen Jüngern keinen Trost, vielmehr macht er ihnen deutlich, daß ihre Unfähigkeit, den Jungen zu heilen, auf ihren mangelnden Glauben zurückzuführen ist. Er nennt sie ein »ungläubiges Geschlecht«. Würden sie an die »Kraft der Beziehung« glauben, dann würde ihnen diese Kraft auch zuteil, und sie könnten tun, was ihrer Meinung nach nur Jesus tun kann, nämlich ein Wunder.

Als der Vater des Jungen Jesus flehentlich bittet, seinen Sohn zu heilen, gleichzeitig aber die zweifelnde Frage »Kannst du aber was?« stellt, da wird auch er von Jesus getadelt: »Wie sprichst du: Kannst du was? Alle Dinge sind möglich dem, der da glaubt« (Markus 9,23). Mit anderen Worten: Wann wirst du endlich aufhören mit dem ängstlichen Gerede: »Kannst du das auch wirklich?« Wann wirst du endlich deine Ohnmacht und Schwäche ablegen, deinen Unglauben an die heilende Kraft Gottes in uns überwinden? Wann wirst du anfangen, Gottes Werk zu tun, Hungrige satt zu machen, Kranke zu heilen und Dämonen auszutreiben? Wann wirst du entdecken, daß, wer an der Kraft Gottes partizipiert, alles vermag? Einer von Gottes Namen – das habe ich aus dieser Geschichte gelernt – ist: »Alles-ist-möglich«. Ich weiß, daß ich zu »Alles-ist-möglich« nicht sprechen kann, wenn ich »Alles-ist-möglich« nicht vernehme. Wenn ich »Alles-ist-möglich« nicht glaube, dann bin ich tot. Und ich bete darum, daß »Alles-ist-möglich« Gegenwart werde.

Bei der Suche nach einer neuen Sprache der Schöpfungsfrömmigkeit sind mir vor allem Tätigkeitswörter, nicht Substantive in den Sinn gekommen: staunen, sich wundern, Ehrfurcht empfinden, sich erneuern im Rhythmus der Schöpfung, ihre Schönheit wahrnehmen und sich daran freuen, die Quelle des Lebens loben – das sind Bedürfnisse, die immer mehr in mir wachsen. Wenn ich diese Verben aufzähle, fallen mir tätige Menschen ein, die glauben, daß Gott sie und alle Kreatur geschaffen hat und daß diese Schöpfung gut ist. Aber ich kann dabei meine vielen Brüder und Schwestern nicht vergessen, die es nie gelernt haben, zu staunen, sich selbst zu erneuern und sich zu freuen. Ich denke an die, die Urvertrauen und Güte nicht erfahren haben. In unserer Alltagssprache sagen wir von solchen Leuten, er oder sie sei ein »kaputter Typ«, gebrochen, kontaktlos, funktionslos, sinnlos. Eigentlich ist das Wort »kaputt« nur auf Sachen und Maschinen anwendbar. In der Welt »kaputter Typen« gibt es kein Empfinden der Verbundenheit mit anderen Menschen. Beziehungen sind gestört oder gar nicht vorhanden. Der Kaputtgemachte verfügt über keine Sprache, die einen anderen Menschen erreichen könnte. Er ist unfähig, auszudrücken, was er empfindet; seine Wahrnehmung der Welt ist in absurder Weise reduziert, und seine Fähigkeiten liegen brach. Die gebrochene Person hat kein Vertrauen in die Schöpfung, keinen Sinn für die eigene Geschöpflichkeit und die Möglichkeiten, die sie als Anteilhabe an der großen Macht enthält. Der kaputte Typ ist das gesellschaftliche Produkt einer Kultur, die alle menschlichen Fähigkeiten zu Ehrfurcht und Staunen angesichts der Schöpfung, zur Selbsterneuerung, zur Wahrnehmung des Schönen, zur Freude, zu Dankbarkeit und Lob bedroht. Wer also ist dieser »kaputte Typ«? Ich brauche diese Frage nicht zu beantworten, denn jeder von uns kennt ihn nur allzu gut.

Nach einem langen Gespräch mit einem depressiven Studenten stellte ich, vom Zuhören erschöpft, diesem jungen Mann die Frage: »Hat es im letzten Jahr irgend etwas gegeben, an dem du Freude gehabt hast?« Er gab zur Antwort, allein schon das Wort

»Freude« sei seit zwei Jahren nicht über seine Lippen gekommen, und er fügte hinzu, objektiv gesehen habe er keinerlei Verwendung für dieses Wort. Es klang, als habe er nie gelernt, sich überraschen zu lassen und zu staunen.

Das Staunen ist der Anfang aller Philosophie. Aber auch zu unserer Alltagserfahrung gehört das Staunen. Ich erinnere mich daran, wie mein erstes Kind die Uhrzeit lernte und eines Tages in höchster Freude ausrief: »Schau, Mama, was für ein wundervolles Fünf-vor-Halbsieben!« Vielleicht sind Kinder die größten Vermittler des Staunens. Ihnen ist nichts zu trivial und alltäglich. Sie befreien uns aus unserer banalen und stumpfsinnigen Wiederholungssicht, in der alles schon dagewesen ist. Ja sagen zur Schöpfung heißt eintreten in die Freiheit des Staunens und Entzückens. »Siehe, ich mache alles neu« ist ein Satz aus der Endzeiterwartung, aber er knüpft an die Ursprungszeit an, in der wir etwas neu, zum ersten Male wahrnehmen. Kein Ding wird einfach als verfügbar, brauchbar und gegeben hingenommen. Der »kaputte Typ« wird entgegnen: »Was ist denn daran so besonders? Das ist doch immer so gewesen!« Seine Fähigkeit, alle Dinge trivial zu machen, ist weitaus größer als seine Fähigkeit zu staunen. Er ist in seinem Empfinden verkrüppelt, sein Geist ist »trocken«, wie die Mystiker sagen, ohne Tränen und ohne belebendes Wasser. Aber dieser kaputte Typ ist ja nur die Kehrseite des erfolgreichen Managers, der auf seine Weise ein Verhältnis zur Schöpfung, die zur bloßen »Umwelt« reduziert ist, unterhält. Das im abendländischen Theismus ausgebildete Verhältnis zur Schöpfung beruht auf Herrschaft über die Natur, die wie eine Art Kolonialgebiet betrachtet wird. Ein pantheistisches Staunen ist diesem Stoff gegenüber gar nicht angezeigt. Die Herrschaft als Grundattitüde hat die Ehrfurcht ersetzt, ja zerstört. Die Schöpfung hat nicht mehr mit dem Ursprung des Seins zu tun, sondern nur noch mit der Umwelt, wie ein zentrales imperialistisches Stichwort unserer Tage lautet. In dem Versuch, sich von der Natur zu emanzipieren, ist die Sorge um die natürliche Welt untergegangen und wird auch in einer zur totalen Privatsache verkümmerten Religion nicht mehr zum Thema.

Kinder und Künstler sind Lehrer einer Spiritualität der Schöpfung. Sie setzen die geschaffenen Dinge in eine neue Verbindung zueinander, sie verwandeln das Alltägliche in ein Wunder und das Vorhandene in ein Geschaffenes. Durch sie verlernen wir unsere trostlose Trivialität, sie lehren uns das freudige Erstaunen. Wir nehmen die Magnolie wieder wahr, als sähen wir sie zum erstenmal. Wir lernen einen anderen Blick.

Ein wesentliches Element für eine Spiritualität der Schöpfung ist die Fähigkeit, Schönheit wahrzunehmen. Menschen sind zu einer zweckfreien Anschauung der Dinge imstande, die wir ästhetisches Wohlgefallen nennen. Nimmt man das Verbum »wahrnehmen« wörtlich, dann zeigt sich, daß Wahrnehmung etwas mit Wahrheit zu tun hat. Die Wahrnehmung des Schönen verlockt uns zur Wahrheit. Wenn nach den Worten des Dichters William Blake »die Tore der Wahrnehmung gereinigt sind«, dann bekommen wir mehr zu Gesicht und werden der geschaffenen Welt auf andere Weise gewahr. Die Dinge erscheinen nicht länger als verfügbare tote Materie, sondern als lebendige, wachsende Organismen. Im ästhetischen Sinne sind wir alle Animisten, die glauben, daß allem eine lebendige Seele innewohnt. Wahrnehmung des Schönen bringt die Gegenstände unserer Anschauung zum Reden. Es entsteht ein Dialog zwischen dem Betrachter und dem ansonsten in unserer Kultur als unbelebt geltenden Gegenstand. Im Gespräch mit der Sonne oder dem Baum begreifen wir den Zusammenhang der Schöpfung, und vielleicht erblicken wir sie so, wie Gott sie sah, als er am Anfang sprach: »Siehe, es ist sehr gut!« Das hebräische Wort für gut – *tov* – hat auch die Bedeutung von schön. Also sprach Gott bei der Erschaffung der Welt: »Siehe, alles ist sehr schön!«

Die Schöpfung lieben heißt ihrer Schönheit gewahr werden, auch dort, wo wir sie am wenigsten erwarten. Ästhetische Erziehung, die unsere Wahrnehmungsfähigkeit erweitert, ist kein elitärer Luxus, sondern eine kulturelle Notwendigkeit für jedermann.

Glaube an die Schöpfung schließt ästhetisches Empfinden ein. Man kann Gott nicht lieben, wenn man kein Gespür für Schönheit hat. In diesem Zusammenhang fällt mir eines meiner Gedichte ein.[1]

Ernesto Cardenal
gefragt nach seinem weg
zum dichter zum priester
und zum revolutionär
gab als erstes an
es sei
liebe zur schönheit gewesen

Diese habe ihn
zur poesie geführt
(und darüber hinaus)
sie habe ihn
zu gott geführt
(und darüber hinaus)
sie habe ihn
zum sozialismus geführt
(und darüber hinaus)

Wie schwach muß eine liebe zur schönheit sein
die nichts als schöner wohnen will
wie gering eine liebe zur poesie
der schon im text genug getan ist
wie klein eine liebe zu gott
die in ihm satt wird
und nicht hungriger

1 Dorothee Sölle: die revolutionäre geduld, Berlin 1974 (Wolfgang Fietkau Verlag), S. 24.

wie wenig lieben wir das evangelium
wenn wir es selber essen
wie ohnmächtig die sozialistische hoffnung
wenn sie angst hat
zu überschreiten was sein wird

Denken wir noch einmal an den »kaputten Typ« – an den, der mir begegnet, und an den, der ich selbst bin –, dann ist das Schrecklichste, was sein Leben kennzeichnet, die Abwesenheit von Freude. In der jüdischen Tradition wird Freude als die natürlichste Reaktion auf die Tatsache unseres Geschaffenseins verstanden, Traurigkeit gilt als Ablehnung der Gabe des Lebens und ist deswegen Sünde. Freude in diesem metaphysischen Sinn ist unabhängig von besonderen Anlässen oder Geschenken, sie ist einfach Lebensfreude, Dankbarkeit für die Gabe des Lebens.

Aber in der säkularisierten Kultur hat der Ausdruck »Gabe des Lebens« für die meisten Menschen seinen Sinn verloren; wo der Geber verschwunden ist, kann man das Leben auch nicht als Gabe betrachten. Statt dessen wird es als beiläufiges Nebenprodukt, als ein biologischer Zufall verstanden oder als eine Tatsache, die weder erklärt werden kann noch erklärt werden muß. Die Menschen wachsen in diesem kulturellen Klima ohne jede Erziehung zur Freude auf. Muß in einer religionslosen Welt die tiefe und grundlose Lebensfreude sterben? Macht es im Hinblick auf unsere Fähigkeit zur Freude einen Unterschied, ob wir in einer Welt leben, die wir für das Produkt des Menschen halten, oder in einer Welt, von der wir glauben, daß Gott sie geschaffen hat? Ich weiß darauf keine Antwort, aber ich beobachte einen bemerkenswerten Mangel an Freude in der säkularisierten und industrialisierten Kultur. Gleichzeitig lehrt mich aber die eigene Frömmigkeitserfahrung, daß die Rückbesinnung auf die Schöpfung und unser Geschaffensein in einer Gemeinschaft von Menschen, die für die gleichen Ziele kämpfen, mein eigenes Bewußtsein für Freude wachsen läßt; ich empfinde, wie sehr ich sie brauche, wie stark ich mich nach ihr sehne. Eine Spiritualität der Schöpfung erinnert uns daran, daß wir zur Freude geboren sind.

Alle diese Elemente einer schöpfungszentrierten Spiritualität – nämlich Staunen, Erneuerung, Schönheitsempfinden und Fähigkeit zur Freude – werden zusammengefaßt im bewußt vollzogenen Lob der Schöpfung. Jemanden lieben heißt unter anderem auch, die geliebte Person zu preisen, sie schön, originell, bemerkenswert zu finden. Loben ist ein zweckfreies Tun, zu dem mit Bewußtsein nur der Mensch imstande ist. Die frühen Kirchenväter glaubten, daß auch die Tiere Gott loben, wenn auch nicht bewußt. Das Schnurren der Katze ist eine Art, Gott zu loben. Wenn wir jemanden lieben, dann möchten wir unserer Liebe auch Ausdruck geben und von dem Menschen, den wir lieben, in einer Sprache reden, die unsere Freude und Dankbarkeit laut werden läßt. Das echte Gefühl der Liebe ist, anders als der Besitzwunsch oder die pathologische Abhängigkeit, von einer Lebensdankbarkeit begleitet. Kann es dazu kommen, daß wir die Schöpfung so zärtlich lieben, wie Gott sie in dem Gedicht von James Waldon Johnson liebt? Wenn ja, dann genügt es nicht, über die Schönheit der Natur nur nachzusinnen, dann müssen wir sie in Worte fassen. Unsere Gefühle werden stärker und deutlicher, wenn wir sie ausdrücken. Wir werden zu besseren Liebhabern der Erde, wenn wir ihr sagen, wie schön sie ist. Zu lernen, wie man die Schönheit der Schöpfung preist, braucht Zeit. Mit der Zeit entzünden wir unsere Dankbarkeit für die Schöpfung wieder und streifen das Selbst, das sie als selbstverständliche Gegebenheit betrachtet, ab. Wir entdecken wieder die Ehrfurcht vor dem Leben und gewinnen die verlorene Leidenschaft für alles Lebendige zurück.

Ich rede nicht einer süßlichen, oberflächlichen Frömmigkeit das Wort. Ich erinnere mich an einen Vorfall, der sich in einem Seminar über Mystik zutrug, das ich leitete; daran wird deutlich, was ich unter schöpfungsgemäßer Spiritualität verstehe und was nicht. Eine Gruppe von Studenten hatte eine Seminarsitzung über Franziskus von Assisi vorbereitet und las seinen »Sonnengesang«:

Gelobt seist Du, mein Herr,
durch Bruder Wind und die Luft,
durch wolkig und heiter und jegliches Wetter,
durch das Du Deinen Geschöpfen
Gedeihen gibst.

Gelobt seist Du, mein Herr,
durch Schwester Wasser;
gar nützlich ist sie
und demütig und köstlich keusch.

Gelobt seist Du, mein Herr,
durch Bruder Feuer,
durch den Du die Nacht uns erleuchtest,
und schön ist er und fröhlich
und gewaltig und stark.

Gelobt seist Du, mein Herr,
durch unsere Schwester
Mutter Erde,
die uns ernährt und erhält,
vielfältige Frucht trägt
und bunte Blumen und Kräuter.

Gelobt seist Du, mein Herr,
durch jene, die aus Liebe zu Dir vergeben
und Schwäche tragen und Trübsal.
Selig, die harren in Frieden.
Du, Höchster, wirst sie einst krönen.

Gelobt seist Du, mein Herr,
für unsern Bruder, den leiblichen Tod;
ihm kann kein Mensch lebendig entrinnen.

Danach führten die Studenten eine Serie von Dias vor mit malerischen Sonnenuntergängen und Meeresstränden, begleitet von einem frommen Kommentar zum »Sonnengesang« in traditioneller theologischer Sprache. Bei diesen endlosen, wohltönenden Lobpreisungen wurden andere Seminarmitglieder zunehmend ungeduldig. Schließlich unterbrach ich die Vorführung und fragte: »Wenn ihr wirklich ›Schwester Wasser‹ liebt, wie könnt ihr dann diese zeitlose Sprache benutzen und so tun, als wäre nichts geschehen? Wenn ihr den ›Bruder Wind‹ heutzutage wirklich lieben wollt, könnt ihr dann die Luftverschmutzung vergessen und kein Wort über den sauren Regen verlieren? Wenn etwas Lebendiges, das ihr liebhabt, vor euren Augen getötet wird, könnt ihr dann einfach weiter über die Schönheit der Schöpfung reden? Wenn ihr irgend etwas von Franziskus gelernt habt, dann stellt euch einmal vor, wie er heute sprechen würde! Merkt ihr denn nicht, daß diese sentimentale Verfälschung franziskanischer Spiritualität einen Anschlag auf den wahren franziskanischen Geist darstellt und ihn zum Konsumartikel auf dem religiösen Supermarkt herabwürdigt? Kann denn wirkliche Liebe zu ›Schwester Wasser‹ darüber hinwegsehen, daß unsere Flüsse sterben?« Die Schöpfung loben heißt nicht nur, sich an ihren schönen Aspekten zu berauschen. Franziskus jedenfalls hat auch »den leiblichen Tod« in seinen Lobgesang eingeschlossen.

In dem Roman »Die Farbe Lila« von Alice Walker[2] gibt es ein Gespräch zwischen zwei schwarzen Frauen – Celie und Shug –, das zu den besten religiösen Texten gehört, die ich in der zeitgenössischen Literatur kenne. Dieses Gespräch hat eine doppelte Zielrichtung: Einerseits ist es eine Kritik an der traditionellen Religion, an ihrem üblichen Reden von Gott und ihrem gewohnten Gottesbild; andererseits stellt es den Versuch dar, Gott auf neue Weise ernst zu nehmen.

2 Alice Walker: Die Farbe Lila, deutsch von Helga Pfetsch, Reinbek bei Hamburg 1984 (rororo-Taschenbuch, Nr. 5427), S. 139ff.

Celie hat ihr ganzes bisheriges Leben mit einem Gottesbild gelebt, das sie jetzt als im höchsten Maße zweifelhaft erkennt. Als sie von Shug gefragt wird, wie denn ihr Gott aussehe, antwortet sie ganz einfältig: »Er is mächtig und alt und groß, graubärtig und weiß. Er hat weiße Gewänder an und is barfuß.« Seine Augenfarbe ist »ne Art Blaugrau. Kühl. Aber groß. Weiße Wimpern ...« Dieser Gott verkörpert die Macht der Weißen über die Schwarzen und der Männer über die Frauen. Als Celie aufgeht, daß dieser Gott, zu dem sie von Kindheit an gebetet hat, ein weißer Mann ist, macht sie die schockierende Erfahrung, daß sie diesen Gott, der »einfach nur da droben hockt und frohlockt, daß er taub ist«, verabscheut und ihn nun nicht länger nötig hat. So wie »Weiße nie auf die Farbigen hören, Punktum«, so hat dieser Gott nie die Klagerufe der schwarzen Celie erhört, deren Vater man gelyncht hat, deren Mutter verrückt wurde, deren Stiefvater sie mehrfach vergewaltigt hat und deren Leben, bevor sie Shug kennenlernte, in gnadenloser Mühsal und Demütigung verkümmerte. Und doch setzt sich Celie mit Gott auseinander. Ihr Bedürfnis nach Gott dauert an trotz ihrer Ablehnung einer überlebten weißen männlichen Gottheit: »Aber tief in meinem Herzen is Gott mir wichtig gewesen. Was er denkt ... Aber leicht isses nicht, ohne ihn auszukommen.«

Shug hat ihre frühere negative und leere Gottesvorstellung schon abgelegt: »Wie ich rausgefunden hab, daß Gott weiß is und ein Mann, da hab ich das Interesse verloren.« Aber diese Erkenntnis bedeutete nicht das Ende, sondern den Beginn ihres religiösen Weges. Shug, die dabei ist, die Vorstellung vom »alten weißen Mann« zu überwinden, konfrontiert Celie mit ihrer voll erblühten Gottesvorstellung, die sich von den patriarchalen Definitionen der Weißen radikal unterscheidet: »Und das isses ... Das, was ich glaub. Gott is in dir drin und in jedem andern auch. Du kommst schon auf die Welt mit Gott. Aber nur wer innen sucht, findet Es. Und manchmal wird Es offenbar, auch wenn du Es nich suchst oder nich weißt, wonach du suchst. Bei den meisten Leuten, wenn sie Kummer haben, denk ich. Sorgen, ach

Gott. Sich hundeelend fühlen.« Sie entwickelt eine schöpfungsgemäße Spiritualität. Der Dialog zwischen Shug und ihrem Gott, der für sie ein »Es« ist, denn »Gott is nich ein Er oder eine Sie«, entspringt ihrem Bewußtsein, daß alles in der Schöpfung von Gott stammt. »Hör mal«, sagt sie zu Celie, »Gott hat alles gern, was du gern hast – und noch eine Menge Zeug, was du nich gern hast.« Wie Shug von Gott redet, das hat seine Wurzeln in ihrer Erfahrung als Frau und in ihrer Liebe zum Leben.

Shugs außergewöhnliche Gedanken über das Verhältnis von Gott und Mensch gipfeln in einer leidenschaftlichen Bejahung des Ursprungs allen Lebens. »Aber mehr wie alles andre mag Gott, wenn man was bewundert ... Ich glaub, es stinkt Gott, wenn du irgendwo in einem Feld an der Farbe Lila vorbeigehst und sie nich siehst.« Gott ist nicht gleichbedeutend mit kontrollierender Allmacht, sondern Gottes Macht entfaltet sich so, daß sie das Leben mit anderen teilt. Die Bewunderung, die Gott mag, ist unser Gefühl der Verbundenheit mit dem Ganzen der Schöpfung.

Wir alle haben Schwierigkeiten, den Gott der Schöpfung zu loben. Wir alle gehen oft an der Farbe Lila in einem Feld vorbei und sehen sie nicht. Aber Gott läßt nicht davon ab, uns in das Einssein mit der ganzen Schöpfung zu locken.

6
Arbeit und Entfremdung

Gott schuf die Menschen Gott zum Bilde als Arbeiter und als Liebende. Aber über Arbeit und über menschliche Sexualität können wir nur sprechen, wenn wir ihre heutige entfremdete Gestalt wahrnehmen. Die Selbstentfremdung der Menschen ist eine historisch gewordene Realität, nicht aber Wesensmerkmal der menschlichen Natur; so jedenfalls haben wir den Begriff der Entfremdung in der Tradition von Hegel und Marx zu verstehen. Entfremdung ist keineswegs eine ewigwährende Eigenart, die in der schöpfungsmäßig gegebenen Natur des Menschen läge, sie tritt vielmehr auf dem Schauplatz des »historischen Projekts« in Erscheinung, und allein dort wird sie überdauern oder überwunden werden.

Aus einem anderen Verhältnis zur Schöpfung läßt sich auch ein anderes von unserer Beteiligung an ihr ablesen. Die hier vorgelegte Kritik an entfremdeter Arbeit arbeitet zunächst die zerstörerischen Folgen der industriellen Formen der Arbeit heraus – im neuen Interesse eines postindustriellen Denkens.

Entfremdung wird von dem »Philosophischen Wörterbuch«[1] definiert als »eine historisch-gesellschaftliche Gesamtsituation, in der die Beziehungen zwischen Menschen als Verhältnisse zwischen Sachen, Dingen erscheinen und in der die durch die materielle und geistige Tätigkeit der Menschen hervorgebrachten Produkte, gesellschaftlichen Verhältnisse, Insti-

1 Georg Klaus und Manfred Buhr (Hrsg.): Philosophisches Wörterbuch, Leipzig 1965 (Bibliographisches Institut), S. 137.

tutionen und Ideologien den Menschen als fremde, sie beherrschende Macht gegenübertreten.«

Die vorindustrielle Tradition hat immer wieder ein altes Bild für diese Form der Selbstzerstörung von Menschen in und durch Arbeit benutzt; es ist die Tretmühle, in der Menschen dem Produktionszwang und dem mechanischen Zeitablauf der Arbeit unterworfen sind. Die Tretmühle sinnloser Schufterei war für Jahrhunderte ein treffendes Bild für menschliche Arbeit als Fluch.

In der »Encyclopédie« von Diderot und d'Alembert heißt es: »Die Ägypter, die Juden und auch die Römer bedienten sich zum Betrieb ihrer Mühlen selten der Tiere, des Windes oder des Wassers, sondern verpflichteten für diese mühsame Arbeit Sklaven oder Kriegsgefangene.«[2]

Das Bild der Tretmühle stammt aus lange zurückliegenden, präkapitalistischen Epochen und ist älter als die Verheißungen der modernen Technologie, die vor unseren Augen zweideutig werden. Es steht für jede Art von fremdbestimmt und monoton zu erfüllenden Arbeitspflichten. Ich denke hier besonders an diejenigen, die als Angestellte, Packerinnen und vor allem Fabrikarbeiter an ihre ewig gleichbleibenden, langweiligen und unbefriedigenden Jobs gefesselt waren.

Welche Komponenten einer menschlichen Arbeit, die ihren Namen verdient, fehlen unter diesen durchaus normalen Umständen? Ich nenne drei wesentliche Bestimmungen von guter, gelingender, nichtentfremdeter Arbeit: das Verhältnis zum Produkt oder Ergebnis, die Beziehung der Arbeitenden zu sich selber und ihrem eigenen Lebensrhythmus, die Beziehungen zu anderen Mitarbeitenden. Beim Sklaven in der Tretmühle fällt vor allem auf, daß er kein Produkt herstellt, zumindest sieht er oder sie es nicht. Der Prozeß der Arbeit ist erfahrbar, oft in Anstrengungen und Schmerzen, nicht aber ihr Produkt. Die traditionelle Industriearbeit entfremdet die meisten Arbeitenden vom Ergebnis ihrer Arbeit; sie erleben sich selber nicht als Produzenten. Die

2 Dritter Supplementband, erschienen 1777, S. 965.

Freude, etwas hervorzubringen, ist ihnen genommen. Die Beziehung zum Produkt ist Prüfstein der entfremdeten Arbeit. Die Arbeiterin hat keine Vorstellung vom Ziel ihrer Tätigkeit, sie ist an der Planung dessen, was sie schafft, nicht beteiligt. Bei guter, nichtentfremdeter Arbeit hat der Arbeiter von Beginn an eine Vorstellung von dem, was er herstellt. Die Arbeiterin, die entfremdete Arbeit leistet, bekommt das Endprodukt der Tätigkeit nicht zu Gesicht; sie stellt es sich nicht vor, sie darf die Arbeitsschritte nicht planen, sie sieht kein Ergebnis. Die Produzenten sind von der Frucht ihrer Arbeit entfremdet.

Eine weitere Dimension guter, unentfremdeter Arbeit ist der Selbstausdruck des arbeitenden Menschen. Im Bild der Tretmühle handelt es sich um eine Kreisbewegung: Der Tag für Tag zu durchlaufende Zyklus bleibt sich gleich, von morgens bis abends wiederholt sich stets derselbe Ablauf. Auch wenn die einzelnen Tätigkeiten wechseln, so bleiben sie in gewisser Weise dennoch alle gleich, weil weder Einsicht in noch Verantwortung für den Gesamtzusammenhang zugesprochen oder erwartet wird.

Zur entfremdeten Arbeit gehört auch, daß der Arbeiter nicht über seine Zeit verfügt. Freizeit erfahren wir ja wesentlich, wenn wir über unsere Zeit verfügen, einen eigenen zeitlichen Rhythmus entdecken und ihm folgen können. Simone Weil, die jüdische Mystikerin und Widerstandskämpferin gegen die Nazis, hat in den Jahren 1934 und 1935 vor den Toren von Paris als Fabrikarbeiterin gearbeitet, weil sie am eigenen Leibe erfahren wollte, was es heißt, am Fließband zu stehen, unter denselben Bedingungen zu arbeiten wie die Menschen in den Betrieben, zu essen, was sie essen, in ähnlich schäbiger Behausung zu leben wie sie, den gleichen Lohn zu erhalten wie sie. Sie war Lehrerin gewesen, hatte sich aber beurlauben lassen, um zu Renault zu gehen. In einem Tagebuch über diese Erfahrung[3] macht sie die Beobach-

3 Simone Weil: Fabriktagebuch und andere Schriften zum Industriesystem, aus dem Französischen übersetzt und mit einer Einleitung versehen von Heinz Abosch, Frankfurt/M. 1978 (edition suhrkamp, Nr. 940).

tung, daß mit Durchschreiten des Fabriktores ein anderer Zeitrhythmus als der eigene über sie Macht gewinnt und daß es allen ihren Kolleginnen genauso ergeht. Sie hatten das Verfügungsrecht über die Zeit verloren, wurden einem fremden Zeitschema, das ausschließlich von den Maschinen und dem Fließband bestimmt war, unterworfen, das eigene Zeitempfinden war zerstört. Es ist ein natürliches menschliches Bedürfnis, die Zeit in wechselnden Perioden höherer oder niederer Intensität zu erfahren. Unsere Existenz als zeitliche Wesen verlangt danach, daß wir unsere Zeit gestalten und rhythmisch gliedern, wie wir es im Einatmen und Ausatmen tun. Aber die meisten Arbeitsvorgänge laufen diesen natürlichen Lebensrhythmen zuwider. Daran hat auch die gegenwärtige Umstrukturierung der Unternehmen durch die Informationstechnologie nichts geändert, im Gegenteil! Für die verbleibenden Beschäftigten erhöht sich die Produktionsgeschwindigkeit, und der Rhythmus der neuen Arbeitsabläufe entfernt sich immer mehr von dem der menschlichen Körper. Die Computerkultur rechnet gar nach »Nanosekunden« – einer winzigen Einheit, die menschliche Sinne nicht erfassen können. »Ein Wimpernschlag entspricht mehr als 500 Millionen Nanosekunden.«[4] So wächst der Streß, die psychische Belastung und zugleich die Angst, den Job zu verlieren.

Im antiken Bild von der Tretmühle, in der Sklaven beschäftigt waren, fehlt auch die dritte Dimension einer nicht fremdbestimmten Arbeit, das ist ein Mitarbeiter, eine Arbeitskollegin. Eingespannt unter die alte tyrannische Maschine, gibt es keinen Austausch unter den Arbeitenden. Menschen, die heute unter Computeraufsicht arbeiten müssen, beklagen sich über das Fehlen des Miteinander. Und auf der niedrigsten Ebene gegenwärtiger Arbeitsausbeutung, in den globalisierten Textilunternehmen, ist es den dort nähenden oder bügelnden Arbeiterinnen häufig verboten, miteinander zu sprechen. Man fürchtet Aussprache, Entdekkung von Gemeinsamkeiten oder gar irgendeine Form von ge-

4 Rifkin, a.a.O., S. 132.

werkschaftlicher Organisation gegen die in dieser Branche extremen Menschenrechtsverletzungen.[5] Eine lebendige Kooperation findet nicht statt. Ein echtes Geben und Nehmen ist nicht zugelassen. Die dort bis zu vierzehn Stunden arbeitenden jungen Mädchen können und werden nichts lernen. Sie wachsen nicht an ihrer Arbeit, sie werden nur aufgerieben und dann ersetzt.

Alle entfremdete Arbeit hält uns gefangen in etwas, was kleiner ist, als wir sind und sein könnten. Die meisten Menschen müssen ihr Leben auf diese Weise zubringen. Sie werden dazu gezwungen, unter ihrem eigenen Niveau zu leben, unter dem Niveau ihrer physischen, emotionalen, geistigen und spirituellen Begabungen.

Die Mehrzahl der Menschen lebt in dieser Entfremdung durch Herrschaft. Ein Privileg, das ich im Unterschied zu vielen anderen genieße, besteht darin, daß meine Arbeit mir Freude macht. Ich tue das, was ich tun will; ich plane meine Arbeit selbst. Es gibt Zeiten, in denen ich mich geisttötenden Tätigkeiten bewußt entziehen kann; zu anderen Zeiten bin ich dazu gezwungen, sie zu leisten. Ich bin nicht absolut frei, aber aufgrund meines beruflichen Status habe ich mehr Freiheit als viele Menschen, die ich kenne. Die Klassenstruktur eines Gesellschaftssystems, das seine Privilegien den wenigen gewährt und den vielen vorenthält, erzeugt Spaltung und Zwietracht auch unter den Angehörigen derselben Klasse. Solidarität und Kooperation werden effektiv vereitelt. Arbeiter werden durch die Art ihrer Arbeit vielfach von der Menschheitsfamilie als ganzer entfremdet.

Um ein Beispiel zu geben: Ich entsinne mich der Zeit des Protests gegen den Krieg in Vietnam, als einige von uns den Versuch machten, Gewerkschafter in der Bundesrepublik dazu zu bewegen, sich dem Protest anzuschließen. Australische Gewerkschaften waren damals in den Streik getreten, einer der wenigen Streiks aus politischen Gründen. Australische Hafenarbeiter hatten sich wegen des Krieges in Vietnam geweigert, amerikanische

5 Bettina Musiolek (Hrsg.): Ich bin chic, und du mußt schuften. Frauenarbeit für den globalen Modemarkt, Frankfurt/M. 1997.

Schiffe zu be- oder entladen. Wir wandten uns an einige Gewerkschafter mit dem Ziel, deutsche Arbeiter zu einem ähnlichen Streik zu organisieren. Ohne Erfolg! Damals habe ich zum erstenmal die Entfremdung von der Menschheitsfamilie gespürt, die durch die Arbeitsbedingungen in der Industriegesellschaft entsteht. Die Gewerkschaftsbosse, mit denen wir sprachen, zeigten kein Interesse am Schicksal der vietnamesischen Kinder. Das Leiden eines viele tausend Kilometer entfernten Volkes berührte sie nicht; sie dachten noch nicht einmal darüber nach. Im Gegensatz dazu war die alte Arbeiterbewegung von Anfang an eine internationale Bewegung, für die Solidarität etwas anderes bedeutete als nur den Zusammenschluß von Arbeitskollegen in derselben Firma und derselben Schicht. Dort beginnt zwar Solidarität, ihre Ziele aber sind international.

Im 19. Jahrhundert gehörte es zu den zentralen Überzeugungen der Arbeiterbewegung, daß wir alle gemeinsam die menschliche Gattung bilden und daß Menschsein bedeutet, zu anderen Menschen in Beziehung zu stehen, ganz besonders zu denen, die unter unerträglichen Arbeitsbedingungen leiden. Die Solidarität der Arbeiter war nicht an die Nationalität gebunden; der Nationalstaat war eine bürgerliche Erfindung, während die Solidarität der Arbeiter über nationale Grenzen hinausreichte.

Eine der bemerkenswertesten Frauen in der Geschichte der amerikanischen Arbeiterbewegung war Mother Jones, die für Internationalität eintrat, während sie in Bergwerken und Essen die Arbeiter organisierte. Geboren 1830, verbrachte sie die Hälfte ihres einhundert Jahre währenden Lebens in leidenschaftlichem Kampf für die Interessen »ihrer Kinder«, wie sie die Bergleute und andere Arbeiter nannte. In ihrer Autobiographie[6], einem Buch, das Erinnerungen enthält, die sie als über Neunzigjährige auf Band gesprochen hat, erzählt sie folgende Geschichte: Im Jahre 1919 sprach sie auf einer Streikversammlung der Stahlarbeiter, als ein Zuhörer

6 Die Autobiographie der Mother Jones, Übersetzung aus dem Amerikanischen von Marianne Ihm, Köln 1979 (Prometh Verlag).

Flugblätter zu verteilen begann mit Informationen über die Blokkade gegen Rußland und die daraus entstandenen Hungersnöte und Seuchen. Als die Streikleitung den Mann daran hindern wollte, griff Mother Jones ein und fragte, was mit diesem Flugblatt los sei. Einer von der Streikleitung antwortete ihr: »Nichts, Mother, nur, wenn wir ihnen erlauben, es zu verteilen, dann wird morgen überall verbreitet, daß Moskau den Streik lenkt. Wir dürfen nichts durcheinanderbringen. Ich fürchte, ich kann diese Flugblätter nicht in Umlauf bringen lassen.« Daraufhin wandte sich Mother Jones in ihrer wunderbar knappen und klaren Art an die Versammlung: »Frauen und Kinder als Opfer einer Blockade! Sie hungern! Männer, Frauen und Kinder sterben, weil es nicht genügend medizinische Versorgungsgüter gibt. Dieser Streik ist nicht zu gewinnen, wenn man vor dem Leid, wo immer es auch auftritt, die Augen verschließt. Es gibt nur eine Sache, vor der man sich fürchten muß, ... unmenschlich zu sein!«[7] Man kann und darf Hunger nicht partialisieren, indem man ihn bei einigen bekämpft, bei anderen aber nichts gegen ihn unternimmt. Man kann auch nicht Kinder lieben, indem man sich einige aussucht, die man liebhat, andere aber ablehnt. Das geht einfach nicht, wie Mother Jones klarmachte, eine solche partielle Liebe wird sentimental und unecht.

Die Entpolitisierung der Erwerbstätigen und ihre Trennung von der Menschheitsfamilie sind Formen der durch die Arbeit hervorgebrachten Entfremdung. Hegel hat in seiner »Phänomenologie des Geistes« (1806) dargestellt, warum die Arbeit, bestimmt durch das Herr-Knecht-Verhältnis, automatisch menschliche Entfremdung erzeugt. Der Herr eignet sich die Arbeit des Knechts an. Der Knecht ist von seinen eigenen Produktivkräften entfremdet, weil sich ihrer der Herr bemächtigt hat, dessen Herrschaft allein darauf beruht, daß er im Besitz der lebensnotwendigen Produktionsmittel ist, nicht aber auf eigenem Verdienst oder eigener Leistung. Für den Herrn tritt der Knecht oder Lohnarbeiter lediglich als Objekt der Ausbeutung in Erscheinung.

7 Ebd., S. 152.

Insofern die Person des Lohnarbeiters Eigentum des Herrn ist, verliert sie ihre Identität. Aber in diesem Prozeß kommt es, nach Hegel, zur dialektischen Umkehrung: Der Herr, der von der Arbeit des Knechts lebt, verliert die Fähigkeit zu eigener Selbstverwirklichung durch den Mangel an produktiver Tätigkeit. Im Gegensatz dazu entwickelt der Arbeiter seine eigenen Fähigkeiten weiter und entäußert sich in die Arbeit hinein, er gewinnt sich selbst zurück und ist deshalb stärker als der Herr. So ausgebeutet und entfremdet die Arbeiterin ist, sie bleibt fähig, zu produzieren und durch Arbeit sich selbst zu verwirklichen. Durch diese wichtige Entdeckung hat Hegel den Weg zu einem radikalen Neuverständnis von Sinn und Wesen der Arbeit gezeigt.

Marx hat später den politischen Teil der Hegelschen Analyse in Frage gestellt, nicht aber die Bedeutung der Arbeit für den Prozeß des Freiwerdens. Ist der Lohnarbeiter wirklich »stärker« als sein Herr, der Eigentümer der Produktionsmittel? Ist die Arbeiterin denn zur Selbstverwirklichung in der Lage, während sie unter dem Joch entfremdeter Arbeit leidet oder auch sich ihm leidvermeidend anpaßt? Hegel hatte das Herr-Knecht-Verhältnis unter den Bedingungen einer Agrargesellschaft analysiert, die Marxschen Analysen entstammen seiner Beobachtung der versklavenden Arbeitsverhältnisse im Frühstadium des industrialisierten kapitalistischen Systems; beide Systeme bedrohen die Selbstverwirklichung des arbeitenden Menschen.

Heute leben wir in einer völlig veränderten, manchmal als »postindustriell« bezeichneten Arbeitswelt und müssen uns fragen, welchen Sinn eine Analyse der Entfremdung noch haben kann. Wenn alles, was Sklaven, Leibeigene und in der Industrie Arbeitende jahrhundertelang leisteten, durch neue Technologien schneller und sicherer, effizienter und profitabler erarbeitet wird. Welchen Sinn soll dann das von Hegel und dem jungen Marx geprägte Nachdenken über die »Entfremdung« des Menschen von sich selber durch die Lohnarbeit noch haben? Es kann keinen Zweifel daran geben, daß im 21. Jahrhundert der freie Markt nicht mehr in der Lage sein wird, die wachsende, technologisch bedingte Arbeitslosigkeit aufzufangen. Bedroht uns heute nicht die Abschaffung der Arbeit für die Mehrheit in einem ganz neuen Sinn?

Ich vermute, daß die menschheitlichen Fragen der sozialistischen Tradition an die Alleinherrschaft des freien Marktes heute relevanter sind und sein werden als in den Zeiten der arbeitsintensiven Industriekultur. Die zunehmende Abschaffung der Lohnarbeit bedeutet ein Umkippen der Problematik von Arbeit, Lohn und Entgelt; das Kapital reproduziert sich selber, freier als je, unbehindert von arbeitenden Menschen. Es macht Millionen von Menschen, ökonomisch gesehen, »überflüssig«. Auch die kapitalistische Konsumkultur kann nicht umhin, auf die Fragen nach den Menschen zu antworten, die wirtschaftlich »expendable« sind, weil sie weder zur weitergehenden Produktion benötigt werden noch den wachsenden Konsumptionswahn mittragen können. Wozu sind sie also da, wenn sie weder produzieren noch konsumieren?! Was soll aus diesen Arbeits- und Erwerbslosen werden? Sollen wir mehr Gefängnisse bauen und mehr Polizisten einstellen, um diese sich kriminalisierende Unterklasse zu beherrschen?

Oder ist Arbeit in der Tat ein Menschenrecht und nur unsere lohnfixierte Definition falsch? Das »Ende der Erwerbsarbeit«, das wir seit Beginn der neunziger Jahre erleben, kann zu einem neuen, befreienden Verständnis von Arbeit führen, das die Entfremdung nicht mehr als schicksalgegeben ansieht. Die Kritik an einem am Lohn und Erwerb orientierten Verständnis menschlicher Arbeit wächst und aktualisiert sich. Sind Erwerbslose immer auch arbeitslos? Oder müssen wir lernen, Arbeit anders zu definieren als über Lohn und Profit? Jedenfalls sind sie nicht der einzige Sinn der Arbeit. Und die Fragen nach den »Letzten«, wie Jesus sich ausdrückte – nach den »losers« in einer Welt der »winners« –, lassen sich nicht zum Schweigen bringen. Die theologische Bedeutung unseres Geschöpfseins ist, daß wir Gottes Mit-Schöpfer sind, die in Arbeit und Liebe ihre Ebenbildlichkeit realisieren. Als Mit-Schöpfer arbeiten wir an einer gerechteren

Welt, und in diesem Sinn ist alle menschliche Arbeit auf das Reich Gottes bezogen. Im Spiel des Kindes, in der Schul-Arbeit der Schülerin, in der Produktion lebenswichtiger Güter steckt der messianische Sinn menschlicher Arbeit.

Eine Konsequenz daraus ist, daß wir die Zerstörung der Gottesebenbildlichkeit, die sich in entfremdeter Arbeit ausdrückt, beseitigen müssen. Wenn wir theologisch ernsthaft über Arbeit sprechen, dann muß Arbeit – in einem sehr weit gefaßten Sinn – als Bestandteil unserer Gottesebenbildlichkeit erscheinen. Dann müssen wir uns immun machen gegen eine der wichtigsten Ideologien unserer Zeit, die uns so sehr beherrscht, daß wir es schon gar nicht mehr bemerken; das ist die Gleichsetzung von Arbeit mit bezahlter Arbeit. Unsere ideologische Gefangenschaft im Blick auf das Verständnis von Arbeit spiegelt sich in unserer Identifizierung von Arbeit und Lohnarbeit. Bei Arbeit denken wir an Geld, nicht an Schöpfung. Anstatt Arbeit als in sich selbst sinnvoll zu betrachten, insofern sie Leben erhält, bereichert und zu seiner Fülle kommen läßt, setzen wir Arbeit in Beziehung zur Bezahlung und bewerten sie entsprechend ihrem finanziellen Ertrag. Im gleichen Maße, in dem wir diese Ideologie verinnerlichen, entleeren wir die Arbeit ihres Sinngehalts. Wir reduzieren sie zur Ware, die außer auf dem Arbeitsmarkt keine Bedeutung hat. Die kapitalistische Barbarei besteht darin, daß sie den Arbeitenden die Würde der Arbeit wegnimmt. In unserer Sicht ist nur das, wofür wir bezahlt werden, etwas wert. Gute Arbeit ist gutbezahlte Arbeit; schlechte ist schlechtbezahlte, und unbezahlte Arbeit, wie die der Frauen im Haus, ist überhaupt keine.

Es ist kein Zufall, daß innerhalb einer solchen Gesellschaft auch die Menschenrechte extrem individualistisch ausgelegt werden, als Freiheit der Rede, der Religion und der politischen Meinung, daß aber das unveräußerliche Recht des Menschen auf Arbeit nicht durchgesetzt ist und entsprechend auch der Respekt vor dem Menschen als Arbeitendem äußerst gering ist. Wenn Arbeit als Lohnarbeit definiert ist, kann es nicht anders sein. In unserer Gesellschaft ist Arbeit kein anerkanntes Menschenrecht. Solange wir Arbeit als Lohnarbeit denken, wird unser Verhältnis zur Arbeit nur so weit gehen, wie das Verhältnis von Menschen zu käuflichen und fremdbestimmten Dingen geht. Freiheit, Gleichheit und Geschwisterlichkeit existieren dann allenfalls vor, nicht aber hinter dem Fabriktor. Die realen Arbeitsbedingungen machen Freiheit – in Plan und Gestaltung, Rhythmus und Ablauf – unmöglich.

Vor allem aber zerstört die Fixierung auf den Profit ein menschen- und umweltfreundliches Verhältnis zu dem, was produziert wird. Der Zweck der Arbeit ist, uns mit den Gütern zu versehen, die für uns existenznotwendig sind. Aber die Fabrikgesellschaft hat das Verhältnis des arbeitenden Menschen zu seiner Arbeit und seinen Produktivkräften von Grund auf verändert. In marxistischer Terminologie gesprochen, hat der Kapitalismus den »Gebrauchswert« des Produkts zugunsten seines »Tauschwerts« verdrängt, so daß nach und nach alle Dinge, mit denen wir in Berührung kommen, austauschbar werden. Ein Produkt wird nicht unter dem Gesichtspunkt betrachtet, welche Bedürfnisse es erfüllt, sondern nur im Hinblick darauf, welchen Profit es bringt. Was nicht verkauft und bezahlt werden kann, das existiert in der »Ontologie« von Profit und Tauschwert nicht wirklich.

Die Vorherrschaft des Tauschwerts läßt sich einfach illustrieren. Nehmen wir an, ich wanderte am Strand entlang und fände die schönste Muschel, die ich je gesehen habe. Das macht mich glücklich. Darin besteht das, was Marx – in seiner ziemlich instrumentalistischen Sprache – »Gebrauchswert« nennen würde. Dann treffe ich ein paar Leute und zeige ihnen meinen Fund. Wie reagieren sie? »Wie hübsch!« sagt eine. »Man könnte die Muschel in einem Andenkenladen verkaufen.« – »Toll«, sagt eine andere, »aber Sie sollten sie bemalen und dann verkaufen.« Und ein dritter fragt vielleicht nur: »Was wirst du damit machen?« So reagieren Menschen in unserer Kultur, die die Bedeutung des Tauschwerts verinnerlicht haben. Sie sind unempfänglich für die Freude und das Vergnügen, das mir die Muschel als solche bereitet, und sofort bereit, sie in etwas zu verwandeln, das Geld bringt, Profit macht.

In einer vorkapitalistischen »natürlichen« Gesellschaft wurden die einzelnen Bedürfnisse durch ihnen entsprechende Produkte befriedigt, die einen Gebrauchswert hatten. Auch in der Gegenwart gibt es an manchen Stellen alternativer Kultur den Versuch, eine Rückbesinnung auf den Gebrauchswert einzuleiten. Tauschringe, in denen Arbeit ohne Geldvermittlung ausgetauscht wird, freiwillige, gemeinsame, oft ökologisch sinnvolle Arbeit wird von alternativen Gruppen übernommen.[8] So wird die Herrschaft der vielen überflüssigen Dinge über die Menschen relativiert und der Arbeit wieder ein menschliches Gesicht gegeben.

Ganz andere – und völlig unfreiwillige! – Erfahrungen mit der Tauschwirtschaft werden heute in Rußland gemacht. Mehr als ein Drittel der Bevölkerung lebt dort ohne Bargeld. Sogar die spärlichen Reste der Industrie funktionieren nach dem Prinzip des Warentausches und einer Selbstversorgung ohne Geld. In Karikaturen, bösen Kommentaren und öffentlichen Protesten wird diese Situation kritisiert, aber zugleich scheint sich eine Neudefinition von Arbeit bereits anzukündigen.

Arbeit ist Vermittlung zwischen Bedarf und Produkt. Da unsere Bedürfnisse verschieden sind, ungleich und unvergleichbar, hat Arbeit vor allem das brauchbare Produkt zum Ziel. Alle drei Faktoren – Bedürfnisse, Formen der Arbeit, Produkte – sind qualitativ verschieden. Die Arbeit eines Bauern, der in Bolivien Kartoffeln anbaut, ist von anderer Art als die einer Textilarbeiterin in Taiwan, die Jeans fertigstellt. Tendenziell aber verschwinden diese qualitativen Unterschiede zunächst hinsichtlich des Produkts, das zur Ware mit einem bestimmten Tauschwert wird, und dann auch in bezug auf die entsprechende Form der Arbeit, die ihre charakteristische Qualität verliert und zur puren Abstraktion wird. Mit anderen Worten: Die Arbeit wird meßbar

8 Vgl. Ulrich Grober: Ausstieg in die Zukunft. Eine Reise zu Ökosiedlungen, Energie-Werkstätten und Denkfabriken, Berlin 1998.

mittels Lohneinheiten. Obwohl die Bedürfnisse der Menschen von Natur aus nicht austauschbar sind, werden Waren und Arbeiten zu abstrakten Maßeinheiten. In diesem für die industrielle und postindustrielle Produktion charakteristischen Abstraktionsprozeß gerät sowohl der Gebrauchswert, den ein Produkt zur Befriedigung eines ganz bestimmten menschlichen Bedürfnisses hat, als auch die Arbeit, mittels deren wir das Produkt herstellen, aus unserem Gesichtsfeld.

Marx führte den Ausdruck »Abstraktion« ein, um unsere Verleugnung der spezifischen Besonderheiten der verschiedenen Formen der Arbeit und des Gebrauchswertes zu kennzeichnen. Dieser Abstraktionsprozeß läßt Sinn und Zweck menschlicher Arbeit in Vergessenheit geraten. Daß die arbeitende Person durch klare Bestimmung ihrer Bedürfnisse, durch die Gestaltung ihrer Arbeit und die Herstellung des Produkts sich selbst zum Ausdruck bringt, das wird unmöglich gemacht. Alle menschlichen Bedürfnisse haben sich in das eine universale Bedürfnis nach Geld verwandelt. Der Tauschwert eines Produkts erlangt eine vom Gebrauchswert getrennte Eigenexistenz in Form von Geld. Auf diese Weise wird aus dem alten Kreislauf einer früheren, »natürlichen« Ökonomie, nämlich: Ware – Geld – Ware, der neue, umgekehrte Kreislauf: Geld – Ware oder Dienstleistung – Geld. Der Zweck des Produzierens besteht nicht länger in der Befriedigung menschlicher Bedürfnisse, sondern in der Erzeugung von Tauschwerten, besonders von Geld, das unsere Bedürfnisse nur in sehr vermittelter Weise stillt. Tauschwert gebiert Tauschwert – das ist das Gesetz der kapitalistischen Produktion, und dadurch wird unsere Entfremdung vom Gebrauchswert dessen, was wir produzieren, verstärkt und gesteigert.

Es brauchte ein hohes Maß an Repression, um die Menschen diesem Prozeß der Abstraktion und Entfremdung anzupassen; sie mußten ihre qualitativ verschiedenen Bedürfnisse quantitativ bestimmen und dann vergessen oder verdrängen. Die psychischen Kosten dieses Abstraktions- und Repressionsprozesses waren immens. Darauf komme ich im Kapitel über Sexualität und Entfremdung noch zu sprechen. Hier will ich mich darauf konzentrieren, daß der Repressionsprozeß jegliches Empfinden für positive Arbeit im Sinne von Persönlichkeitsentfaltung im Einklang mit unseren Mitmenschen und mit der Natur zerstört.

Der Arbeiter wird vom Gebrauchswert seines Produkts entfremdet, wenn er nicht weiß, was er produziert. Ein Musterbeispiel dafür bieten vor allem die Rüstungsindustrie und ihre Zulieferanten. Die dort tätigen Arbeiterinnen wissen oft nicht, daß sie zum industriellen Sektor des Militärapparats gehören und daß sie durch die Produktion mikroelektronischer Bauteile am Töten von Frauen und Kindern in der Dritten Welt und am Vorbereiten des nuklearen Holocaust beteiligt sind. Der Tauschwert bestimmt ihre Auffassung von Arbeit fast ausschließlich. Sie haben gelernt, Arbeit entsprechend ihrem Lohn zu bewerten. Es spielt keine Rolle, daß ihr Job sinnlos ist, andere beschädigt und für sie selbst lebensfeindlich ist, der Tauschwert ihrer Arbeit steht an erster Stelle, vor ihm verblaßt alles andere.

Diese Art von Arbeit beraubt die Arbeiterinnen ihrer Menschenwürde, macht sie zu Maschinen und zerstört das kollektive Bewußtsein vom schöpferischen und verantwortlichen Wesen der Person. Ohne Verankerung im Ziel der Arbeit, die von einer ganzheitlichen Person getragen wird, finden sich die Menschen damit ab, nur ihre Arbeitskraft zu verkaufen. Sie bieten sich selbst zum Verkauf an und bemühen sich außerhalb der Lohnarbeit vielleicht noch, die übriggebliebenen Bruchstück ihrer Identität zu retten.

Die Arbeiterin muß sich selbst der formalen Gleichheit innerhalb der Warenwirtschaft unterwerfen. Sie hat sich der Logik von Tauschwert und Profit anzupassen, ihre menschlichen Gefühle zu unterdrücken und eine Art von berechnender Vernunft zu entwickeln, die so selbstverständlich geworden ist, daß wir sie oft erst im Umgang mit anderen Kulturen, zum Beispiel mit Menschen der Dritten Welt, bemerken. Die Anpassung an die Profitrationalität verursacht schwere Störungen vor allem bei Frauen, deren Sozialisation unter völlig anderen Wertvorstellungen – wie

Rücksichtnahme, Hilfsbereitschaft, auf den andern hören – erfolgt ist. In der Welt von Tauschwert und Profit werden die Individuen atomisiert und voneinander isoliert. Die Beziehungen der Arbeiter untereinander verfallen zu austauschbaren Kontakten, da ihre wahren Bedürfnisse in einer profitrationell geprägten Arbeitswelt unterdrückt und zum Verstummen gebracht werden.

Der von konservativer Seite mit guten Gründen beklagte »Werteverfall« beginnt nicht einfach im Privatleben und der Gestaltung der zwischenmenschlichen Beziehungen, sondern er ist vorgebildet und organisiert in der Arbeitswelt der Entfremdung, der Entmenschlichung der Arbeit. Unter der Herrschaft des Konsumismus als einer neuen Religion sind ihre Schmerzen einerseits gemildert, zugleich aber auch verdrängt. Heute, in der technologischen Revolution, die die »Fabrik ohne Arbeiter« zum Ziel gemacht hat, ist es an der Zeit, nicht der vergangenen »Vollbeschäftigung« nachzutrauern, sondern einen anderen Begriff von Arbeit aufzubauen, der ein anderes Verhältnis zur Schöpfung artikulieren kann.

Noch gleicht unsere Arbeit der Prostitution. Eine Prostituierte ist angewiesen auf das Geld ihres Kunden. Sie darf ihre Gefühle gegenüber dem Kunden nicht zeigen, ohne ihren Lebensunterhalt zu gefährden. Auch wenn ihr der Kunde nicht gefällt, wenn sie ihn als arrogant, übelriechend oder brutal empfindet, so ist sie doch um des Geldes willen gezwungen, ihn zu ertragen. Das trifft auch auf Arbeiter zu, die gezwungen sind, sich selbst zu vermarkten. Lohnarbeit ist eine Form der Prostitution. Die alten Sozialisten wußten, was Lohnsklaverei ist. Sie kämpften nicht nur für höhere Löhne, sondern für eine Veränderung der Arbeit selbst, für ihre Verwandlung in sinnvolle Tätigkeit, bei der die Arbeiter den Gebrauchswert ihrer Produkte zu Gesicht bekämen, ihre Fähigkeiten in vollen Umfang einsetzen könnten und Gelegenheit hätten, ihre Kenntnisse am Arbeitsplatz zu erwerben und weiterzugeben. Das System der Lohnarbeit, wie wir es kennen, bezahlt die Menschen dafür, daß sie den Mund halten und sich an die Spielregeln anpassen.

Daß die Arbeiter für ihre Anpassung bezahlt werden, erklärt aber keineswegs vollständig, warum ganze Bevölkerungsschichten sich haben versklaven lassen und den Verlust ihrer Menschlichkeit und Würde auf dem Arbeitsmarkt hingenommen haben. Wie konnten sie das gegen sie gerichtete destruktive System der Lohnarbeit so lange ertragen? Wie kann überhaupt ein System funktionieren, das die Mehrheit seiner Mitglieder entwürdigt? Der Industrialismus hat selbstredend auch positive Seiten: Er konnte die menschliche Lebenserwartung erhöhen, er hat durch die Einführung moderner Techniken den schlimmsten Formen der Schwerarbeit ein Ende gesetzt, und er hat einen Überfluß an Waren und Dienstleistungen der verschiedensten Art erzeugt, die der menschlichen Gemeinschaft neue Möglichkeiten eröffnet haben. Dennoch bleibt es verwunderlich, daß die Mehrheit der Menschen Gefangene eines sozioökonomischen Systems sind, das den Sinn menschlicher Arbeit zerstört und Unabhängigkeit des Denkens und Handelns nur einer kleinen Elite zugesteht, während die Mehrheit ihren Lebensunterhalt verliert, sobald sie die ungeschriebenen Gebote des Systems mißachtet – beziehungsweise sobald die Technologie genug Möglichkeiten geschaffen hat, die Lohnarbeit zu erübrigen.

Man mußte die Menschen einer Gehirnwäsche unterziehen, bevor sie ihre menschliche Würde aufzugeben bereit waren. Die Realität der Lohnsklaverei wurde gestützt durch ideologische Systeme, die die Menschen dazu manipulieren, an ihrer eigenen Enthumanisierung mitzuarbeiten. Eines der wichtigsten ideologischen Werkzeuge, die zu diesem Zweck eingesetzt wurden, war die Religion, die dem System der Lohnarbeit ideologische Hilfestellung und Unterstützung gab durch die protestantische Arbeitsmoral, die wiederum auf dem reformatorischen Glauben beruht, daß unser Arbeiten dem Willen Gottes entspricht. Diese Art Arbeitsmoral entwickelte eine negative Haltung gegenüber der Kontemplation und überbetonte die Würde der Arbeit; dadurch brachte sie das ältere Gleichgewicht zwischen Kontemplation und Arbeit durcheinander, das sich sozialgeschichtlich im

Mittelalter in den vielen Festtagen der Heiligen ausdrückte, an denen die Landbevölkerung keine Frondienste zu leisten hatte. Arbeit wurde in der Reformation zum Gottesdienst uminterpretiert, und der fleißige Arbeiter galt als treuer Diener Gottes. Beruf wurde zur Berufung und gleichzeitig zur Basis des Selbstwertgefühls. Die Menschen fanden in ihrer Berufsarbeit eine neue Identität. Fleißig zu sein und hart zu arbeiten, ohne Rücksicht auf die Art oder den Zweck der Arbeit, wurde zu einer Tugend an sich. Die reformatorische Religiosität machte die harte Wirklichkeit erträglich. Noch die sinnloseste Routinearbeit wurde »Berufung« genannt, und die ausbeuterischsten Arbeitsverhältnisse erhielten den Ehrentitel »Der Platz, an den dich Gott gestellt hat«. Diese überhöhende Sprache ist seither in Mißkredit geraten; dennoch hat uns diese Auffassung geprägt, wie sich in der für die säkulare Welt typischen Bewertung von Arbeit und Arbeitslosigkeit zeigt.

Arbeiter in hochindustrialisierten Gesellschaften machen sich, und sei es auch unbewußt, selbst dafür verantwortlich, ihre Jobs »verloren« zu haben. Ihr Selbstwertgefühl ist so unauflöslich mit ihrer Berufsarbeit verbunden, daß sie ohne weiteres zu dem Schluß kommen, es sei ihre eigene Schuld, wenn sie ihre Stellung nicht behalten können. Sozialwissenschaftler in den Vereinigten Staaten haben festgestellt, daß die Arbeitslosen von heute ebenso wie die stellungslosen Männer und Frauen während der wirtschaftlichen Depression in den dreißiger Jahren sich selbst die Schuld daran zuschreiben, ohne Beschäftigung zu sein. Das erklärt die zunehmenden Fälle von Selbstmord, Alkoholismus, psychischen Erkrankungen, Mord, Frauen- und Kindesmißhandlungen. Die Arbeitslosen beziehen die ökonomischen Zwänge auf die eigene Person und leiden unter ihrer Beschäftigungslosigkeit nicht nur wirtschaftlich, sondern auch psychisch.

Ich gebe zu, daß das Aufkommen der protestantischen Arbeitsmoral zu einem Neuverständnis des städtisch-bürgerlichen Lebens beigetragen hat, das auch positive Komponenten enthielt wie Interesse am Gemeinwohl und den Rechtsanspruch des Individuums auf kommunale Unterstützung. Die Arbeitsauffassung aber, die damals entstand und noch bis vor kurzem fraglos Gültigkeit besaß, besteht in der Überzeugung, Arbeit sei, ganz gleich, worin sie auch bestehen mag, etwas Positives. Die überwältigende Akzeptanz, die dieser entleerte Begriff gefunden hat, ist erniedrigend. In einer Gesellschaft, in der jegliche Arbeit, ganz gleich, was sie hervorbringt, zum Beispiel gesundheitsschädliche Produkte der chemischen Industrie, als positiv gilt, wird auch die geleistete Arbeit die Entfremdung der Arbeiter von den Produktionsmitteln, von ihren Organisationsformen und von der Verteilung der Arbeit fördern; die Entfremdung der arbeitenden Menschen vom Gebrauch ihrer Produktivkräfte wächst immer noch. Genauso schädlich wie die Auffassung, jegliche Art von Arbeit sei an sich etwas Positives, ist die religiöse Angst, die ursprünglich zu dieser Arbeitsmoral gehört: die Angst vor der Sünde. Nach reformatorischem Verständnis war menschliche Arbeit das Gegenmittel gegen Müßiggang, der als Brutstätte der Sünde galt. Arbeit war notwendig, um den Versuchungen und weltlichen Freuden zu widerstehen und damit, so meinten die Reformatoren, das Heil sicherzustellen.

Wenn es Gottes vorrangige Forderung ist, daß wir gehorsam sein und diesen Gehorsam durch Arbeiten unter Beweis stellen sollen, dann ist Ungehorsam gegenüber dem Vater, dem Besitzer, dem Boß Sünde, denn hinter all diesen autoritären Gestalten steht »Er selbst«, Gott. Die praktischen Konsequenzen aus der im vorhergehenden Kapitel erörterten Auffassung von Gottes totalem Anderssein werden in der Sozial- und Arbeitsethik sichtbar. Der Ungehorsam, das Aufbegehren und der kritische Protest werden als chronische Symptome des Müßiggangs und damit der Sünde gebrandmarkt, während das, was den Schöpfer des Lebens wirklich beleidigt, nämlich das leere Funktionieren, die Geistlosigkeit und Teilnahmslosigkeit, ignoriert wird. Aufgrund ihrer besonderen Sozialisation werden Frauen noch mehr als Männer durch ein gesellschaftliches System in ihrer Würde verletzt, das funktionelle Passivität belohnt, aber den Willen zu Experiment und Erneuerung bestraft.

Heute ist die protestantische Arbeitsmoral zerfallen. Ihre Werte werden nicht mehr so umstandslos verinnerlicht, daß sie ohne weiteres an die nächste Generation weitergegeben werden könnten. Nicht wenige Söhne und Töchter fleißiger und disziplinierter Arbeiter machen ihren Eltern den Vorwurf, sie ließen sich von der Arbeit versklaven und seien unfähig, Sinn und Wert in irgendeinem anderen Bereich des Lebens zu finden. Ich halte es für ein Zeichen von Gesundheit, daß es heutzutage Menschen gibt, die sich bestimmten Arten von Berufsarbeit verweigern, weil sie die Überzeugung von der Positivität jeglicher Arbeit, zum Beispiel auch für die Waffenindustrie, nicht mehr teilen. Ihre Verweigerung trifft die protestantische Arbeitsmoral, deren Macht weit über den Bereich der Kirche hinaus früher von der bürgerlichen Religion gewährleistet wurde, mitten ins Herz. Früher war es der Pfarrer und in seinem Schatten Gott selbst, der die Fragen, ob ich meine Arbeit wirklich gern tue und ob sie das ist, was ich am besten kann, nicht aufkommen ließ. Die Stärkung des Systems der Lohnarbeit durch die Ideologie protestantischer Arbeitsmoral hat im Endeffekt einen verhängnisvollen Einfluß auf die arbeitenden Menschen ausgeübt. Arbeit wurde zur sinnlosen Pflicht, die fraglosen Gehorsam verlangte. Die Arbeiter waren dazu erzogen worden, keine Fragen zu stellen, die Arbeitsbedingungen nicht zu kritisieren, gegen Gesundheitsgefährdung und Arbeitsteilung nicht zu protestieren und dem Problem, was die Arbeit den arbeitenden Menschen antut, nicht auf den Grund zu gehen. Auf dem Eingangstor zum Konzentrationslager Auschwitz standen die Worte »Arbeit macht frei«, und dieser Zynismus ist im genannten militärisch-industriellen Komplex auch heute herrschend.

7

Zwischen Paradies und Fluch

Die industrielle Revolution des 19. Jahrhunderts hat zwar zu einigen Änderungen der protestantischen Arbeitsauffassung geführt, aber dadurch keineswegs mit der falschen protestantischen Ehrfurcht gegenüber der abstrakt verstandenen Arbeit gebrochen. Mit der Zerstörung der Agrarwirtschaft durch die Industrialisierung wurde Arbeit meßbar und ließ sich in Geld ausdrücken, der Produktionsprozeß unterlag mehr und mehr dem Konkurrenzprinzip, und der Erfolg wurde kontrollierbar. Das Gefühl erfüllter Arbeit, ein »Tagewerk« vollbracht zu haben, verschwand langsam. Es entstand vor allem in den Vereinigten Staaten eine säkularisierte Form protestantischer Arbeitsmoral, die den *Sinn* der Arbeit auf das bloße Machen im Sinn von »Geld machen« reduzierte. Die vorindustrielle Ethik verband mit dem Begriff Arbeit Vorstellungen wie Erfindungskraft, Beitrag zum Allgemeinwohl und auch die Möglichkeit der Selbstentfaltung, unabhängig vom finanziellen Ertrag. Die säkulare industrielle Ethik hat die Arbeit aller dieser Werte beraubt. Einen Arbeitsplatz zu haben bedeutete nun, einer gesellschaftlichen Klasse anzugehören und damit den Arbeitslosen moralisch überlegen zu sein.

So helfen die Rudimente der protestantischen Arbeitsmoral dabei, das zu zerstören, was in der gegenwärtigen Krise auf dem Arbeitsmarkt entscheidend wäre: die Solidarität zwischen den Beschäftigten und den Arbeitslosen. Kennzeichen einer entfremdeten Arbeitswelt ist das Fehlen von Solidarität. Arbeit wird zu einer Ware, die die einen besitzen und die anderen nicht. Die ausschließliche Reduzierung der Arbeit auf Gelderwerb hat die Bedeutung der anderen menschlichen Werte, die der Arbeit Sinn gaben, untergraben: schöpferische Kraft und Erfüllung, Zusammenarbeit mit anderen, Umgestaltung der Natur im Einklang mit ihr.

Marx war der Auffassung, daß die Entfremdung des Arbeiters von der Arbeit allen anderen Formen der Selbstentfremdung zugrunde liegt. Deshalb hat er die Entfremdung nicht einem allgemeinen ontologischen Unglück zugeschrieben oder den seelischen Stimmungsschwankungen, denen wir unterliegen, und auch nicht dem, was unsere Eltern uns angetan haben. Marx setzte zum Verständnis des Elends, mit dem wir uns herumschlagen, bei der Arbeit an und prüfte von daher die anderen Faktoren, die im Prozeß der Entfremdung eine Rolle spielen. Es ist tatsächlich ein entscheidender Unterschied, ob man vom kollektiven Schicksal einer ganzen Gesellschaftsklasse, einer Nation und Gemeinschaft ausgeht oder vom psychischen Schicksal des Individuums. Geht man vom Individuum aus, dann bleibt fast nichts anderes übrig, als das Opfer selbst für sein Schicksal verantwortlich zu machen – man muß dann dem betreffenden Menschen sagen, er oder sie solle sich gefälligst mehr anstrengen, weniger leiden und mit den eigenen Trieben und Wünschen effizienter umgehen lernen. Geht man aber von der Arbeit als dem Ursprung der Entfremdung aus oder von unserem kollektiven Schicksal, dann zeigt sich, daß die Lösung des Entfremdungsproblems in einer gemeinschaftlichen Anstrengung zur Änderung der Arbeitsbedingungen liegt.

Die ökonomische Analyse von Marx, die in seiner Entfremdungstheorie wurzelt, ist deshalb so wichtig, weil sie der Arbeit Priorität gegenüber dem Kapital einräumt, im Gegensatz zu allen liberalen Wirtschaftstheorien, die den Primat des Kapitals gegenüber der Arbeit betonen. Es gibt ja ganze wirtschaftswissenschaftliche Monographien ohne auch nur den entferntesten Hinweis auf die Arbeiter und auf das, was sie tun. Im kapitalistischen System bringt das Kapital nichts als Kapital hervor, und diesem

Endzweck ist der arbeitende Mensch untergeordnet. Für Marx hingegen verdient Arbeit unseren tiefsten Respekt. Wer sich tief in die Arbeit versenkt, der erfüllt nach Marx in höchstem Maße das Wesen des Menschen. Arbeit, Praxis und Selbsttätigkeit sind in den Frühschriften von Marx austauschbare Begriffe. Mit Arbeit im positiven Sinne meinte er selbstbestimmtes Handeln im Unterschied zum fremdbestimmten Handeln und zur Lohnsklaverei.

Der arbeitende Mensch führt das historische Projekt der Menschheit aus. Theologisch gesprochen ist Arbeit das lebendige Symbol für den unablässig weitergehenden Prozeß der Schöpfung. Entfremdung durch entfremdete Arbeit ist deshalb ein Angriff auf die Schöpfung selbst; Entfremdung verneint die Bestimmung des Menschen. Einem Menschen die Möglichkeit zu lebensnotwendiger und erfüllter Arbeit zu nehmen heißt, ihm seine Gottesebenbildlichkeit zu bestreiten. Menschen, denen man keine menschenwürdige Arbeit gibt, behandelt man als austauschbare Schräubchen im Räderwerk des Produktionsprozesses, die es nicht verdienen, am Schöpfungsprozeß, der in Arbeit, Praxis und Selbstbetätigung zur Entfaltung kommt, Anteil zu haben. Wenn wir aus der Praxis der Selbstverwirklichung, die wir »Arbeit« nennen, und der Hingabe, die wir »Liebe« nennen, eine Ware machen, so trennen wir uns vom Ursprung des Lebens.

Die Situation der Trennung des arbeitenden Menschen von seiner Arbeit, von seinen Arbeitskollegen und von dem geschichtlichen Projekt der Menschheit – das ist, was der christliche Glaube »Sünde« nennt. Alle sündigen Taten, an die wir zunächst denken, wenn wir von »Sünden« im Plural reden, folgen aus der grundlegenden Entfremdung vom Ursprung des Lebens, von Gott. Sünde hat, nach christlicher Auffassung, zwei Dimensionen, die in einer dialektischen Spannung zueinander stehen: Schicksal und Schuld. Wir sind in Sünde geboren – ein Schicksal, für das wir nicht persönlich verantwortlich sind. Aber wir sind auch schuldig, weil wir sündige Taten begehen. Als Opfer einer Situation, die uns von uns selbst entfremdet, machen wir andere zu Opfern und entfremden uns dadurch wiederum von uns selbst. Das christliche Verständnis von Sünde enthält diese Zirkelstruktur. Darum spricht Luther zum Beispiel vom »homo incurvatus in se ipsum« oder singt im Lied über die Sünde: »Ich fiel auch immer tiefer drein.«

Sünde im moralischen Sinn meint böse Taten, persönliche Verfehlungen und Schuld. Sünde im existentiellen Sinn meint Mangel an Vertrauen, Leere und die Unterwerfung unseres Lebens unter die Zufälligkeiten der vorgegebenen Lage. Wenn wir »Entfremdung« als einen modernen Ausdruck für Sünde gebrauchen, dann ist das nicht ein Versuch, uns von Schuld reinzuwaschen, sondern die Wechselbeziehung zwischen Schuld und Schicksal – und eben darin besteht Sünde – wieder in den Blick zu bekommen. Wir können uns aus der Sünde nicht einfach dadurch befreien, daß wir bessere Taten tun, sondern nur durch eine Änderung unserer eigentlichen Lebensziele, um ein neues Leben als Gottes Mit-Schöpfer zu führen. Im moralistischen Sinne besteht die Sünde des arbeitenden Menschen mehr oder weniger in Faulheit, mangelndem Eifer oder Interesse und ungenügender Leistung. Aber in einem existentiellen Sinne besteht Sünde in fremdbestimmter, erzwungener Arbeit, deren Resultat das Verfehlen der menschlichen Bestimmung zur Mitarbeit an der Schöpfung ist. Arbeit ist in unserer Gesellschaft unversöhnt mit der Schöpfung, und das Zerstörerische solcher entfremdeten Arbeit kann durch keine noch so gute Bezahlung aufgewogen werden. Das schmerzhafte Auseinanderklaffen zwischen der Realität des Arbeitsprozesses und dem menschlichen Projekt der Befreiung schreit nach Versöhnung, verlangt nach nichts weniger als nach einem grundlegenden sozialen Wandel. Wenn wir wirklich verstünden, was es bedeutet, uns als Sünder zu bekennen, dann müßten unsere Gebete nach einer sozialen Neuordnung des Arbeitslebens rufen, die uns mit dem menschlichen Projekt, Mit-Schöpfer zu sein und frei zu werden, versöhnte.

Die Entfremdung von unserem eigentlichen Sein als Arbeitende fördert die in den kapitalistischen Gesellschaften vorherrschende Stimmung der Ohnmacht. »Daran können wir doch nichts ändern« ist eine weitverbreitete Haltung angesichts der wirtschaftlichen Ungerechtigkeit und der Zerstörung der Schöpfung. Das ist die Haltung des Unglaubens, die Antwort des Menschen, der spirituell tot ist. Dieser spirituelle Tod ist unabhängig davon, ob jemand an Gott glaubt oder nicht. Statistiken zeigen, daß die Amerikaner in ungleich höherem Maße als die Europäer an Gott glauben. Aber dieser weitverbreitete Gottesglaube bleibt ohne jede Aussagekraft, verglichen mit dem allgegenwärtigen Ohnmachtsgefühl, das kennzeichnend ist für den Unglauben. »Daran können wir doch nichts ändern« – das ist die Stimme des praktischen Atheismus, der sich kombiniert mit einem theoretischen idealistischen Theismus.

Wir müssen uns dazu erziehen, Arbeiten mit Lust in Beziehung zu bringen statt mit Plackerei, Langeweile und Stumpfsinn. In der Schöpfungsgeschichte wird Adam in den Garten Eden gesetzt, »daß er ihn baute und bewahrte« (1. Mose 2,15). Die feministische Theologin Phyllis Trible[1] hat darauf hingewiesen, daß »bauen und bewahren« soviel bedeute wie »Lust gewähren«; der Paradiesgarten ist ja ein Ort des Entzückens. Ihn zu »bauen« bedeutet, ihn zu pflegen im Sinne von Ehrfurcht, Respekt und Demut; und den Garten zu »bewahren« heißt, ihn zu hegen und zu schützen. Bauen und bewahren, als die ersten biblischen Hinweise auf menschliche Arbeit und auf den »Erdling« als einen arbeitenden Menschen, kann und darf nicht als Ausbeutung und Raub verstanden werden, sondern als sorgsame Pflege.

Das im Hebräischen gebrauchte Wort für »arbeiten« *(abad)* kann zugleich »dienen« bedeuten. Mensch und Natur stehen sich in der Paradieserzählung nicht wie Subjekt und Objekt gegenüber; sie sind aufeinander bezogen. Jedenfalls ist Arbeit im Sinne des Ersten Buches Mose (2) kein Fluch, der die Menschen

1 Phyllis Trible: God and the Rhetoric of Sexuality, Philadelphia 1978 (Fortress Press), S. 85.

aufgrund des Sündenfalls trifft, sondern von Anfang an Ausdruck der menschlichen Bestimmung zur Befreiung, zu Würde und Integrität. Durch die Arbeit wandelt sich menschliches Leben von der Passivität zur Partizipation. In der christlichen Tradition ist dieses Verständnis von Arbeit aber nur allzu oft übersehen worden. Arbeit wurde bezeichnenderweise nur als Folge der Sünde verstanden: Die Orthodoxie neigt dazu, menschliche Arbeit als Fluch zu deuten; als etwas, das für unser Heil keine Rolle spielt; eine niedrige Tätigkeit verglichen mit den großen Taten des Schöpfergottes; ein fruchtloses Sichabmühen. Und die großen schöpferischen Taten Gottes wurden im Verlauf der Geschichte des Christentums oft dazu benutzt, um den Menschen zu demütigen und klein zu halten. Anstatt den Menschen die Würde der Arbeiterin zu verleihen, wurde die menschliche Arbeit oft als unzulänglich und fruchtlos hingestellt.

Lesen wir aber die Erzählung vom Paradies sorgfältiger, dann sehen wir, daß Arbeit hier als ein Wesenselement menschlichen Lebens aufgefaßt ist. Sogar das Wort »Paradies«, ein persisches Lehnwort mit der Bedeutung »umzäunter Obstgarten«, ist ein starkes Symbol für menschliche Arbeit. Mitten in diesen Garten hinein sind die Erdlinge geschaffen worden, um ihn als arbeitende Geschöpfe »zu bauen und zu bewahren« und auf diese Weise sich selbst am Leben zu erhalten. Arbeitend entäußern wir uns nicht nur unser selbst, sondern gleichzeitig schaffen und erhalten wir uns selbst.

Die biblische Schöpfungsgeschichte ruft in Erinnerung, daß Arbeit etwas Gutes ist, ja, daß es ohne Arbeit keinen Glauben an die Schöpfung geben kann. Wie Gott sechs Tage arbeitete und dann ruhte, so kommt auch der geschaffene Mensch in seiner mitschöpferischen Verantwortung erst durch Arbeit und Ruhe zur Erfüllung. Die wichtigste Institution des jüdischen religiösen Lebens, der Sabbat, feiert den Wechsel von Arbeit und Ruhe. Indem das Volk Israel den Sabbatfrieden hält und feiert, bejaht es das Gutsein der Arbeit als einen wesentlichen Teil der Schöpfung. Es widerspricht damit der Tradition von der Arbeit als Fluch und unablässiger Plackerei. Der jüdische Theologe Abraham Heschel[2] hat darauf hingewiesen, daß die Arbeit im Judentum nicht einfach als Schicksal des Menschen hingenommen wird, sondern mit göttlicher Würde ausgestattet ist. Er interpretiert den Sabbat, den Tag der Arbeitsruhe, nicht als Verachtung, sondern als Bejahung der Arbeit, als eine Heiligung ihrer Würde.

Das Christentum hat im Lauf seiner Geschichte sein Hauptaugenmerk auf die Arbeit als Fluch gerichtet, den Gott über die Erde, den Acker und die beiden ursprünglichen menschlichen Wesen verhängt hat. Nach dem biblischen Bericht ist Arbeit mit Mühe und Plage verbunden. Aber die Kluft zwischen menschlicher Anstrengung und Gelingen ist nicht in der Schöpfung angelegt. Diese Kluft war nicht von Gott gewollt, sondern folgt aus der menschlichen Sünde. Arbeit im Sinne der »Fluch-Tradition« ist etwas völlig anderes als die gute Tätigkeit des Bauens und Bewahrens und sagt nichts über die Würde des Mit-Schöpfer-Seins und die Verantwortung, die wir für das Gutsein der Schöpfung tragen. In der »Fluch-Tradition« ist Arbeit Strafe. Aber hat der ursprüngliche Ungehorsam von Adam und Eva wirklich alles Arbeiten im Sinne schöpferischer Partizipation zerstört, so daß wir gezwungen sind, die Arbeit als etwas ausschließlich Negatives zu sehen? Will uns die Bibel ausgerechnet das lehren?

Liest man die Erzählung in 1. Mose 3 als eine Herkunftserklärung der »Erbsünde« – ein Wort, das in der Geschichte vom Sündenfall gar nicht vorkommt –, so ist das in meinen Augen die allzu dogmatische Interpretation eines Mythos, der über unsere Entwicklung zu verantwortlichen Wesen spricht, die sich zwischen Gut und Böse zu entscheiden haben, statt im unschuldigen Zustand eines »träumenden Geistes«, wie Kierkegaard[3] das genannt hat, zu bleiben. Wenn ein Kind lernt, zu seinen

2 Abraham Joshua Heschel: Between God and Man. An Interpretation of Judaism, New York 1959 (The Free Press), S. 221.

3 Sören Kierkegaard: Der Begriff Angst (1844).

Eltern oder anderen Autoritäten »nein« zu sagen, dann ist das ein Zeichen der menschlichen Entwicklung dieser kleinen Persönlichkeit. Sie hat sich die Freiheit genommen, »nein« zu sagen. Das ist der einzige Weg, auf dem sie wirklich fähig wird, zu einem späteren Zeitpunkt »ja« zu sagen. Es gibt kein Ja ohne ein Nein.

Deshalb ist es irreführend, vom »Ungehorsam« Adams und Evas zu sprechen, so als ob sie hätten gehorsam bleiben können, indem sie es einfach abgelehnt hätten, die verbotene Frucht vom Baum der Erkenntnis zu essen. Wir sollten damit aufhören, diese Auseinandersetzung mit der Autorität des Vaters, dieses Durchschneiden der Nabelschnur, als »Sünde« zu betrachten. Die Geschichte vom Sündenfall ist in mancher Hinsicht eher die Geschichte des »Aufstiegs« menschlicher Entwicklung als unseres »Falls« in Schuld und Sünde. Der Mythos spiegelt die Schuld, die wir alle als Heranwachsende erfahren, wenn wir unsere eigenen Entscheidungen treffen und den gebietenden Vater, der seine Bäume für sich behalten will, ebenso verlassen wie den Schoß der Mutter und unser symbiotisches Dasein darin, symbolisiert durch die nährenden Ströme des Paradieses. Aber es führt kein Weg zum Erwachsenwerden, wenn man im Zustand des »träumenden Geistes« und in symbiotischer Verbindung zum mütterlichen Schoß bleibt.

Eine der bewegendsten Szenen in dem mittelhochdeutschen Epos »Parzival« von Wolfram von Eschenbach ist der Abschied des jungen Parzival von seiner Mutter Herzeloyde. Beharrlich hat sie versucht, ihn vom höfischen Leben fernzuhalten, sie hat ihn vor den Gefahren der Ritterschaft gewarnt, ihn in den Wäldern verborgen gehalten und ihn – eine zusätzliche Sicherheitsmaßnahme – in ein lächerlich wirkendes, närrisches Flickengewand gesteckt. Aber all ihre Bemühungen, ihn bei sich zu behalten, sind umsonst. Er verläßt sie, um Ritter zu werden, und Herzeloyde stirbt an gebrochenem Herzen. Erst später erfährt Parzival, daß seine Mutter aus Gram über seinen Abschied gestorben ist.

Diese mythische Erzählung handelt vom Sinn des Erwachsenwerdens. Es gibt keinen Weg zur Reife ohne den Bruch mit den Eltern, ohne daß man dem, der zurückbleibt, Schmerz bereitet, ohne Schuld. Es gibt keinen schmerz- und schuldlosen Weg, erwachsen zu werden – und genau davon spricht die biblische Geschichte vom Sündenfall. Moralisch besteht die Wahl, die wir zu treffen haben, nicht in der Entscheidung zwischen Gehorsam und Ungehorsam. Es gibt nur *eine* moralische Entscheidung, nämlich nicht zu gehorchen, vom »Baum der Erkenntnis« zu essen und danach die Härten des Lebens zu bestehen.

In diesem Sinn ist es eine moralische Entscheidung, der autoritären Stimme des Vatergottes zu widersprechen und Schuld auf sich zu nehmen, indem man das elterliche Haus verläßt und neue Wege einschlägt. Adam und Eva werden erwachsene Menschen, indem sie auf ihrem Entscheidungsrecht bestehen, und so erhalten Arbeit und Sexualität eine neue, weitere Bedeutung, obwohl beide schon mit der Schöpfung gegeben sind. Adam und Eva werden nun mit den Konsequenzen ihres Arbeitens und Liebens konfrontiert. Und weil sie durch ihren mutigen Schritt andere geworden sind, wird auch Gott, als Wesen der Beziehung, ein anderer. Aus dem Vatergott wird der Gefährte. Der biblische Mythos bezeugt diesen Wandel in Gottes Verhalten. Adam und Eva werden von Gott nicht zum Tode verurteilt (der in 1. Mose 2,17 angedrohten Strafe), Gott läßt sie auch nicht völlig im Stich. Trotz ihrer Verfehlung gegen das Gebot des Vatergottes steht Gott ihnen bei und macht ihnen Kleider (1. Mose 3,21). Gott überschreitet Gott, den fordernden Vater. Und es ist dieser gewandelte Gott, der Adam und Eva bei ihrem Auszug aus dem Paradies begleitet. Sie haben es gewagt, den Wächter des Gartens Eden zu verlassen, nun kommen sie mit einem neuen Gott in Berührung.

Die christliche Orthodoxie ist besessen vom Schrecken des Ungehorsams und fasziniert von einer Art von Gehorsam, die eine bestimmte Phase der Kindheit idealisiert. Lesen wir die Bibel in aufgeklärter Weise – ich beziehe mich hier auf das ausgezeichnete Buch »Ihr werdet sein wie Gott« von Erich Fromm[4] –, dann sind wir dazu aufgerufen, die Freiheit zu wählen statt den kindlichen Gehorsam, uns den Verwicklungen und Schwierigkeiten des Arbeitslebens und der Sexualität auszusetzen, statt beides nur in kindlicher Spielerei zu simulieren, die Konfliktbewältigung über das Harmoniestreben zu stellen und uns in die Welt zu wagen trotz unserer großen Sehnsucht, zu Hause zu bleiben und nicht erwachsen werden zu müssen. Wenn wir ja sagen zu unserem Erwachsensein und uns selbst – nicht nur Adam und Eva – ansehen als Menschen, die von der verbotenen Frucht gegessen haben, dann können wir uns unsere Sexualität und unser Arbeitsvermögen zu eigen machen in ihren vielfältigen und oft widerspruchsvollen Dimensionen, statt beides einfach nur als Fluch zu betrachten. Wir müssen uns beiden Überlieferungen, die in den Geschichten vom Paradies und vom Fluch symbolisiert sind, stellen. Der Fluch auf Arbeit und Sexualität verdeckt uns die Erinnerung an den Garten guter Liebe, guter Arbeit. Es hilft uns nicht, wenn wir den Bereich innerhalb des Gartens als eine Welt des Gehorsams ansehen und die feindliche Wildnis außerhalb des Gartens als die Welt des Ungehorsams fürchten. Diese orthodoxe Auffassung ist reaktionär, nicht nur, weil sie unser wirkliches Leben als erwachsene arbeitende und liebende Menschen der Fluch-Tradition unterstellt, sondern auch, weil sie regressive Träume von einer Rückkehr in den Mutterschoß und in den behüteten Garten nährt. Allzu oft hat das Christentum eine Weltauffassung vertreten, die einerseits durch die Verfluchung unserer Arbeit und unserer Sexualität geprägt war und andererseits durch das Versprechen einer Flucht; es hat den ewig illusionären Traum übermittelt, sich davonzustehlen, nach Hause zu laufen und niemals erwachsen zu werden.

Ein Neuverständnis der beiden biblischen Traditionen, vom Garten und von der Wildnis, kann uns zu einer Synthese führen,

4 Erich Fromm: Ihr werdet sein wie Gott. Eine radikale Interpretation des Alten Testaments und seiner Tradition, Stuttgart 1982 (Deutsche Verlags-Anstalt).

die besser ist als das Schema von Gehorsam und Ungehorsam, das lediglich die autoritäre Auffassung vom Verhältnis zwischen Gott und Mensch verstärkt. Wie sollen wir unser Leben führen, wenn der verhängte Fluch all unser Arbeiten und Lieben mit dem Leichentuch der Vergeblichkeit bedeckt? Wie können wir die Erinnerung an das Paradies und die Vision eines ganz anderen Daseins wachhalten, nicht als museales Fragment vergangener Metaphysik, sondern als Lebenskraft, die zur Gestaltung unserer Zukunft beiträgt? Unser Geschaffensein bejahen wir, wenn wir uns an das Leben im Garten Eden erinnern; das befähigt uns zu Arbeit und Liebe, indem wir für die Verwirklichung unseres ältesten gemeinsamen Traumes kämpfen unter den Bedingungen der Verfluchung, die sich ständig erneuern. Die Traditionen vom Paradies und vom Fluch verlieren ihren Sinn, wenn wir sie voneinander trennen. Hängen wir dem Bild vom Paradies an, ohne die Realität des Fluchs zu erkennen, so führt das zu einer nostalgischen, sentimentalen Sehnsucht nach der Kindheit. Blicken wir allein dem Fluch ins Auge, ohne Erinnerung an die Verheißung des Paradieses, so dient das der Legitimation der bestehenden Verhältnisse. Dann setzt sich der Fluch in seinen säkularisierten Formen fort, und die herrschenden Mächte erlassen weiterhin ihre Gebote: »Make war – not love!« Du sollst deinen Nächsten nicht lieben, sondern bekriegen; du sollst nicht für das Allgemeinwohl arbeiten, sondern dich in sinnlosen Tätigkeiten verschleißen.

Das Symbol des Gartens, der Oase, der Fruchtbäume nährt die Vision guter, das heißt fruchtbarer, erfreulicher, nützlicher Arbeit. Es ist eine Irrlehre, den Sündenfall als absolute Verderbnis des Menschen und seiner Möglichkeiten zu humaner Arbeit und Sexualität anzusehen. Vielleicht ist es eine spezifisch protestantische Irrlehre, den Sündenfall als vollständige und endgültige Zerstörung alles Guten im Menschen und in der gesamten Schöpfung aufzufassen. Die Geschichte vom Sündenfall will den Menschen als gebrochenes, aber nicht gänzlich verdorbenes Wesen darstellen. Unsere Fähigkeit, zu lieben und zu arbeiten, ist durch den Sündenfall nicht total vernichtet worden. Die Schöpfung geht weiter, auch heute noch. Adam und Eva haben im Garten Eden eine Phase ihrer Existenz hinter sich gelassen; sie haben aber nicht die Schöpfung zunichte gemacht.

Als Theologen sind wir gewohnt, Gottes Schöpfertaten von menschlicher Tätigkeit zu unterscheiden. Wir sehen die Beziehung nicht, die zwischen Gott und dem Arbeiter besteht, vermittelt durch Arbeit. Als junge Theologiestudentin hatte ich ein ganz anderes Verständnis von Gottes Schöpfung. Es war mir damals unmöglich, mich als Gottes Mit-Schöpferin zu verstehen oder als Gottes Partnerin. Die Beziehung zwischen Gott und dem arbeitenden Menschen kam mir gar nicht ins Bewußtsein. Diese Blindheit verdankte ich vermutlich der bürgerlichen Weltanschauung, wonach Arbeit wesentlich mit Geld zu tun hat, nicht aber mit Schöpfung. Was uns bezeichnenderweise zuerst einfällt, wenn wir an Arbeit denken, ist Geld. Das Ausmaß, in dem uns die bürgerliche Herkunft und Erziehung geprägt hat, gerade in der Kultur des Glaubens, ist immens; die Kleinbürgerin in mir selbst setzt mich immer wieder in Erstaunen! Dieser Bourgeois in mir hat mich lange Zeit daran gehindert, Arbeit und Schöpfung in meinem eigenen Leben miteinander in Verbindung zu bringen. Mein Nachdenken über die Schöpfung war rein ästhetisch, ohne Bezug auf meine Arbeit und mein Leben; und die bürgerliche Theologie beschäftigt sich mit dem Thema Arbeit im wesentlichen unter den Gesichtspunkten von Fluch und Mühsal. Eine alternative Theologie der Arbeit wird von der säkularen Ideologie sabotiert, die den Wert der Arbeit auf den puren Gelderwerb reduziert.

Ein Grundcharakteristikum bürgerlicher Gesellschaften ist die Trennung zwischen dem privaten und dem öffentlichen Bereich. Obwohl die Arbeitswelt zum öffentlichen Leben gehört, gilt doch der Verkauf der eigenen Arbeitskraft als Privatsache; ebenso ist die Beschaffung billiger Arbeitskräfte das Privatproblem des Unternehmers. Die Bezahlung wird ebenfalls per Privatvertrag zwischen zwei scheinbar gleichen Partnern geregelt, obwohl doch der eine als Eigentümer der Produktionsmittel dem anderen absolut überlegen ist. Nachdem in der frühbürgerlichen Epoche Arbeit und kommunales Gesamtinteresse auseinanderbrachen, wurde die Arbeit in zunehmendem Maße ihres Sinnes entleert. Wir haben den arbeitenden Menschen seiner Würde beraubt. Was die Arbeiterin tut, bewerten wir nach der Höhe des Lohnes, den sie für erbrachte Leistungen erhält. Wir sprechen von der Freiheit des arbeitenden Menschen, aber diese Freiheit endet an den Fabriktoren. Der Liberalismus verabscheut die Diktatur als Regierungsform, der Neoliberalismus toleriert sie am Arbeitsplatz. So können die multinationalen Konzerne aus Gründen der Kostenminimierung ganze Belegschaften von mehreren tausend Leuten entlassen, ohne auch nur Rücksprache mit den Menschen zu nehmen, deren Leben durch solche diktatorischen Entscheidungen alle seine Wurzeln verliert. Das nennen wir »freies Unternehmertum«.

Ich will ein Beispiel des Kampfes geben, den Arbeiter gegen die Macht der Konzerne führen. Die »Western International Conference on Economic Dislocation« hat im Februar 1982 in Los Angeles zum Problem der Betriebsstillegung beziehungsweise Betriebsverlagerung wie folgt Stellung genommen: »Hier haben wir ein klassisches Beispiel für den Vorrang, den die Profitinteressen gegenüber dem Leben der Menschen haben. Es kommt vor, daß ein Betrieb zwar Gewinne erzielt, diese aber den Aktionären nicht groß genug sind. Dann wird dieser Betrieb unter Ausnutzung von Steuervorteilen stillgelegt, das Inventar wird meistbietend verkauft, die Gesellschafter investieren in einen anderen Marktbereich oder verlegen den Betrieb in ein Gebiet, wo die Arbeiter nicht gewerkschaftlich organisiert und die Löhne entsprechend niedrig sind. Oder die Produktion wird in solche Länder der Dritten Welt verlagert, von denen man sicher sein kann, daß es keine Unruhen gibt, das heißt, wo jede Bestrebung zur Organisation der Arbeiter oder zur Gründung von Gewerkschaften sofort unterdrückt wird.« Auf der ganzen Welt werden immer mehr Arbeiter zu Opfern von Management-Entscheidungen, an denen sie keinen Anteil haben und deren Auswirkungen früher oder später in Arbeitslosigkeit, Ausbeutung und Verarmung gipfeln.

Ganz im Gegensatz dazu findet man in vielen Befreiungsbewegungen unserer Tage ein positives Verständnis des arbeitenden Menschen und der Arbeit als gemeinsames schöpferisches Handeln in Solidarität. Christian Workers Fellowship in Sri Lanka hat beispielsweise eine Arbeiter-Messe entwickelt, deren Liturgie von einer alternativen Theologie der Arbeit getragen ist. Ihr erster Teil, während dessen die traditionelle Öllampe entzündet wird und die Menschen singen, heißt »Bewußtwerden«:

Verbrenne unsere Willfährigkeit zur Anpassung
an die bequemen Maßstäbe von Gut und Böse,
die den einen auf Kosten des andern Profit machen lassen.
Erleichtere die Last auf unserem Gewissen,
stärke unsere Willenskraft.

Der zweite Teil dieser Liturgie ist ein Sündenbekenntnis, das sich »Selbstkritik« nennt. Darin heißt es:

Brüder, laßt uns beim Namen nennen
alles, was unsere Einheit zerstört
und unsere Brüderlichkeit untergräbt:
unsere Zustimmung
zur Ausbeutung des Menschen durch Menschen,
unsere Duldsamkeit
gegenüber sozialer Unterdrückung aller Art,
unser Nichtaufbegehren gegen die Diskriminierung
von Rassen, Kasten, Klassen und Glaubenshaltungen.
Rufen wir uns ins Gedächtnis,
wo wir einander im Stich gelassen haben
und der Wahrheit über uns selbst
aus dem Wege gegangen sind.

Befreiungstheologie wird heute vor allem durch neue Liturgien fortentwickelt, die aus dem Kampf der Arbeitenden um eine neue Identität stammen. Neue liturgische Formen entstehen aus ihrem Kampf für Gerechtigkeit. Der Kampf selbst geht um die Überwindung von Unterdrückung, aber auch gegen repressive Züge traditioneller Religion, die der Identität der arbeitenden Menschen keinen Raum gibt.

Wir haben jetzt in der Geschichte des Christentums einen Punkt erreicht, wo wir im Lichte der befreienden Kraft des Evangeliums unsere theologischen Aussagen ganz neu formulieren müssen: in bezug auf das Wesen des Menschen, seine Sexualität und Arbeit, und auf die Bewahrung der Schöpfung. Dafür hat uns die Befreiungstheologie ein sehr wichtiges hermeneutisches Mittel zur Verfügung gestellt, nämlich die Unterscheidung zwischen repressiven und befreienden Traditionen im Christentum. Nur in dem Maße, wie wir die repressiven und die befreienden Merkmale christlicher Lehre aufspüren und kritisch prüfen lernen, werden wir fähig, doktrinäre und autoritäre Bibelauslegung hinter uns zu lassen. Ich befinde mich hier in heftigstem Konflikt mit fundamentalistischen Christen, die verbissen die Unfehlbarkeit der Heiligen Schrift verteidigen, ohne die Unterscheidung von repressiven und befreienden Traditionen zu berücksichtigen, die für die biblische Lehre von der Arbeit so lebenswichtig ist.

Es ist die »Fluch-Tradition«, in der Arbeit als Strafe für den Sündenfall angesehen wird, die ich zu den repressiven Traditionen des Christentums zähle: »Verflucht sei der Acker um deinetwillen, mit Kummer sollst du dich darauf nähren dein Leben lang. Dornen und Disteln soll er dir tragen …« (1. Mose 3,17f.). Dieser Text lehrt uns, daß die Natur vor dem Sündenfall die Menschen freigebig an ihrem Überfluß teilhaben ließ. Dornen und Disteln symbolisieren die Feindschaft, die zwischen Mensch und Natur als Folge des Sündenfalls entstand. So erhielt die Arbeit, obwohl sie aus Überlebensgründen notwendig ist, die Bedeutung von Gottes Strafe für die menschliche Sünde, unter Ausschluß aller Vorstellungen von Arbeit als Freude, Kreativität und menschlicher Erfüllung. So zahlreich aber auch die Beispiele repressiver biblischer Traditionen sein mögen, die Bilder für das, was ich Befreiungstraditionen nenne, sind ebenso reichlich vorhanden, und in ihnen wird die Arbeit nicht bloß als Mittel zum Überleben in einer feindlichen Umwelt dargestellt, sondern als Ausdruck unserer Gottesebenbildlichkeit.

Das vielleicht schönste und sprechendste Bild für ein befreiendes Verständnis des menschlichen Auftrags ist das vom Weinberg und den Winzern, das oft in der Bibel vorkommt, zum Beispiel Micha (4,4) und Jesaja (5,1 ff.). Es ist kein Zufall, daß das Bild des Weinbergs, das das Ethos gemeinsamer menschlicher Arbeit beschwört (nur gemeinsam kann man den Weinberg bebauen), auch als Beziehungsmetapher gebraucht wird, besonders für die Bindung zwischen dem Liebenden und der Geliebten. Beispielsweise beginnt das Hohelied mit dem verlockenden Lied eines jungen Mädchens, das zur »Hüterin der Weinberge« gemacht wurde. Die Arbeit, die sie zu tun hat, wird mit dem Liebesspiel in Zusammenhang gebracht; ihre poetische Sprache ist voll von erotischen Anspielungen. »Meinen eigenen Weinberg habe ich nicht behütet«, so ruft sie aus, denn in ihrem Geliebten sieht sie den Hüter ihres Weinbergs (Hoheslied 1,6). Sie bittet den Geliebten, mit ihr in die Felder zu gehen, »daß wir früh aufstehen zu den Weinbergen, daß wir sehen, ob der Weinstock sprosse und seine Blüten aufgehen, ob die Granatbäume blühen; da will ich dir meine Liebe geben« (Hoheslied 7,12).

Das Bild des Weinbergs steht im Hohenlied für Erotik, Lust und Liebesspiel. Aber dieses Bild spielt in der Bibel auch eine Rolle als Symbol des Friedens in der Treubeziehung zwischen Israel und Gott (Jesaja 5,1) oder als Symbol für wirtschaftliche Gerechtigkeit beim Ausblick in die Zeit, wo die Weinbauern die Früchte ihrer Arbeit genießen werden und die Unterdrücker vertrieben sein werden (Jeremia 31,5; Jesaja 27,2 und 55,1). Das Bild des Weinbergs hat im Grunde drei Dimensionen, die uns den Zugang zu einer humanen und befreienden Theologie der Arbeit eröffnen. Diese drei Dimensionen sind: Selbstausdruck, soziale Beziehungshaftigkeit und Versöhnung mit der Natur durch Arbeit. Im Ebenbild Gottes geschaffen zu sein heißt, in diese Grunddimensionen menschlicher Existenz hineinzuwachsen und zu reifen, durch Arbeit und Liebe zu Mit-Schöpfern zu werden.

8
Arbeit als Selbstausdruck

In der Fabrikgesellschaft wird Arbeit mit Lohnarbeit gleichgesetzt und bewertet. Können wir diesen zerstörten, entleerten Begriff in der neuen Informationsgesellschaft, in der die Fabriken ohne Menschen sein werden, überwinden und ein anderes Verständnis von Arbeit und von uns selbst als arbeitenden Menschen gewinnen?

Die folgenden Kapitel gehen vom utopischen Potential des christlichen Glaubens aus. Was gibt es da an produktiven Vorstellungen und Bildern über die menschliche Arbeit? In welchem Sinn kann die Tradition uns helfen? Und kann ein Zurückgreifen auf die prämoderne Welt uns in der neuen Situation am Ende der Erwerbsarbeit, die ja von der Moderne definiert worden ist, helfen? Zumindest könnte dieses Nachdenken über Subsistenzwirtschaft uns einen neuen Horizont – jenseits der Verkrümmung auf Lohn und Erwerb – eröffnen.

Auf der Suche nach einer Theologie der Arbeit bin ich auf eine Stelle in Ernesto Cardenals »Evangelium der Bauern von Solentiname« gestoßen. Die Bauern haben sich bei ihrem Gottesdienst über den Johannesprolog unterhalten und den Vers »Alle Dinge sind durch das Wort gemacht, und ohne das Wort ist nichts gemacht, was gemacht ist« (Johannes 1,3) miteinander gedeutet. Antidio meint:

»... die Bibel sagt, Gott habe die Welt durch sein Wort geschaffen: den Himmel, die Erde, das Wasser, die Tiere. Schaffen und sprechen ist das gleiche. Schaffen ist eine Art, sich anderen mitzuteilen. Wenn man etwas schafft, gibt man etwas von sich zu erkennen, zum Beispiel, wenn man ein Gedicht schreibt oder ein Lied komponiert oder wenn hier die Maler von Solentiname wie Oscar oder Eduardo ein Bild malen, oder wenn der Schreiner einen Tisch macht: Jeder Arbeiter gibt sich durch seine Arbeit, durch das, was er geschaffen hat, zu erkennen. Und als Gott das Licht und die Sterne, den Himmel und die Erde schuf, drückte er sich selbst aus, er teilte sich mit.

Ich sage: – Das griechische Wort, das die Bibel für ›Schöpfung‹ benutzt, ist *Poem* oder *Gedicht.* Denn Schöpfung und Poesie sind in Wirklichkeit das gleiche. Die Welt ist das Gedicht Gottes. Gott sagte: ›Es werde Licht‹, und es wurde Licht, und genauso alles andere, denn Gott schuf alles durch sein Wort. Sein Wort wurde Wirklichkeit. Die Poesie Gottes ist die Wirklichkeit.

Antidio fährt fort: – Und man schafft immer das, was man braucht, das heißt, man schafft das Gute. Und die Wirklichkeit, die Gott schuf, war gut. Er sah, daß alles gut war. Das Böse dagegen ist die Zerstörung des Geschaffenen.

Alejandro: – Der Arbeiter ist das Ebenbild Gottes, und alles, was er schafft, ist gut und bereichert den Menschen.

Ich sage: – Darin liegt die Größe des Arbeiters. Alle Dinge, die wir haben, wurden zuerst von Gott und dann von den Arbeitern gemacht.«[1]

Von diesem Text habe ich vor allem gelernt, herauszukommen aus unserem entfremdeten Reden über Gott. Wir lassen es zu, daß immer noch feudale und bürgerliche Vorstellungen mitschwingen, wenn wir von Gott reden. Wir trennen Gott wesentlich von uns, wie einen Herrn von seinen Knechten, wie einen König von seinen Untertanen und wie einen Unternehmer von »seinen« Arbeitern. Theologisch spiegelt sich diese Trennung in der überzogenen Trennung von Schöpfer und Geschöpf. Die Größe und Schönheit der Schöpfung wird in der traditionellen Auslegung als etwas Fremdes dargestellt, das wir anbetend bewundern dürfen.

1 Das Evangelium der Bauern von Solentiname, aufgezeichnet von Ernesto Cardenal, Wuppertal 1980 (Peter Hammer Verlag), S. 15f.

Ganz anders die Fischer und Campesinos in Solentiname. Das erste, was ihnen zu der Schöpfung, von der der Johannesprolog spricht, einfällt, ist Arbeit. Sie reden aus einem tiefen Respekt von dem, was menschliche Arbeit wirklich bedeutet, was Arbeit für die Menschen ist, die sie ausführen. Die Größe der Arbeiter ist es, an der Schöpfung teilzunehmen und diese Schöpfung weiter fortzusetzen. Arbeiten ist eine Art, Ebenbild Gottes zu werden. Alejandro, einer der Gesprächsteilnehmer, sagt in diesem Zusammenhang: »Gott schuf die Materie durch sein Wort, aber es gibt gewisse Menschen, die Feinde der Materie sind und sie durch ihre Ungerechtigkeit zerstören. Jetzt verstehe ich das Gedicht besser, das Ernesto uns gestern abend vorgelesen hat, dieses Gedicht über die Sterne, in dem gesagt wird, alle Materie bewege sich durch das Gesetz der Anziehungskraft, das das Gesetz der Liebe selbst ist. Ich sage, dieses soziale System ist gegen die Wirklichkeit. Und darum wollen die Ausbeuter nicht, daß wir die soziale Wirklichkeit sehen. Es sind die Feinde der Wirklichkeit, die Jesus nicht aufnehmen.«[2] Das soziale System, unter dem wir leben, ist im Konflikt mit der Realität selber, weil die Wirklichkeit allen Menschen ein schöpferisches Dasein gewähren will.

Vor Jahren hatte ich ein Gespräch mit dem Lehrer meiner jüngsten Tochter, die damals die erste Klasse einer ausgezeichneten Schule in Manhattan besuchte. Ihre Fortschritte in der Schule waren mir zu langsam, und ich war unzufrieden darüber, daß man ihr, obwohl sie schon sechs Jahre alt war, noch nicht einmal Lesen und Schreiben beigebracht hatte. Deshalb suchte ich den Lehrer auf und fragte, wann denn die Kinder endlich anfangen würden zu arbeiten. »Arbeiten!« entgegnete er mir spöttisch. »Was meinen Sie damit? Sie sprechen von Arbeiten und haben keine Ahnung, was hier vor sich geht! Sehen Sie denn nicht, wie schwer diese Kinder arbeiten? Sie bauen eine ganze Stadt mit ihren Bauklötzen!« Mit dieser Antwort, die mich für Jahre nach-

2 Ebd., S. 17.

denklich machen sollte, schickte er mich nach Hause. Was er gesagt hatte, veränderte mein Bewußtsein. Ich fing an, meine kurzsichtige, an Leistung und Produkt orientierte Perspektive aufzugeben und zu einem menschlichen Verständnis von Arbeit zu gelangen. Durch das kleine Erlebnis angestoßen und zu Recht beschämt, entdeckte ich langsam den Sinn der Arbeit in ihren drei wesentlichen Dimensionen, die ich auch im Nachdenken der Bauern von Solentiname über Schöpfung und Arbeit wiederfinde. Ich nenne diese Dimensionen: Selbstausdruck des Menschen, soziale Beziehungshaftigkeit und Versöhnung mit der Natur.

Diese drei Dimensionen menschlicher Arbeit haben eine materielle und eine spirituelle Bedeutung; nur allzu leicht übersehen wir das spirituelle Moment! Als ich den jungen Lehrer nach den Fortschritten meiner Tochter fragte, stellte ich mein Verständnis von Arbeit als spirituell verarmt bloß. Was ich hier in den folgenden Kapiteln versuche, ist, den Menschen aus Fleisch und Blut als Arbeiterin ernst zu nehmen, die durch ihre Arbeit Gottes Ebenbild sichtbar macht. Ernst F. Schumacher, der Verfasser von »Small is beautiful« (1974), von dem ich sehr viel für ein christliches Verständnis von Arbeit gelernt habe, macht einmal darauf aufmerksam, daß die Frage, was die Arbeit dem Arbeiter antut, kaum je gestellt werde.[3] Das stimmt. Und es stimmte ganz gewiß für mich als Mutter einer Sechsjährigen. Damals hatte ich mir keine Gedanken darüber gemacht, was Arbeit dem arbeitenden Menschen antut, schon gar nicht, was sie einem Kind tut. Dabei ist diese Frage, wie sich die Arbeit auf den Arbeitenden auswirkt, eine der zentralen Fragen. Vergessen wir, sie zu stellen, dann reduzieren wir menschliche Arbeit auf einen einzigen Zweck, nämlich notwendige und nützliche Güter und Dienstleistungen hervorzubringen – als ob das ohne Berücksichtigung des Urhebers dieser Produkte, ohne die subjektive Seite des Prozesses, ohne

3 Vgl. Ernst F. Schumacher: Good Work, New York 1979 (Harper & Row), S. 3; dt.: Das Ende unserer Epoche, übersetzt von Karl A. Klewer, Reinbek bei Hamburg 1980 (Rowohlt Verlag).

die Arbeiterin, möglich wäre. Wir machen die Arbeit zum Mittel für anderes. Die biblische Schöpfungsgeschichte lehrt aber, ebenso wie andere religiöse Traditionen und Weisheiten, daß zweckvolle produktive Aktivität mit dem menschlichen Streben nach Vervollkommnung zusammenhängt. Das Arbeiten befähigt uns, wie Schumacher betont, unsere Begabungen zu gebrauchen und sie dabei zu vervollkommnen. Wir wachsen an unserer Arbeit, mit unserer Arbeit. Dieser Gedanke gibt dem arbeitenden Menschen (auch dem sechsjährigen!) seine Würde zurück und weist auf das Streben nach Vollkommenheit und Kreativität hin, das für menschliches zielgerichtetes Handeln konstitutiv ist. Verstehen wir das Leben als Schule, in der wir uns üben, mehr aus uns zu machen, als wir jetzt sind, dann wird Arbeiten zu kreativer Praxis.

Sinnvolle Arbeit eröffnet die Chance, unsere Fähigkeiten zu nutzen und weiterzuentwickeln. Nach Schumacher müssen wir endlich lernen, sinnlose, langweilige, verdummende und nervtötende Arbeiten, die uns zu Schräubchen einer Maschine oder zu Knechten eines Systems machen, abzulehnen. Es ist außerordentlich wichtig, daß wir lernen, uns unbefriedigenden, stumpfsinnigen und nervenaufreibenden Tätigkeiten zu verweigern. Arbeiten sollte unser Leben mit Freude füllen – das ist unabdingbar für unsere Entwicklung zu einer ganzheitlichen Person. Thomas von Aquin hat gesagt, ohne Freude an der Arbeit gebe es keine Lebensfreude.

Als Gegenteil solcher Freude gilt in der mittelalterlichen Philosophie die Trägheit, die *acedia*; Trägheit ist hier in einem existentiellen Sinne gemeint als Depressivität, Lustlosigkeit, Antriebsschwäche, Kränklichkeit. Die *acedia* war für die Mönche und Nonnen in den mittelalterlichen Klöstern ein verbreitetes schweres Problem, sie galt als Zeichen der »Traurigkeit der Seele«, die ohne Freude und Lebensenergie verkümmert. Wer bei seiner Arbeit niemals Lebensfreude erfährt, der kann nicht zu einer alle Kräfte und Fähigkeiten ausbildenden, ganzheitlichen Person reifen.

Wir dürfen uns nicht mit weniger zufriedengeben als mit einer Arbeit, die gut für die Arbeitenden ist. Denn wir brauchen nicht nur die Produkte, sondern die Arbeit selbst, um uns zu entwikkeln und »Vollkommenheit der Seele« zu erreichen; das ist nicht ein bloßer idealistischer Anspruch, sondern im Sinne der Bergpredigt reale Möglichkeit des Menschen: »Ihr sollt vollkommen sein, gleichwie euer Vater im Himmel vollkommen ist« (Matthäus 5,48).

Arbeit ist nicht nur ein Mittel, in einer feindlichen Umwelt zu überleben. Sie ist Leben, Ausdruck dessen, was es bedeutet, ein Mensch zu sein, nämlich ein schöpferisches Wesen. Wie Antidio sagt: Der Arbeiter »gibt sich durch seine Arbeit ... zu erkennen«. Er teilt sich mit durch sein Schaffen. In guter Arbeit drückt sich die Arbeiterin selbst aus, so daß sie erkennbar wird. Das kann natürlich nur dort gelingen, wo möglichst alle unsere Fähigkeiten und Kräfte am schöpferischen Prozeß beteiligt sind, wo wir uns also selber lernend entwickeln und nicht einige unserer Organe unentwickelt verkümmern lassen. Wo Menschen es lernen, sich in ihrer Tätigkeit auszudrücken, sich in ihren Möglichkeiten zu verwirklichen, da muß die rigide Trennung von Kopf- und Handarbeit als zerstörerisch fallen. Und da muß ebenfalls die diktierte Trennung von Männer- und Frauenarbeit fallen, weil sie uns die Möglichkeit von vielfältigem und komplexem Selbstausdruck reglementiert und vorenthält.

Alles das, was wir mit einem widerlichen Ausdruck »Hobby« nennen, könnte der wachsenden Selbstverwirklichung von Menschen dienen und auch ihre sozialen Beziehungen reicher definieren. Von Hobby zu reden setzt allerdings die ungebrochene Herrschaft des Lohnarbeitsdenkens voraus; alles, was nicht bezahlt wird, wird zum Hobby, das absolut narzißtisch, der Steigerung des Lustgefühls dienend, betrachtet wird. Vor kurzem habe ich ein junges Mädchen getroffen, das einmal in der Woche einer alten blinden Frau vorlas; es war verwirrt und zu Recht beleidigt, als jemand diese ihre Arbeit als »ihr ganz persönliches Hobby« beschrieb.

Es mag allzu idealistisch – im trivialen, nichtphilosophischen Sinn des Wortes – klingen, wenn ich Arbeit hier als Selbstausdruck des sich verwirklichenden Menschen zu beschreiben versuche. Aber gerade die idealistische Philosophie hat eine utopische Theorie der Arbeit entwickelt, die von der optimistischen Kreativitätsmasche kommerzieller Freizeitgestalter weit entfernt ist. Der entscheidende Punkt in Hegels Analyse ist die Negativität, die Entfremdung, das Lästige, Schwere, Ungeliebte, Anstrengende an der Arbeit. In der Arbeit gehe ich von mir weg, entäußere ich mich selber, entfremde ich mich von mir. Als Kulturarbeiterin muß ich zum Beispiel langweilige, dumme, oft von wirklichen Fragen mit großem Wissenschaftsgestus ablenkende Bücher lesen. Ich muß mich durch sie hindurchfressen, und es ist in der Tat entfremdete Arbeit. Ich werde zu einer Lesemaschine.

Das Produktive an Hegels Analyse von Herr und Knecht in der »Phänomenologie des Geistes« ist seine Bewertung dieser Negativität, dieser Entfremdung. Er zeigt auf, wie der arbeitende Knecht durch den Umgang mit der Materie, durch den Prozeß der Entäußerung, in der der Knecht sich abarbeitet, stärker, erfahrener, selbstbewußter wird. Weil er – in der Arbeit – von sich selber weggegangen ist, kommt er als ein anderer, ein Neuer zurück. Er hat sich in der Härte der Arbeit selber verloren, aber er findet sich wieder. Er gibt sich in das, was er tut, hinein, aber er bekommt sich – anders, stärker – zurück.

Diese Hegelsche Beschreibung hat mich, als ich sie zum erstenmal las, ungemein fasziniert, weil sie mir etwas klarmachte, was ich, als Frau an einer deutschen Universität der fünfziger Jahre studierend, gerade erlebte. Ich fühlte mich wie der Knecht bei Hegel, der sich den Launen und der Willkür des Lehnsherrn unterwerfen muß. Das Curriculum war erzwungen und weithin sinnlos; die Methoden waren auf Komplikation statt auf Vereinfachung und Klärung ausgerichtet; viele Professoren waren didaktisch absolut unfähig und bildeten sich auch noch etwas darauf ein; Frauen waren prinzipiell unerwünscht, und jede das

Gegebene überschreitende Fragestellung wurde als »unwissenschaftlich« abgeschnitten.

In dieser objektiven Situation sagte Hegel zu mir, daß der Knecht, und erst recht die Magd, stärker ist als der Herr; daß Herrschaft, die durch Krieg und Unterwerfung des Schwächeren entstanden ist, keinen Bestand hat; daß Arbeit, nicht Gewalt die Humanisierung der Menschen erreicht. Der Knecht, nicht der Krieger, der Arbeiter, nicht der Soldat symbolisiert die Hoffnungen der Menschheit. Ich begriff die Notwendigkeit von Entfremdung oder Vermittlung. Ich hatte das Glück der Erfahrung schöpferischer Arbeit nach der langen Nacht der dummen Bücher schon gemacht. Ich verstand auch, daß diese Art von Arbeit ein Klassenprivileg war. Ich hatte gelernt, mich entäußern zu können, und gewann mich zurück.

Ich kenne auch heute schöpferische Erfahrungen der Arbeit. Sie konstituieren neben Erfahrungen von Liebe mein Lebensglück. Darin bin ich extrem bevorteilt. Das Leuchten auf dem Gesicht eines jungen Menschen, dem etwas für sein Leben Wichtiges aufgeht, ist eine schöne Belohnung für eine Lehrerin. Jede, die mit jungen Menschen umgeht, macht diese schöpferische Erfahrung gelegentlich. Solche Arbeit ist sinnvoll. Unterprivilegiert sein heißt, eine Arbeit tun zu müssen, die keinen Sinn hergibt, die keine Möglichkeit bietet, sich selber auszudrücken, in der »ich« gar nicht vorkomme, in der ich selber jederzeit austauschbar bin.

In der gegenwärtigen Gesellschaftsordnung ist meine Situation ein Privileg weniger, das zudem durch die Maschinenförmigkeit des Alltags immer mehr schwindet. In einer neuen Gesellschaft, von der wir konkrete Träume haben, ist es so, daß alle mehr aus der Arbeit herauskriegen als mehr oder weniger hohes Lohnentgelt. Das Verhältnis des Menschen zur Arbeit ändert sich dann. Noch aber sind die meisten Formen der Arbeit äußerst unbefriedigend, langweilig und sinnlos. Schumacher spricht von »mechanischer, künstlicher und unnatürlicher Arbeit, die nur den kleinsten Teil der menschlichen Kreativkräfte in Anspruch nimmt und damit die große Mehrheit der Arbeiter zu einer Lebensweise verurteilt, der jede wirkliche Herausforderung fehlt; ohne Chance und Antrieb zur Entwicklung und Vervollkommnung einer eigenständigen Persönlichkeit, ohne die Elemente von Schönheit, Wahrheit und Güte«[4].

Wo finden wir diese Elemente in unserer Arbeit? Wo taucht am Arbeitsplatz »Schönheit« auf? Wo drücken wir Wahrheit aus? Wie realisieren wir in der Arbeit ein Keimen der Güte? Das wichtigste Hindernis ist die Arbeitsteilung. Schumacher zitiert einen Zeitgenossen von Marx, der die Arbeitsteilung »Mord am Volke« genannt hat, weil sie ein direkter Angriff auf die Elemente von Schönheit, Wahrheit und Güte in der Arbeit ist. Alle extremen Formen der Arbeitsteilung zerstören unsere schöpferischen Möglichkeiten, indem sie diese nur zu einem geringen Teil zur Verwirklichung gelangen lassen. Was Arbeit im besten Sinne für den Arbeiter bedeutet, läßt sich am Beispiel der künstlerischen Tätigkeit ablesen. Wirklich gute Arbeit enthält eine künstlerische Komponente, was übrigens von vielen naturwissenschaftlichen Forschern immer wieder bestätigt worden ist. Die Kunst setzt, wie jede gute Arbeit, unsere Einbildungskraft frei und läßt uns Menschen werden, indem wir unsere schöpferischen Kräfte benutzen, um etwas zu erfinden, eine ungewöhnliche Problemlösung zu sehen oder eine neue Art der Organisation einer Arbeit auszuprobieren. Es gibt genug Alltagserfahrungen in Haus, Werkstatt oder Garten, die diese Qualität guter Arbeit bereithalten. In diesem Sinn ist der Arbeiter-Künstler, der wir alle sind, Mitarbeiter Gottes. Wir erleben dann unser Tätigsein, unsere Aktivität, unsere Praxis als Lust und Beglückung. Die Kunst bewegt den Geist und erheitert die Sinne – und genau das tut auch gute Arbeit.

Die Vision von Selbstausdruck und Erfüllung durch Arbeit ist nicht bloß ein utopischer Traum von Menschen, die unter dem Fluch sinnloser Plackerei leiden. Eine Theologie der Arbeit kann es sich gar nicht leisten, auf das visionäre oder prophetische Ele-

4 Ebd., S. 27.

ment zu verzichten. »Ein Volk ohne Vision geht zugrunde« (Sprüche Salomos 29,18). Wenn es zwei Traditionen, eine repressive und eine befreiende, im Christentum gibt, dann hat die Theologie eine doppelte Aufgabe: Sie muß die repressive Tradition der Arbeit als Fluch aufdecken, demaskieren und kritisieren, und sie muß die wahre Bedeutung menschlicher Arbeit und die Identität ihres Agenten, des arbeitenden Menschen, an den Tag bringen. Gute, unentfremdete Arbeit ist ein menschliches Grundbedürfnis. Bedeutet Arbeit nur freudloses, leeres, phantasieloses Funktionieren, dann zerstört sie das Wesen des Menschen und macht krank, abhängig und unglücklich. Wenn unser Arbeitsleben von der Fluch-Tradition geprägt ist, dann müssen wir uns daran erinnern lassen, daß sinnerfülltes Arbeiten ein menschliches Urbedürfnis ist und somit ein Recht der Menschen. Wir müssen uns selbst als Mit-Schöpfer verstehen, die konstruktive und beglükkende Arbeit brauchen, durch die wir herausgefordert werden, die in uns schlummernden kreativen Fähigkeiten zu entwickeln.

Verstehen wir Arbeit im positiven Sinn als menschliches Grundbedürfnis – und nicht als Fluch oder Pflicht –, dann steckt darin immer auch ein Wissen von der Ganzheit, die jedoch durch die Arbeitsteilung, die wir von Jugend an erfahren, bedroht und gefährdet ist. Das moderne Erziehungssystem bringt bekanntlich eine Vielzahl von Spezialisten hervor, die, wie man so sagt, »immer mehr von immer weniger verstehen«. Aus dieser geistigen und seelischen Unterentwicklung resultiert die Unfähigkeit des Menschen, Selbständigkeit zu entwickeln und sich kritisch mit der herrschenden Gesellschaftsordnung auseinanderzusetzen. Die Entpolitisierung der Gesellschaft ist eine der schwerwiegenden Folgen unerfüllter Arbeit, die keinerlei Selbstausdruck gestattet. Die Leute sind so sehr daran gewöhnt, ihre intellektuellen, emotionalen und praktischen Fähigkeiten nur zum allergeringsten Teil zu nutzen, daß sie sich gar nicht kennen. Was nicht zum Ausdruck kommt, ist nicht und wächst nicht. Erhalten die Menschen dann einmal Gelegenheit, diese eingeschliffenen Grenzen zu überschreiten, dann versagen sie oft.

Ein historisches Beispiel dafür ist die Arbeiterselbstverwaltung in Jugoslawien, die seit 1949 zunächst versuchsweise in einigen größeren Betrieben eingeführt wurde und später in allen Bereichen des wirtschaftlichen, sozialen, politischen und kulturellen Lebens die Regel wurde.[5] Jeder jugoslawische Bürger war als Arbeiter Mitglied einer selbstverwalteten Arbeitsorganisation. Ein junger Physiker, den ich in den USA traf, erzählte mir, wie er zwei Jahre lang in der Selbstverwaltung seiner Universität tätig war. Seine Gruppe hatte bei einem festen Budget die Löhne aller Betriebsangehörigen, von der Putzfrau bis zum Präsidenten, festzusetzen. Interessenvertreter aller Gruppen waren beteiligt. Der Staat sollte eingreifen, wenn sie sich innerhalb von zwei Jahren nicht einigen konnten. Die Anteilhabe aller Arbeitenden an Entscheidungen führte in Jugoslawien zunächst zu unvorstellbaren Schwierigkeiten. Schadenfroh beobachteten die kapitalistischen Länder das langwierige, kostspielige und oft fehlschlagende Experiment, in dem die Arbeiter ihre Betriebe in relativer Unabhängigkeit, obwohl unter einem wirtschaftlichen Rahmenplan, selbst verwalteten. Das neue System der Demokratie am Arbeitsplatz, der Mitbestimmung, ja der Selbstbestimmung versank zunächst in Mißmanagement, Korruption und roten Zahlen. Es schien fast unmöglich, das ökonomische Ziel der Produktionssteigerung mit dem sozialen Ziel einer Wiederherstellung der Menschenwürde der Arbeitenden durch Selbstverwaltung in Einklang zu bringen.

Ernst F. Schumacher hat einmal[6] treffend zusammengefaßt, wie die aufbegehrende junge Generation in der Fabrikgesellschaft die Arbeitswelt empfindet und welche Hoffnungen auf sinnvolle Arbeit sie hegt: »Ich will mich dem Zwang zum Karrieremachen nicht unterwerfen, will mich nicht versklaven lassen durch Maschinen, Bürokraten, Langeweile und Gemeinheit. Ich will nicht verblöden, indem ich zum Roboter und Arbeitstier werde ...

5 Vgl. Peter Gey: »Jugoslawiens Selbstverwaltung – besser als ihr Ruf«, in: D. Grohmann und H. Pawlowski: Arbeit – mehr als Kapital, Wuppertal 1983 (Publik Forum Buch).

6 Schumacher, Good Work, a.a.O., S. 50.

Mit Menschen will ich es zu tun haben, nicht mit Masken. Auf die Menschen kommt es an, auf die Natur, auf Schönheit, auf Ganzheit. Ich will fähig werden zur Anteilnahme.« In diesen Sätzen kommt, glaube ich, das aktuelle Lebensgefühl sehr vieler Menschen zum Ausdruck. Sinnlose Arbeit soll zugunsten eines ganzheitlichen Arbeitsverständnisses überwunden werden; das Absterben menschlicher Kreativität, das wir in der gegenwärtigen Industriegesellschaft erleben, soll aufgehalten und verhindert werden.

Wir finden verwandte Tendenzen in den Werken utopischer Sozialisten wie Fourier, Proudhon, Weitling und anderer, die vor Marx und vor dem wissenschaftlichen Sozialismus die Vision einer anderen Gesellschaft entwickelten, in der es keine ungerechtfertigte und erzwungene Arbeitsteilung mehr gibt und wo Herrschaft von Menschen über Menschen, wie sie sich in der Hierarchie der Arbeitswelt ausdrückt, abgeschafft oder relativiert wird. Diese Frühsozialisten haben darüber nachgedacht, wie Menschen in einer mehrdimensionalen und wechselnden Arbeit Erfüllung finden können.

Ein Versuch in Richtung sinnerfüllter Arbeit für alle ist auch die Bewegung des Catholic Worker, einer katholischen anarchistisch-pazifistischen Bewegung, die während der großen Depression in New York entstand.[7] Für die Leute vom Catholic Worker ist Arbeit eine freiwillige Gabe statt einer käuflichen und verkäuflichen Ware. Peter Maurin (1877–1949), ein philosophischer Autodidakt, gründete zusammen mit Dorothy Day (1897–1980) die Bewegung mit ihren Suppenküchen für die Ärmsten, ihren Gastfreundschaftshäusern für Obdachlose und ihren Landkommunen für Beschäftigungslose. Peter Maurin, der von Dorothy Day »Genie, Heiliger, Agitator, Schriftsteller, Prediger, armer und schäbiger Landstreicher: alles in einem« genannt wurde, erträumte in seinen »Easy Essays« eine Gesell-

7 Dorothee Sölle: Mystik und Widerstand, Hamburg 1997 (Hoffmann und Campe), S. 309–316.

schaft, die sich auf Glauben und freiwillige Armut statt auf Habgier gründet.[8] Er trat für eine »grüne Revolution« ein, durch die die Arbeitslosen zu selbständigen Landarbeitern werden sollten, und zog aufgrund seiner Verwurzelung in der personalistischen Philosophie des traditionellen Katholizismus gegen die entmenschlichenden Auswirkungen der Industriearbeit zu Felde:

Carlyle sagt:
»Wer seine Arbeit gefunden hat,
suche kein anderes Glück.«
Aber Fabrikarbeiter
können am Fließband
nicht glücklich werden.
Wie schon Charles Devas sagt:
»Da die große Mehrheit
nur mechanische Handgriffe ausführen muß,
die wenig Nachdenken
und keine Originalität erfordern
und Objekten gelten,
an denen die Arbeiter
weder vor noch nach der Bearbeitung
Anteil haben,
finden sie an ihrer Arbeit keine Freude.«
Eric Gill sagt:
»Die Idee der Arbeit
ist von der Idee der Kunst getrennt worden.
Die Idee des Nützlichen
ist von der Idee des Schönen getrennt worden.
Der Künstler, das heißt
der verantwortlich Schaffende,
ist von allen anderen Arbeitern getrennt worden.

8 Vgl. Marc H. Ellis: Peter Maurin, Prophet in the Twentieth Century, New York/Toronto 1981 (Paulist Press).

Der Fabrikarbeiter
trägt keine Verantwortung für das, was er produziert.
Er ist in einem untermenschlichen Zustand
geistiger Unverantwortlichkeit versetzt.
Der Industrialismus hat den Künstler
von der Notwendigkeit befreit,
irgend etwas Nützliches zu tun.
Der Industrialismus hat den Arbeiter
davon befreit, irgend etwas Erfreuliches zu tun.«

Peter Maurin und Dorothy Day haben sich bei der Entwicklung ihrer radikal anderen Philosophie der Arbeit auf die christlichen Traditionen eines einfachen Lebens, der gottesdienstlichen Gemeinschaft und der Gewaltfreiheit berufen. Sie bestanden darauf, daß »Arbeit und Denken miteinander zusammenhängen und daß Denken keine Ware, sondern eine spirituelle Fähigkeit ist«. Den arbeitenden Massen das Denken zu verweigern ist ein Verbrechen an ihren Seelen. Jeder Arbeiter sollte in seiner Arbeit eine Beziehung zum »Denken« entwickeln, jede Arbeiterin sollte »Denken« lernen. Bei ihren Zusammenkünften am Freitagabend brachten die Catholic Workers die verschiedenen Arbeiter in Kontakt: solche, die Gebrauchsgüter produzieren, Erziehungsarbeiter und Kulturarbeiter (zu denen ich mich zählen würde). Der Gedankenaustausch hieß »clarification of thought« und war ein zentrales Moment in der Erziehungsarbeit, weil dabei auch die sozialen Rollen und die Arbeitsteilung in Frage gestellt wurden. Sinnlose oder gar menschenfeindliche Arbeit – wie zum Beispiel in der Rüstungsindustrie – wurde in ihrer destruktiven, die Seele und das Denken der so Arbeitenden vernichtenden Qualität erkannt. Es ging darum, innerhalb der profitorientierten Gesellschaft frei zu bleiben von dem, was sinnlose oder verbrecherische Arbeit dem Arbeitenden antut.

Nah verwandt zu Gandhi und von ihm beeinflußt, hielten diese katholischen Anarchisten daran fest, daß die Mittel, die wir einsetzen, um zu leben, also die Arbeit, dem Ziel des Lebens, der gewalt- und herrschaftsfreien Beziehung zu Gott und dem Nächsten, entsprechen müssen, schon jetzt. Es ist eine illusorische Hoffnung, zu glauben, daß wir jetzt in der falschen Arbeit falsch leben können, um später oder außerhalb des Bereichs Arbeit frei zu werden. Der berühmte Satz von Gandhi »Es gibt keinen Weg zum Frieden, der Frieden ist der Weg« läßt sich auch auf die gewaltfreie, das Subjekt ausdrückende »gute« Arbeit beziehen. Es gibt keinen Weg zur guten Arbeit, die gute Arbeit ist der Weg.

Lebt man in einer profitorientierten Gesellschaft, dann neigt man dazu, die Arbeit als etwas Wertneutrales zu betrachten; was zählt, ist ja nur der Zweck, sind nicht die Mittel. Der Endzweck heißt Geld, also denken die Menschen nur an Geld und arbeiten dafür, mehr davon zu bekommen. Diesem Endzweck dient alles, und die Mittel zu seiner Erreichung werden immer unwichtiger. Dieses Gedankensystem ist ein Zerrbild, das die menschliche Arbeit zerstört. Wenn es keine Rolle mehr spielt, welche Mittel wir arbeitend gebrauchen, was und wie wir produzieren, dann verlieren wir die Beziehung zu uns selber, zueinander und zur Natur. Daß die Mittel nicht ohne Einfluß auf die Zwecke sind, gehört zu den unabdingbaren Grundsätzen gewaltfreien Denkens. Das gilt auch im Arbeitsleben. Arbeit im höchsten Sinne trägt ihren Zweck in sich selbst und darf nicht nur als Mittel zur Erreichung von irgend etwas anderem verstanden werden.

Wenn wir die Frage, was die Arbeit dem Arbeiter antut, verdrängen, dann werden wir notgedrungen die Arbeit nur nach ihrem Tauschwert beurteilen und damit auf die Selbstverwirklichung des arbeitenden Menschen verzichten, als sei dies ein allzu utopisches Ziel. Der christliche Glaube kann sich solche Verzichte nicht erlauben, er kann nicht von der Würde der Person abstrahieren – oder sie nur in der arbeitsfreien Zeit gestatten.

Eines der wichtigsten Dokumente unserer Zeit für ein theologisches Verständnis der menschlichen Arbeit ist die Enzyklika »Laborem exercens« von Papst Johannes Paul II. aus dem Jahre 1981. Von ihren wesentlichen Aussagen ist viel zu lernen, gerade für eine Theologie der Befreiung, und auch, obwohl die moralische Glaubwürdigkeit des Textes unter dem offen zutage liegenden Sexismus ihres polnischen Autors leidet. Es ist nicht zu übersehen, daß die Enzyklika noch immer den Menschen mit dem Mann verwechselt, die Arbeit fast durchgängig im Sinne männlicher Arbeitskraft deutet und die soziale Rolle der Frau auf die Familie begrenzt. Dennoch denke ich, daß die Anthropologie, die hier entfaltet wird, in einem klaren Widerspruch steht zu dem starren Konservativismus, an den der Papst sich gebunden fühlt; die sich in der Arbeit schöpferisch verwirklichende Person wird letzten Endes auch die globale Unterdrückung der Frau weder übersehen noch rechtfertigen können.

Ausgehend von der philosophischen Tradition des christlichen Personalismus, wie sie durch Denker wie Jacques Maritain, Emmanuel Mounier und Nikolai Berdjajew repräsentiert wird, überträgt Johannes Paul die Grundlagen eines christlichen Verständnisses der menschlichen Person auf den Bereich der Arbeit. Der Papst betont die Subjektseite des arbeitenden Menschen, die in seinem Geschaffensein nach dem Bilde Gottes gründet, und das wird zum Ausgangspunkt seiner Kritik sowohl des Kapitalismus als auch des Staatssozialismus; beide Systeme zerstören die Würde der Arbeiterin und ihrer Arbeit. Die menschliche Subjektivität ist hier gesehen als der Ort der Anwesenheit Gottes. Darin liegt der tiefste Grund für die Hauptthese der Enzyklika von der Priorität der Arbeit gegenüber dem Kapital. Die lebendige menschliche Arbeit hat einen ontologischen Vorrang vor dem toten angehäuften Kapital.

Oswald von Nell-Breuning spricht in seinem Kommentar zu »Laborem exercens« über das Verhältnis von der Arbeit zum Kapital unter der Fragestellung, wer Subjekt, bestimmender Herr, und wer abhängiges Objekt sei.[9] Er sagt: »Nennen wir die bestehende Subjektstellung des Kapitals und Objektrolle der Arbeit

9 Johannes Paul II.: Über die menschliche Arbeit. Mit einem Kommentar von Oswald von Nell-Breuning SJ, Freiburg 1981 (Herder-Verlag). Dieser deutschen Ausgabe von »Laborem exercens« sind auch die folgenden Zitate der Enzyklika entnommen.

›Kapitalismus‹ und die zu verwirklichende Subjektstellung der Arbeit und Objektrolle des Kapitals ›Laborismus‹, dann bedeutet die Aussage der Enzyklika eine in dieser Eindeutigkeit bisher nicht vorliegende Option für den ›Laborismus‹; daran ist nichts zu deuteln oder zu drehen.«

Eine der Stärken dieser Enzyklika liegt in ihrer Betonung der menschlichen Würde auch unter entwürdigenden Bedingungen. Der Mensch bleibt Subjekt, trotz entfremdeter Arbeit, und wird niemals völlig zum Objekt. Weil der Arbeiter nach Gottes Bild geschaffen ist, kann er sein Personsein nicht gänzlich verlieren. Selbstausdruck, Verantwortung und Kreativität gehören unverlierbar zum geschaffenen Menschen. Wir sollten über diesen Aspekt von »Laborem exercens« im Lichte der polnischen Arbeiterbewegung der achtziger Jahre und des Kampfes der Gewerkschaft Solidarność gegen den Staatssozialismus nachdenken. Das Prinzip »Priorität der Arbeit gegenüber dem Kapital« bezieht sich sowohl auf den Staatssozialismus als auch auf den fortgeschrittenen Kapitalismus und liefert das Rüstzeug für eine grundsätzliche Kritik beider Systeme. Der Marxismus wird philosophisch kritisiert, insofern er den Menschen nur als ein Ensemble sozialer Beziehungen und Kräfte definiert, ohne die Kraft der Subjekte und ihres Personseins zu berücksichtigen, die eine bloß positivistische Sicht der menschlichen Geschichte transzendiert. Es ist falsch, den Menschen nur durch die Produktivkräfte und die durch sie bestimmten sozialen Verhältnisse zu definieren. Eine solche Definition vergißt, daß Gott in der gegenwärtigen Geschichte erlösend und befreiend wirkt und Menschen zum Kampf gegen die Mächte befähigt, die die Menschheit unterdrükken und verletzen.

Die Enzyklika des Papstes setzt bei der Person des Menschen an: »Nach Gottes Bild und Gleichnis inmitten des sichtbaren Universums geschaffen und dorthin gestellt, damit er die Erde sich untertan mache, ist der Mensch daher seit dem Anfang zur Arbeit berufen.« Die theologische Grundlage liegt also darin, daß der Mensch als Arbeiter und Arbeiterin verstanden wird. Gott schuf die Menschen, damit sie Schöpfer seien und ihre Menschlichkeit durch Arbeit verwirklichten. In der Arbeit tritt das Wesen des Menschen zutage, hier kommt die Person zu sich selbst und wird zu der, als die sie gemeint ist. Arbeitend entdecken wir, wer wir sind, übernehmen Verantwortung für uns und für andere und legen die Grundlagen für unsere eigene Zukunft und die der Gesellschaft.

Die Enzyklika macht eine sehr hilfreiche Unterscheidung zwischen dem subjektiven und dem objektiven Sinn der Arbeit. Der objektive Sinn bezieht sich auf das Produkt der Arbeit; gemeint sind nicht nur die von den Arbeitern produzierten Güter, sondern auch die Maschinen und Techniken der Produktion. Die Technik sollte, nach den Worten des Papstes, unsere Verbündete sein: »Sie erleichtert ... die Arbeit, vervollkommnet, beschleunigt und vervielfältigt sie. Sie begünstigt die quantitative Mehrung der Arbeitsprodukte und bei vielen auch die Verbesserung ihrer Qualität. Doch ist es auch eine Tatsache, daß sich die Technik in manchen Fällen aus einer Verbündeten fast in eine Gegnerin des Menschen verwandeln kann, wie etwa dann, wenn die Mechanisierung der Arbeit den Menschen verdrängt und ihn jeder persönlichen Befriedigung und des Ansporns zu Kreativität und Verantwortung beraubt, wenn sie viele Arbeitnehmer um ihre Beschäftigung bringt oder durch die Verherrlichung der Maschine den Menschen zu deren Sklaven macht.« Der objektive Sinn der Arbeit hat so gesehen seine eigene Dialektik: Entweder ist er dem Menschen verbündet oder ihm feindlich.

Da aber Arbeit niemals einfach objektiv verstanden werden kann, untersucht das päpstliche Dokument, was die Arbeit dem Arbeiter antut. Der Papst spricht vom »Evangelium der Arbeit«, das allein schon in der Tatsache begründet liegt, »daß derjenige, der Gott war, uns jedoch in allem gleich geworden ist, den größten Teil seiner irdischen Lebensjahre der körperlichen Arbeit in der Werkstatt eines Zimmermannes gewidmet hat«. Während die Antike körperliche Arbeit als unwürdig für freie Menschen ansah und sich dafür ein Heer von Sklaven hielt, brachte das

Christentum »eine grundlegende Umwälzung solcher Anschauungen«. Dadurch, daß der in Jesus fleischgewordene Gott ein Arbeiter wurde, ist unser Verhältnis von Arbeit endgültig von der Fluchtradition befreit worden. Die neue Würde des arbeitenden Menschen erscheint in diesem »Evangelium der Arbeit«.

Die Enzyklika erklärt, »daß die Grundlage zur Bewertung menschlicher Arbeit nicht in erster Linie die Art der geleisteten Arbeit ist, sondern die Tatsache, daß der, der sie verrichtet, Person ist. Die Würde der Arbeit wurzelt zutiefst nicht in ihrer objektiven, sondern in ihrer subjektiven Dimension.« Die Unterscheidung zwischen Arbeit im subjektiven und Arbeit im objektiven Sinne ist weder wertfrei noch einfach beschreibend. Sie legt vielmehr die Priorität auf das, was die Arbeit dem arbeitenden Menschen antut, gegenüber dem, was durch seine Arbeit produziert wird. Verantwortung und Selbstausdruck sind wichtiger und wertvoller als die produzierten Waren.

Aus dieser Neubewertung des subjektiven Sinnes der Arbeit gegenüber ihren objektiven Zwecken folgt das Prinzip der Priorität der Arbeit gegenüber dem Kapital. Beide Prinzipien – der Vorrang der subjektiven vor der objektiven Seite und der Vorrang der Arbeit vor dem Kapital – bedingen einander wechselseitig. In einer kapitalistischen Gesellschaft wird Arbeit nur unter ihrem objektiven Aspekt betrachtet (so wie ich die »Arbeit« meiner Tochter in der Grundschulklasse betrachtet hatte!). Der arbeitende Mensch wird als Objekt behandelt, und deshalb erfährt er sich selbst auch als bloßes Objekt des Produktionsprozesses. Die Arbeiter verlieren das Gefühl dafür, daß sie selbständig handelnde Subjekte sind. Das Kapital gewinnt Priorität über ein menschenwürdiges Leben. Gerechtigkeit würde bedeuten, daß das Kapital gegenüber der Arbeit nur eine dienende Funktion hat.

Als Menschen haben wir ein unabweisliches Bedürfnis nach Selbstausdruck; Arbeit im subjektiven Sinne ist eine Art, dieses Bedürfnis zu stillen. Der christliche Glaube verhält sich gegenüber den menschlichen Grundbedürfnissen nicht neutral, deshalb haben die Christen für die Arbeit als Selbstausdruck des arbeitenden Menschen einzutreten. Wenn wir sagen, daß Gott in der gegenwärtigen Geschichte erlösend handelt, dann ist das eine Aussage des Glaubens an das menschliche Projekt, wie es vom Ursprung allen Lebens gewollt ist, auch wenn die objektiven Bedingungen hoffnungslos erscheinen. Wenn wir auf Gott als den Ursprung unserer kokreativen Kräfte als Arbeiter setzen, so können wir über den gesellschaftlichen Determinismus hinauskommen. Zwischen Gott und dem Anspruch auf absolute menschliche Würde besteht eine unauflösliche Wechselbeziehung.

9

Arbeit und sozialer Bezug

Das zweite Wesenselement guter Arbeit betrifft ihre gesellschaftliche Dimension. Arbeit ist eine Tätigkeit, die das Individuum in Beziehung zur Gesellschaft bringt; sie bestimmt die Art und Weise, wie die Menschen in Sozialität verbunden sind. Wir leben in wechselseitiger Abhängigkeit durch die Arbeit, die wir alle leisten. Es gibt eine kooperative Daseinsfürsorge, die das Leben auch unter ungünstigen Bedingungen möglich macht. In der Arbeit beziehen wir uns aufeinander. In gewissem Sinn ist alle Arbeit Mit-Arbeit, auch die Arbeit, die wir als Vor-Arbeit, nämlich als zeitliche und sachliche Vorsorge, leisten. Der Arbeitslose verliert mit der Arbeit den Draht zu den anderen, er oder sie fühlt sich vom Leben abgeschnitten. Das gleiche gilt von den Nur-Hausfrauen, die sich sozial isoliert fühlen, weil ihre Arbeit in der Kleinfamilie ohne soziale Dimension ist.

Arbeit schafft Gemeinschaft. Sie gibt – immer als gelingende – den Arbeitenden einen Stolz, zu einer bestimmten Arbeitsgruppe zu gehören, respektiert zu werden. Wir erfahren, daß wir etwas tun, das von anderen gebraucht wird. Gebraucht zu werden ist nach den primären Bedürfnissen, die auf Nahrung, Unterkunft, Wärme und Sexualität gehen, ein zentrales humanes Bedürfnis. In gelungener Arbeit wird dieses Bedürfnis gestillt. Wir werden »befriedigt«, und in diesem Sinn ist humane Arbeit eine soziopsychologische Vorbedingung des Friedens. Je abstrakter und sinnloser die Arbeit aber ist, um so schwieriger ist es, diese positiven Grunderfahrungen zu vermitteln. Wenn zum Beispiel Frauen in der elektronischen Industrie damit beschäftigt sind, kleine Spulen zu drehen, ohne zu ahnen, wie diese Spulen in der Rüstungs- und Waffenindustrie weiterverwandt werden, so ist das ein horrendes, aber keineswegs untypisches Beispiel für die Zerstörung der gesellschaftlichen Dimension der Arbeit. (Möglicherweise ist das heute schon durch die Automatisierung der Produktion überholt, nicht aber die technologiebeherrschte Auffassung menschlicher Arbeit, die solche Formen der Barbarei erlaubt.) Die arbeitenden Frauen wissen nicht, daß sie Teilchen einer mörderischen Großmaschinerie von Rüstungsprodukten, Waffenexport und Stellvertreterkriegen sind. Sie, die oft für ihre Kinder arbeiten, wissen nicht, daß die Frucht ihrer Arbeit dazu dient, andere Kinder vor den Augen ihrer Eltern zu Tode zu foltern. Die Fragen, woher die Arbeit kommt und wohin sie geht, werden ausgeklammert. Die Würde der Arbeitenden ist in solcher Unwissenheit mit Füßen getreten. Die Arbeit, die von Gott aus gesehen dazu da ist, daß wir uns selber mitteilen und daß wir uns aufeinander beziehen, wird degradiert zum Mittel für Lohn.

Gute Arbeit ist durch die Bezogenheit aufeinander charakterisiert. Sogar die Arbeit des Künstlers oder Wissenschaftlers, die man für eine einsame Tätigkeit zu halten geneigt ist, wird von der Gesellschaft bedingt, motiviert und gebraucht. Kunst und Wissenschaft gewinnen an Qualität, wenn die Kulturarbeiter den kommunalen Auftrag anerkennen. Ich halte nichts von der Verherrlichung des solipsistischen Künstlers, der nur der inneren Inspiration folgt. Ein Künstler, der sich dem Leben anderer verbunden weiß, wird in seiner Arbeit die Anstöße der Umgebung aufnehmen und bearbeiten. Der ästhetische Gedanke des »l'art pour l'art« hat historisch nur in bestimmten Perioden eine gewisse Produktivität gehabt. Sogar die gesellschaftliche Bezogenheit eines zurückgezogen lebenden Künstlers reicht viel tiefer, als die Ideologen auch des extremen »l'art pour l'artiste« meinen. Wir brauchen dringend Kulturarbeiter, die sich der sozialen Bezogenheit bewußt sind, die wissen, für wen sie malen oder schreiben, und auf die ihre Gesellschaften zählen können.

Lautete die erste notwendige Frage: Was tut die Arbeit dem Arbeiter an?, so muß die zweite Frage sein: Was tut die Arbeit der Gemeinschaft, dem Kollektiv an? Welche Beziehung stellt das Arbeiten zwischen dem arbeitenden Individuum und der Gemeinschaft her? Wie die erste, so erfordert auch diese Frage eine gleichzeitig materialistische und spirituelle Antwort. Materialistisch muß unsere Antwort sein, insofern es dabei um Dinge geht wie Arbeitslohn, Arbeitsorganisation, gesellschaftliche Zielsetzungen und Nutzen für die Gemeinschaft. Aber diese technologischen, sozialen und politischen Aspekte müssen unter der Überzeugung betrachtet werden, daß Arbeit gegenüber dem Kapital Priorität hat und daß es auf die Menschen ankommt. Deshalb muß unsere Antwort gleichzeitig spiritueller Art sein.

Wenn wir fragen, wie sich Arbeit auf den arbeitenden Menschen und seine Gemeinschaft auswirkt, stellen wir mehr als nur eine technische Frage, die ihre Antwort in der Entwicklung besserer, modernerer und effizienterer Produktionsmittel fände. Durch Arbeit treten wir zu anderen Menschen in Beziehung; in der Arbeit sollte deshalb dieser Bezugscharakter unseres Daseins Ausdruck finden. Wenn wir an der Schöpfung Anteil haben und Gott in unserer Arbeit nachahmen, dann ist unser Schaffen ebenfalls ein Zeichen unserer Bezogenheit auf andere und unserer Gemeinsamkeit. Arbeit, die wirklich dem entspricht, wer wir sind, läßt uns teilhaben an Gottes Schöpfungsarbeit und bringt uns in einen kontinuierlichen Prozeß des gegenseitigen Gebens und Nehmens, Lehrens und Lernens, der charakteristisch ist für alle gute Arbeit. Aber das Arbeitsleben in den westlichen Industriegesellschaften verursacht vor allem Konkurrenzkampf statt Gemeinsamkeit; die Arbeit ist, zumal wenn sie von der Dritten technologischen Revolution bedroht und erübrigt wird, der Ort des Gegeneinanders, nicht des Miteinanders.

Eine der wiederkehrenden Klagen, die von älteren Arbeitern in hochtechnisierten Betrieben vorgebracht werden, ist, daß sie ihre Rolle als Lehrmeister verloren haben. Dieser Verlust hat eine Leere hinterlassen, die als Angriff auf die Würde der Älteren empfunden wird. Alt zu werden ohne die Möglichkeit, den Jüngeren etwas vom eigenen Erfahrungsschatz weitergeben zu können, verletzt das Selbstgefühl und die Menschenwürde. Es gehört zum Begriff guter Arbeit, die in Geist, Herz und Händen gesammelte Erfahrung an andere zu vermitteln, statt sie für sich selbst zu horten. Heute empfinden sich die Arbeiter als austauschbar. Ihre Erfahrung ist nutzlos geworden, weil der rasche technologische Wandel ihr Wissen und ihre Kenntnisse veralten läßt. Was sie gelernt haben, gilt als wertlos für die nächste Generation. Der Prozeß des Gebens und Nehmens, des Lehrens und Lernens, der für gute Arbeit wesentlich ist – dieser Austausch, der weit mehr ist als Produktivität im engen Sinne –, wird zerstört, wenn die Schnelligkeit des technischen Wandels größer wird als die Fähigkeit des Menschen, sich auf diesen Wandel einzustellen.

Jeder Arbeiter bewegt sich innerhalb einer bestimmten Gesellschaft und Kultur. Er verfügt über Werkzeuge, Techniken und Kenntnisse, die er von vergangenen Generationen von Arbeitern vererbt bekam. Gemeinsam stehen die Arbeiter auf den Schultern früherer Generationen. Je mehr wir über das Arbeitsleben früherer Zeiten wissen, desto tiefer wird unser Respekt vor dem Vermächtnis unserer arbeitenden Vorfahren. Ein Geschichtsbewußtsein dafür zu schaffen, was Arbeit in der Vergangenheit bedeutet hat, wie und wofür unsere Großeltern gearbeitet haben, sollte zu den Bildungszielen eines Erziehungssystems gehören, das Selbstverständigung und menschliche Werte höherschätzt als Geld. Der Ruf nach einer solchen Wertschätzung der Arbeit muß natürlich in einer Gesellschaft wie den Vereinigten Staaten, wo allein die Produktivität zählt, ungehört verhallen. Respekt vor den arbeitenden Menschen, auch vor denen der Vergangenheit, ist jedoch für ein kommunales Verständnis von Arbeit unabdingbar, übrigens – auf lange Sicht – auch für die Produktivität. Arbeit ist ein gemeinsames Unternehmen nicht nur im Raum einer gegebenen Gemeinschaft, sondern auch in der Zeit als dem gemeinsamen Gedächtnis der Menschen für das, was ihnen, von der Vergangenheit überliefert, auch für die Zukunft unverzichtbar ist.

Unsere wesentliche Bedürftigkeit – die anthropologische Tatsache, daß wir als Mängelwesen ohne Fell und Zähne zur Welt kommen – und unsere soziale Angewiesenheit gehören unauflöslich zusammen. »Im Anfang war die Beziehung«, wie Martin Buber sagt. Wir leben von Beziehungen zu anderen, nicht in Apartheid, und jedes System, das diesen sozialen Bezug leugnet, einschränkt oder nicht wahrhaben will, ist selbstzerstörerisch. Was wir zu unserem Lebensunterhalt brauchen, können wir nicht ohne einander, ohne Kollektiv hervorbringen. Karl Marx bietet in seinen »Exzerptheften« eine aufgeklärte Vision von den Beziehungen, die gute Arbeit zwischen uns, dem anderen und der ganzen Menschheit schaffen könnte:

»Gesetzt, wir hätten als Menschen produziert: Jeder von uns hätte in seiner Produktion sich selbst und den andren doppelt bejaht. Ich hätte 1) in meiner Produktion meine Individualität, ihre Eigentümlichkeit vergegenständlicht und daher sowohl während der Tätigkeit eine individuelle Lebensäußerung genossen, als im Anschauen des Gegenstandes die individuelle Freude, meine Persönlichkeit als gegenständliche, sinnlich anschaubare und darum über allen Zweifel erhabene Macht zu wissen. 2) In deinem Genuß oder deinem Gebrauch meines Produkts hätte ich unmittelbar den Genuß, sowohl des Bewußtseins, in meiner Arbeit ein menschliches Bedürfnis befriedigt, als das menschliche Wesen vergegenständlicht und daher dem Bedürfnis eines andren menschlichen Wesens seinen entsprechenden Gegenstand verschafft zu haben, 3) für dich der Mittler zwischen dir und der Gattung gewesen zu sein, also von dir selbst als eine Ergänzung deines eignen Wesens und als ein notwendiger Teil deiner selbst gewußt und empfunden zu werden, also sowohl in deinem Denken wie in deiner Liebe mich bestätigt zu wissen, 4) in meiner individuellen Lebensäußerung unmittelbar deine Lebensäußerung geschaffen zu haben, also in meiner individuellen Tätigkeit unmittelbar mein wahres Wesen, mein menschliches, mein Gemeinwesen bestätigt und verwirklicht zu haben.«[1]

Diese Elemente, die nach diesem Text von Marx zu einem erfüllten menschlichen Leben gehören, sind den Dimensionen guter Arbeit vergleichbar, die ich in dem vorliegenden Buch zu beschreiben versuche. Nach Marx führt eine Produktion »als Menschen«, das heißt als vom Profitinteresse Befreite, uns zur »individuellen Lebensäußerung«, zur Befriedigung des »menschlichen Bedürfnisses« und zur Verwirklichung des menschlichen »Gemeinwesens«. Im Gegensatz zum allgemeinen Vorurteil kann ich in dieser Vision einer menschlichen Produktivität keinerlei verengte, reduktionistische oder bloß ökonomistische Aspekte finden. Statt dessen sehe ich Marx hier in Übereinstimmung mit der prophetischen Überlieferung der Bibel, in der Gerechtigkeit und Erfüllung (Schalom) für jedermann verheißen wird.

Sucht man in dieser Vorstellung von menschlicher Arbeit nach Anzeichen für Atheismus, dann findet man lediglich, daß Marx an keiner Stelle seines Gedankenganges vom Eingreifen eines göttlichen Wesens spricht, das endlich die menschliche Art der Produktion auf Erden einführen könnte. Aber ist die Annahme eines außerweltlichen göttlichen Agenten wirklich ein Kriterium für das Christsein? Viele Leute führen zwar den Namen Gottes im Mund und sind von der Existenz eines höchsten Wesens überzeugt, aber sie handeln keineswegs nach dem Willen Gottes (vgl. Matthäus 7,21). Das eigentliche Kriterium des Glaubens ist nach meiner Überzeugung unsere Befähigung, zu lieben und Gerechtigkeit zu üben. An die »gute« Schöpfung glauben heißt glauben, daß wir dazu geschaffen sind, miteinander unser wahres menschliches Wesen (unser »Gemeinwesen«, wie Marx sagt) durch gemeinsame Arbeit zu verwirklichen. Die Marxschen Sätze spie-

1 Zitiert nach: Karl Marx und Friedrich Engels. Studienausgabe in 4 Bänden, hrsg. von Iring Fetscher, Bd. 2: Politische Ökonomie, Frankfurt/M. 1966 (Fischer Bücherei, Nr. 765), S. 261.

geln keineswegs einen Mangel an Glauben, sondern bezeugen im Gegenteil, daß er weiter gegangen ist als die meisten Christen im Glauben an die Möglichkeit des »Lebens in seiner Fülle«, das Christus verkündigt hat.

Die Schöpfung hat ihren Ursprung in Gottes Bedürfnis nach Beziehung, in seinem Wunsch, die Erde mit den Menschen zu teilen. Daraus folgt für uns, daß die Arbeit der Ort ist (neben der Liebe), wo Bezogenheit, Wechselseitigkeit und gegenseitige Abhängigkeit sichtbar werden. In guter Arbeit tauchen wir ein in den Strom wechselseitigen Lernens und Lehrens, wir tragen unser Werkstück, unser Produkt bei und empfangen die Beiträge anderer, wir werden gebraucht und brauchen die anderen. Gute Arbeit macht den sozialen Bezug unseres Lebens sichtbar und bereichert ihn – für unsere eigene Erfahrung und für die der anderen. Nach Schumacher[2] ist ein Ziel der guten Arbeit, »unser Selbst von seiner angeborenen Ichbezogenheit zu befreien durch Dienst am Nächsten und in Zusammenarbeit mit anderen«. Wo das geschieht, verschwindet das alte Ego; Hegel hat dieses Phänomen »Entäußerung« genannt und als den positiven Aspekt der Entfremdung betrachtet.

Von Kindern können wir über diese Sache viel lernen. Eltern sind schlecht beraten, wenn sie ihr kleines Kind, das sich in eine Tätigkeit versenkt hat, stören oder unterbrechen. Kinder, die von einer Aufgabe wirklich gefesselt sind, entwickeln eine intensive Bindung an ihre Arbeit. Sie können uns lehren, was Respekt vor einem Arbeitenden bedeutet, nämlich Ehrfurcht vor der Selbstvergessenheit, die in konzentrierten Perioden gute Arbeit erscheint und sich als das Bedürfnis nach Vollendung der augenblicklichen Aufgabe äußert. Sind wir in gute Arbeit versunken, vergessen wir Zeit und Raum, Hunger und Durst. Unsere »angeborene Ichbezogenheit« verschwindet in dieser Versenkung, und »das von Gott in uns«, wie die Quäker sagen (»that of God«), wird frei. Unsere Energien werden nicht länger unter der

2 Schumacher, Good Work, a.a.O., S. 4; vgl. Anm. S. 123.

Ichbezogenheit erstickt, die Zerteilung des Selbst in eines, das arbeitet, und eines, das sich selber bei der Arbeit zuschaut, verschwindet. Frei und schöpferisch beginnen unsere Energien sich zu regen. In der guten Arbeit wird das göttliche Selbst in uns erlöst und befreit, und so finden wir zurück zum Ursprung unserer Kreativität und zur Verbindung mit allem, was Leben hat.

Echte Zusammenarbeit erzeugt eine Art von Begeisterung, die aus einem starken Gefühl des Aufeinanderangewiesenseins gespeist wird. Ich kenne dieses Gefühl aus der Arbeit in kleinen Gruppen, wenn wir an Resolutionen und Zeitschriften arbeiteten und von der ersten Idee bis zum endgültigen Manuskript alles gemeinsam taten. In solchen Gruppen habe ich entdeckt, daß Kreativität geteilt werden kann, daß sie sich mitteilt und daß die Arbeitsteilung im Prozeß des gegenseitigen Gebens und Nehmens überwunden wird. Natürlich gab es auch dabei zeitweilige Arbeitsteilung, denn in keiner Gruppe ist es möglich, jeden gleichmäßig an allen Aufgaben, die ja oft gleichzeitig erledigt werden müssen, zu beteiligen. Aber diese Art der Arbeitsteilung war anders, weil sie auf gegenseitigem Konsens beruhte und flexibel blieb. Die eigentliche Gefahr liegt ja in unserem Hang zu einer permanenten Arbeitsteilung und zum Festschreiben der Rollen und Verhaltensmuster auf der Grundlage von Alter, Klassen-, Rassen- und Geschlechtszugehörigkeit. Immer mehr Menschen geraten in eine emotionale Wüste, ohne daß sie je das tiefe Gefühl geglückter Zusammengehörigkeit bei der Arbeit empfunden hätten. Unter den Arbeitenden wächst das Gefühl der Vereinzelung auch wegen der stets vorhandenen Gefahr, den Arbeitsplatz zu verlieren. Interviews mit Arbeitslosen haben gezeigt, daß sie ihre Arbeitslosigkeit wie eine Exkommunikation erleben. Sie haben nicht nur ihre Arbeit, sondern auch die Kommunikationskanäle mit dem gesellschaftlichen Umfeld verloren. Sie sind ausgeschlossen von der Gemeinschaft der Arbeitenden.

Der gegenwärtige Mangel an bezahlter Arbeit hat die Vereinzelung der Menschen und die Desintegration ihrer Persönlichkeit im Gefolge. Unter den Arbeitslosen wird das Zusammengehörigkeitsgefühl schwächer und schwächer, weil es sich nicht mehr auf Zusammenarbeit gründen kann; oft verschwindet es ganz. Das Selbstwertgefühl des Arbeitslosen verkümmert. Viele von ihnen verfallen dem Alkohol, werden psychisch krank oder begehen Selbstmord.

Kurt Vonnegut beschreibt in seinem Roman »Player Piano« die Verzweiflung von gewöhnlichen Männern und Frauen, die in einer von Computern beherrschten Gesellschaft der Zukunft überhaupt keine Möglichkeit zu arbeiten mehr bekommen. Er entfaltet den Alptraum einer Welt, in der die Angehörigen der gebildeten Oberschicht die Kopfarbeit leisten, die zur Erhaltung des Systems notwendig ist. Diese Orwell-ähnliche Zukunftsgesellschaft ist zwar in der Lage, ihre Bürger mit Nahrung, Kleidung und Wohnraum zu versorgen, zeigt sich aber als unfähig, mit dem in der Bevölkerung um sich greifenden Gefühl spiritueller Leere und Sinnlosigkeit aufgrund der Arbeitslosigkeit fertig zu werden. Eine der dagegen aufbegehrenden Romanfiguren kommt zu dem Schluß: »Früher oder später wird einer kommen und die Phantasie der Leute mit neuen, wunderbaren Versprechungen fesseln, Versprechungen von der Wiedergewinnung des Gefühls der Partizipation und des Gebrauchtwerdens auf dieser Erde – ach, verdammt noch mal: des Gefühls menschlicher Würde! Aber die Polizei wird wachsam genug sein und solche Menschen unter Berufung auf die Gesetze zur Abwehr der Staatsgefährdung einsperren.« Kurt Vonneguts Zukunftsvision, verfaßt im Jahre 1952, hat sich inzwischen immer mehr bewahrheitet.

Murray H. Finley, Präsident der amerikanischen Vereinigung der Textilarbeiter und Führungsmitglied des Nationalkomitees für Vollbeschäftigung, hat sich über die hohe Arbeitslosigkeit folgendermaßen geäußert: »Je mehr ein Volk einen hohen Grad an Arbeitslosigkeit hinnimmt, desto größer ist sein Verlust an innerer Stärke und moralischer Überzeugungskraft. Unser Land verliert Anstand und Würde, wenn es zuläßt, daß inhumane und unverantwortliche Theorien und Pläne die Menschen daran hindern, am wirtschaftlichen und allgemeinen Leben der Gemeinschaft teilzunehmen.« Finley gibt eine genaue Beschreibung von dem, was seit den achtziger Jahren in den Vereinigten Staaten geschieht. Als Resultat der fortschreitenden Automation und der »unverantwortlichen Theorien und Pläne« zur Profitmaximierung auf Kosten der Menschen haben immer mehr Arbeiter, sogar Facharbeiter, ihre Arbeitsplätze verloren. Die Reichen fürchten mittlerweile eine »Invasion« der Armen.

Einer Reportage in der »New York Times« vom 27. Juni 1983 zufolge haben einige reiche Ortschaften zu außerordentlichen Baumaßnahmen gegriffen, um sich von ihrer Umwelt abzuschotten. Diese Orte sind ummauert, man kann sie nur mit einer elektronisch lesbaren Karte betreten. Dabei liegen die meisten dieser Gemeinden, die sich zu dieser Angst-Isolation entschlossen haben, noch nicht einmal in der Nähe von Gebieten mit hoher Kriminalität! Sich selbst auszugrenzen und sich durch Mauern und Polizei von der Umwelt abzuschotten symbolisiert genau das System der Apartheid, dessen die Reichen bedürfen, um sich vor den Armen, den Arbeitslosen und den sogenannten »Unbeschäftigbaren« zu schützen.

Mit wachsender Arbeitslosigkeit rückt das Thema Arbeit immer stärker in den Brennpunkt auch der kirchlichen Diskussion. Brauchen wir eine neue Theologie der Arbeit? Reicht die protestantische Arbeitsmoral – besonders wenn sie zum »workaholism«, zur Arbeitssucht, tendiert – zur Lösung der Probleme noch aus, und brauchen wir nicht in der Tat ein ganz neues Verständnis von Arbeit? So lauten die typischen Fragen.

Andere wieder halten es für fragwürdig, über »gute« Arbeit nachzudenken, da doch die Möglichkeit, überhaupt irgendeine Arbeit zu bekommen, auf dem Spiel steht. Trotzdem glaube ich, daß die Probleme der guten Arbeit und der Arbeitslosigkeit miteinander zusammenhängen. Gerade in einer Zeit, in der die Menschen verzweifelt nach irgendeiner Arbeit suchen, ist es wichtig, die Frage nach dem Wesen guter Arbeit zu stellen. Allein schon unsere reduktionistische Definition von Arbeit als Lohnarbeit bestimmt, was Arbeitslosigkeit bei uns heißt, und erklärt, warum die Gesellschaft sich damit so ungern auseinandersetzt. Die Tendenzen steigen, ökonomische Theorien zu entwickeln, die auf der Akzeptanz einer hohen Arbeitslosigkeit beruhen. Menschen, denen der Mut vergangen ist, unablässig auf Arbeitssuche zu gehen, werden dabei als arbeitsscheu oder »unbeschäftigbar« gebrandmarkt, als ob ihr Schicksal eine natürliche Gegebenheit wäre.

In den wohlhabenden Industriestaaten manifestiert sich die Krise der Arbeit einerseits in technischen Innovationen, die bestimmte Arbeitsformen aussterben lassen, und andererseits in dem wachsenden Transfer von Kapital und Fabrikanlagen in Gebiete, wo die Ausbeutung der Arbeitskräfte durch Militärdiktaturen oder wirtschaftliche Zwänge sichergestellt wird. Die Unterdrückung in den armen Ländern, die in Pressezensur, Verbot oppositioneller Parteien und Gewerkschaften, widerrechtlichen Verhaftungen, Folter und Verschwinden von Tausenden zum Ausdruck kommt, hat ihre ökonomischen Gründe im Bestehen ausbeuterischer Arbeitsbedingungen.

Allein schon der Gedanke der Arbeitsersparnis, eines der Hauptziele der industriellen Produktion, impliziert die Auffassung, Arbeit sei ein Fluch, etwas, das man loswerden müsse. Der Gedanke, der Arbeit mit dem Stempel des Unerwünschten versieht, läßt keinen Raum für Freude, Erfüllung oder Würde der Arbeitenden. Von Anbeginn gab es in der Industriearbeit weder Würde noch Rücksicht auf soziale Beziehungen bei der Organisation der Arbeitsbedingungen.

Die Frauen, die heute in den Sweatshops der globalisierten Textilindustrie arbeiten (vgl. oben S. 87f.), sind de facto – und häufig auch de iure! – rechtlos: In der immer besser organisierten Globalisierung ist die Außerkraftsetzung aller sozialen und ökologischen Schutzbestimmungen ein wesentliches Ziel. »Deregulierung« ist der zugehörige neoliberale Grundbegriff, mit dessen Hilfe vor unsern Augen neue Formen der Sklaverei entstehen.

Der Kapitalismus beruht auf der Macht dreier in der klassischen christlichen Tradition als »Todsünden« bezeichneter Verhaltensweisen: Habgier, Neid und Geiz – als der Antriebskraft für Produktivität und Konsumismus. Durch erfolgreiche Manipulation des Besitztriebes stellt der Kapitalismus im Gegensatz zu den kirchlichen Äußerungen die Priorität des Kapitals gegenüber der Arbeit sicher und zerstört die Beziehungshaftigkeit des Menschen. Eine profitorientierte Gesellschaft verbindet mit Arbeit Haben statt Sein, Besitzen statt Teilen, etwas zu kriegen, statt zu reifen. Sie untergräbt und entwertet den Bezugscharakter unserer Existenz und tötet den Wunsch nach sinnerfüllter Arbeit. Würden wir das Problem der Arbeitslosigkeit als Chance erkennen, bessere und würdigere Formen der Arbeit zu entwickeln, dann könnte an die Stelle von Ehrgeiz und Konkurrenzneid das wachsende Vermögen zu gegenseitiger Hilfe treten. Wir könnten eine Gesellschaft entwickeln, wie Peter Maurin sie erträumte: »gegründet auf Glauben statt auf Habgier (creed instead of greed), auf systembedingter Selbstlosigkeit und sanftem Personalismus statt auf hartem Individualismus … (Wir könnten) im Innern der alten eine neue Gesellschaft errichten.« Menschen, die heute keine bezahlte Beschäftigung haben, wären dann nicht notwendigerweise ohne Arbeit, denn zur Arbeit würden auch Tätigkeiten zählen wie Kinder beaufsichtigen, Wohnungen instand setzen, Gebrauchsgegenstände reparieren, Gemeinschaft organisieren, alternative Energiequellen entwickeln, Umweltverschmutzung bekämpfen und lebensfreundliche Verkehrsmittel für alle einrichten. Die alternative Bewegung setzt sich ein für eine »Wiederaneignung« und Vermenschlichung unserer Schulen, Krankenhäuser, Verkehrsmittel und Nahrungsproduktion durch gemeindenahe, dezentralisierte Arbeitsgruppen; das könnte zu einem neuen Arbeitsverständnis im Sinne von Selbstausdruck, sozialem Bezug und Versöhnung mit der Natur führen.

Die päpstliche Enzyklika läßt dieses neue Arbeitsverständnis durch ihr Eintreten für zwei scheinbar widersprüchliche gesellschaftliche Notwendigkeiten erkennen: Planwirtschaft und dezentralisierte Regierung. Einerseits muß die Regierung die Rechte der Arbeiter schützen, Weiterbildungsmöglichkeiten anbieten, um die Berufstätigen in den modernen Anforderungen der Arbeitswelt auf dem laufenden zu halten, und eine Industriepolitik treiben, die die Produktionspläne auf die vorhandenen Ressourcen und Märkte abstimmt. Andererseits müssen die Arbeiter die Art ihres Lebens und Arbeitens selbst bestimmen können. Aber hinter diesen beiden Notwendigkeiten, deren Synthese wir suchen müssen, stehen als ethische Werte Gerechtigkeit und Solidarität, die beide zum Herzstück einer Theologie der Arbeit gehören. Gerechtigkeit bedeutet in der Tat die Unterordnung des Kapitals unter die Arbeit. Solidarität ist daher die stärkste Form der Zusammengehörigkeit, die aus den Arbeitsbeziehungen erwachsen kann. Wichtiger und wertvoller als die Produkte ist die Solidarität der Arbeitenden, untereinander und mit den Arbeitslosen. Eine Theologie der Arbeit muß dieser Zusammengehörigkeit höheren Rang einräumen als der Produktivität. Wenn wir uns als zum Ebenbild Gottes geschaffen verstehen, dann müssen wir uns vor allem als »Mit-Schöpfer« auffassen. Teilnahme am unabgeschlossenen Prozeß der Schöpfung bedeutet die Entscheidung zur freiwilligen und unverbrüchlichen Solidarität mit allen unseren arbeitenden Mitmenschen.

Polnische Bergarbeiter im schlesischen Sosnowiec haben im Winter 1981 eine neue Art der Solidarität erfunden; sie nannten das »aktiven Streik«. Statt die Produktion einzustellen, wegen ihrer Forderungen zu demonstrieren und mit den staatlichen Behörden zu verhandeln, besetzten die Bergleute ihre Arbeitsplätze und errichteten ihr eigenes Leitungs- und Planungssystem zur Kohleförderung. Sie stimmten auch dafür, einen Teil der geförderten Kohle einem Kindergarten, einem Pflegeheim und verschiedenen landwirtschaftlichen Betrieben zukommen zu lassen. Durch ihren »aktiven Streik« gelangten sie zur Selbstbestimmung über ihre Produktivkräfte und Produkte und schenkten die Früchte ihrer Arbeit den Leuten, die sie nötig hatten. Diese Tat der polnischen Bergarbeiter war ein Geschenk für alle Arbeiter der Welt. »Solidarność« war nicht länger nur eine Bezeichnung für eine Gewerkschaft, sondern bedeutete fortan eine neue Art, zusammenzuleben und zusammenzuarbeiten.

10
Arbeit als Versöhnung mit der Natur

Gute Arbeit hat außer der individuellen Dimension der Selbstverwirklichung und Würde des arbeitenden Menschen und der gemeinschaftsbezogenen Dimension des sozialen Bezugs und der Solidarität noch eine dritte Dimension, die eine Theologie der Arbeit mitbedenken muß. Diese dritte Dimension betrifft den objektiven Sinn der Arbeit, der aber mit den subjektiven und intersubjektiven Aspekten zusammenhängt. Die Bezeichnung »Natur« für diese dritte Dimension – im Gegensatz zu Materie oder Objekt oder Produktion – soll gleich zu Beginn den theologischen Bezugsrahmen abstecken, aus dem die folgenden Überlegungen erwachsen. Im Vorangehenden habe ich den objektiven Sinn der Arbeit ausschließlich mit Produktion und Technik in Zusammenhang gebracht, um den Konflikt aufzuzeigen, der in der Moderne zwischen objektiven und subjektiven Seiten der Arbeit entstanden ist. In diesem Konflikt werden die technischen Sachzwänge ständig gegen menschliche Werte ausgespielt, und die angeblichen technologischen Notwendigkeiten bleiben Sieger. Aber ist das unausweichlich? Hängt es nicht von unserem Verständnis der Technik ab, die wir als Mittel betrachten, um in einer feindlichen Umwelt überleben und gegen-leben zu können? Ist die Ausbeutung der Natur eine zwingende Notwendigkeit? Wir müssen die Lösung des Konflikts in einer Neubesinnung auf das objektive Ziel der Arbeit suchen.

Es gibt nämlich eine andere Art, den objektiven Sinn der Arbeit zu sehen. Wenn die Bibel von »den Früchten der Arbeit« spricht und sie segnet, so ist das ein sprechender Ausdruck für die Verbundenheit von menschlicher Arbeit und Natur. Menschliche Arbeit hat zum Ziel die Verwandlung der Welt in »etwas, worin noch niemand war: Heimat« (Ernst Bloch). Durch das, was uns am meisten zu Menschen macht, durch Arbeit und Liebe, werden wir zu Mit-Schöpfern der neuen Erde, die wir dann endlich Heimat nennen können. Der Hoffnung auf Versöhnung mit der Natur durch menschliche Arbeit entspricht die Ablehnung der üblichen männlichen Sucht, die Erde zu beherrschen. Angesichts der gegenwärtigen ökologischen Krise und der Ausrottung so vieler unserer Geschwister aus der Tier- und Pflanzenwelt ist diese Hoffnung von neuem erwacht. Versöhnung mit der Natur durch Arbeit ist eines der großen Menschheitsprojekte, die vor uns liegen.

Natur ist in diesem Zusammenhang nicht als Ursprung feindlicher Bedrohung angesehen, und Arbeit ist ein anderer Umgang mit ihr als Unterwerfung. Natur ist nicht das hemmungslos auszubeutende Objekt, sondern die Erde, die freiwillig ihre Früchte bringt, wenn sich Mensch und Natur im Rahmen dieser menschlichen Lebensäußerung *Arbeit* aufeinander zubewegen. Alle produktive, an den Bedürfnissen der Menschen orientierte Arbeit hat diesen Charakter der Versöhnung zwischen Mensch und Natur, der weitergehenden Schöpfung einer noch nicht zu Ende gekommenen Erde. Der Arbeiter wird in diesem Zusammenhang verstanden als ein Haushalter Gottes, dem die Erde, die Tiere, die Mineralien und Bodenschätze, die Pflanzen und anderen Lebewesen anvertraut sind.

Dieser pflegende, behütende Zug ist uns in der westlichen Philosophie oft verlorengegangen. Der Schmied Hephaistos ist uns näher, als es die Gärtner Adam und Eva sind. Unsere Art zu arbeiten drückt nicht nur unsere Selbstentfremdung aus, sie zerstört nicht nur den sozialen Bezug, in dem wir leben, sie ist auch in ihren objektiven Zielen zunehmend schöpfungsfeindlich. Bei aller Arbeit, die wir leisten oder an der wir uns beteiligen, sei es direkt oder indirekt, zum Beispiel durch Steuern und politische Entscheidungen, müssen wir uns fragen, wie sehr wir unwiederbringliche natürliche Rohstoffe plündern; was unsere Arbeitsauffassung und der Konsumismus, der mit ihr Hand in Hand geht, der Menschheitsfamilie und besonders den Armen antun; und schließlich, wie weit wir uns mit der Arbeit, die doch von Gott geschaffen ist und uns mit ihm verbindet, dazu hergeben, die Maschinerie zu bedienen, die darauf angelegt ist, die ganze Schöpfung zu widerrufen.

Menschliche Arbeitskraft und vor allem die wichtigste Produktivkraft, die Wissenschaft, dienen heute in immer noch wachsendem Umfang dem Tod. Diese Gewaltförmigkeit, dieser Terror, an dem Menschen arbeiten, kann in einer Theologie der Arbeit nicht außer acht gelassen werden, etwa im Interesse der Arbeitsplatzerhaltung. Es ist Arbeit genug da, die zerstörte Natur aufzubauen; die Frage ist nur, für welche Art von Arbeit wir unsere Kräfte und Ressourcen einsetzen wollen und wie lange wir noch den Fabriken des Todes den Vorrang geben.

Es ist ein und dieselbe Gewalt, die sowohl die Natur als auch die armen und technologisch unterentwickelten Völker bedroht. Das Gebot des Schöpfers an die ersten Menschen, sich die Erde untertan zu machen und über alles Lebendige zu herrschen (1. Mose 1,28), hat für die Geschichte des Abendlandes fatale Folgen gehabt. Historisch gesehen hat der Westen die rücksichtslose Unterdrückung und in einigen Fällen die Ausrottung sogenannter primitiver Völker als notwendig und unausweichlich angesehen; das zeigt, wie wörtlich das Gebot zur Unterwerfung und Herrschaft verstanden worden ist. Es ist kein Zufall, daß die westlichen Länder gerade solche Volksstämme ausrotteten, die in Übereinstimmung mit der Natur lebten, um anschließend die natürlichen Schätze der Erde um so besser ausbeuten zu können. Heute werden wir Zeugen, wie der Imperialismus gegenüber der Natur in der nuklearen Militarisierung des Erdballs, ja des Weltalls seinen Höhepunkt erreicht. Gewiß hat es Geschichtsepochen gegeben, in denen die Unterwerfung oder Zähmung der Natur für das Überleben der Menschen notwendig war, aber diese Einstellung hat längst allen Sinn und Nutzen verloren.

Eine Theologie der Arbeit muß darüber nachdenken, welche Auswirkungen unsere Industrie- und Rohstoffpolitik auf die Bevölkerung der Dritten Welt hat. Es kann keine Versöhnung mit der Natur geben ohne gleichzeitige Versöhnung mit den Armen. Wenn der soziale Bezug unverzichtbar für gute Arbeit ist, dann müssen wir unsere Arbeit auf Kooperation und gegenseitige Hilfe gründen statt auf Konkurrenzkampf und gnadenlosen Wirtschaftskrieg gegen die armen Länder. Wir sollten den Weltzustand, in dem wir leben, nicht Frieden nennen. Wir befinden uns im Krieg. Im Krieg, den wir gegen die Armen führen, sterben nach den vorsichtigsten Schätzungen täglich 15000 Menschen an Hunger und heilbaren Krankheiten. Wir könnten diesen Verlusten an Menschenleben ein Ende setzen durch eine grundlegende Umgestaltung der Arbeit und der Weltwirtschaft.

Wenn wir mit den Armen Frieden schließen wollen, müssen wir unseren Umgang mit Rohstoffen, unsere Organisation der Arbeitswelt und unsere Produktionsziele grundlegend ändern; wir müssen zu Frieden und »ecojustice«, wie ein wichtiger neuer Begriff heißt, »konvertieren«. Diese notwendige Umkehr bedeutet in der Arbeitswelt den Vorrang der Arbeit vor dem Kapital. Die kapitalintensive Wirtschaftspolitik, die von den meisten Industrieländern heute in die ganze Welt exportiert wird, verbietet es immer mehr Völkern der Dritten Welt, ihren Lebensunterhalt aus der Landwirtschaft zu bestreiten. Die Forschung der westlichen Welt ist im großen und ganzen einer kostspieligen, kapitalintensiven Groß-Technik gewidmet, nicht aber der Entwicklung erschwinglicher, arbeitsintensiver »mittlerer« Technologien.

Das Bedürfnis nach einer menschengemäßen, arbeitsintensiven Technologie wurde den Anforderungen der höchstentwickelten technischen Systeme mit ihren immer komplexer werdenden, kapitalverschlingenden Apparaturen geopfert. Es gibt eine mörderische Allianz zwischen der neokolonialistischen Wirtschaftsordnung, in der die Besitzenden die Habenichtse durch Bankkredite, Protektionismus und Preisdiktate unter Kontrolle halten, und der technologischen Überentwicklung, durch die die armen

Länder im Süden in extremer Abhängigkeit von den reichen Ländern der nördlichen Halbkugel gehalten werden. Durch ihre technologische Abhängigkeit sind die armen Länder sowohl wirtschaftlich als auch politisch extrem verwundbar. Entscheidet sich ein armes Land für ein eigenes Entwicklungsmodell und versucht, sein Schicksal selbst zu bestimmen, statt es sich von einer Supermacht vorschreiben zu lassen, dann geht die jeweilige Supermacht sofort daran, es zu domestizieren und zu »destabilisieren«. Die technologische Überlegenheit erlaubt es den reichen Industrienationen, die Wirtschaft der armen Länder zu beherrschen und ihre ursprüngliche Kultur entscheidend zu überformen.

Erfülltes Leben bedeutet Brot und Arbeit für alle, aber in Wirklichkeit haben immer mehr Menschen immer weniger Arbeit und Brot. Einem Barrel Öl entsprach 1972 in der Dritten Welt der Gegenwert von 26 Kilo Bananen. Heute sind es 200 Kilo Bananen, die eine Landkommune dafür aufbringen muß. Wieviel werden die Landarbeiter im Jahre 2000 für ihre Produkte bekommen? Überall in der Dritten Welt werden die armen Länder durch die Industrienationen zur Teilnahme am Weltmarkt und zur Zerstörung der heimischen Märkte gezwungen. Das ist der lautlose Krieg der Reichen gegen die Armen. In vielen fruchtbaren Gebieten Lateinamerikas, wo früher Reis, Getreide und Bohnen für den eigenen Bedarf angebaut wurden, befinden sich heute Plantagen multinationaler Konzerne, die Erdbeeren und Orchideen für den Export züchten. Die ortsansässige Bevölkerung hungert; aus Eiweißmangel bleiben die Kinder geistig zurück; die Älteren sterben, und die jungen Erwachsenen wandern in die Slums der Großstädte. Für wen werden Erdbeeren und Orchideen gezüchtet? Wer verdient an der McDonaldisierung der Landwirtschaft? Bestimmt nicht die ortsansässigen Frauen und Männer, die früher für ihren eigenen Bedarf arbeiten konnten, für ihr Überleben, ihre gemeinschaftlich organisierte Subsistenz.

Ein Gegenentwurf zu der herrschenden Globalisierung, die den Konsumwahn der Reichen bedient, ist die vor allem von Frauen der Dritten Welt gelebte und proklamierte Wirtschaft der

Subsistenz, in der die ortsüblichen Lebensmittel von den Bewohnerinnen angebaut, »gehegt und gepflegt« und lokal, oft ohne Geldvermittlung im Tausch, vermarktet werden. Sie weigern sich, den von transnationalen Unternehmen und auch der Weltbank vorgeschlagenen Weg zu gehen, der die Selbstversorgung aufgibt und zur kommerziellen Produktion und zur Abhängigkeit von der weltweiten Vermarktung führt. Sie beharren, an vielen Orten in Mexiko wie in Indien, auf der Gegenseitigkeit anstelle der Konkurrenz. Es geht ihnen nicht um Gewinnmaximierung, sondern um eine Subsistenzorientierung, in der sich Frauen und Männer die natürliche Produktivität wieder zu eigen machen, die heute allein dem Geld zugeschrieben wird. Es ist ökonomisch nicht notwendig, die Natur durch Plünderung zu zerstören, sie gibt in Hülle und Fülle, was Menschen wirklich brauchen.[1] Diese Produktion unter der Perspektive dessen, was gebraucht wird, läßt sich verstehen im Sinn der biblischen Schöpfungsgeschichte. Gott hat die Menschen in den Garten Eden gesetzt, damit sie »dem Land dienen und es bewahren« (1. Mose 2,15).

Lebendige Arbeit erzeugt Selbständigkeit, nicht Abhängigkeit; sie erfüllt konkrete menschliche Bedürfnisse, statt von ihnen zu abstrahieren. Wenn wir lernen, daß das Ziel der Arbeit die Stillung der Bedürfnisse unserer Nächsten ist, dann verändert sich die ganze Einstellung zur Arbeit. Man konnte das in Nicaragua erleben, wo die enorme Arbeit in den Bildungs- und Gesundheitskampagnen von Freiwilligen ohne Bezahlung übernommen wurde. Ihr Tun rief einen alten Traum aus der katholischen Tradition in Erinnerung, der von Franz von Assisi stammt. Franziskus hatte gelehrt, Arbeit zu verschenken. Die ersten franziskanischen Bettelmönche schenkten ihre Arbeitskraft den Kleinbauern zur Erntezeit. Wir mögen diesen Gedanken als utopischen Traum einiger Mönche aus vorindustrieller Zeit abtun, aber gerade solche Narrenträume können uns zu einer heilsamen Distanz ge-

1 Veronika Bennhold-Thomsen und Maria Mies: Eine Kuh für Hillary. Die Subsistenzperspektive, München 1997 (Frauenoffensive).

genüber den allzu selbstverständlichen Voraussetzungen unserer Gesellschaft verhelfen. Wir sehen dann unsere eigene Kultur von einem anderen Gesichtspunkt her und können Dinge, die als fraglose Gegebenheiten gelten, wie »Arbeit nur für Geld zu tun«, in Frage stellen.

Im Blick auf eine vernunftgemäße Gesellschaftsordnung hat Thomas von Aquin die folgende Unterscheidung getroffen: »Alle Güter sind entweder nötig und nützlich oder überflüssig.« Peter Maurin hat diese Aussage in bezug auf unser Verhältnis zum Besitz folgendermaßen umformuliert: »Was nötig ist, müssen wir behalten. Was nützlich ist, können wir behalten oder verschenken. Was überflüssig ist, gehört den Armen. Wenn wir sterben, bleibt uns nur das, was wir verschenkt haben.«[2] Der springende Punkt bei Maurin ist nicht, unseren Überfluß aus Herablassung und Nächstenliebe den Armen zukommen zu lassen. Im Gegenteil: Der Überfluß ist das Eigentum der Armen, sie haben ein Recht darauf. Wir haben keinerlei Recht, diesen Überfluß für uns zu behalten oder zu vergeuden; tun wir es doch, begehen wir ein Verbrechen. So verstanden, ist jeder Eurofighter, der gebaut wird, Diebstahl an den Armen. Jede neue Raketenentwicklung bedeutet weniger Traktoren für die Entwicklung der Landwirtschaft. Die Rüstungsausgaben, die im Jahre 1997 weltweit bei 704 Milliarden Dollar stehen (gegenüber 800 Milliarden im Jahr 1984), bezeichnen nach wie vor das größte Wirtschaftsverbrechen, das je in der Geschichte begangen worden ist.

Die Unterscheidung zwischen dem Nötigen und dem Überflüssigen und deshalb Illegitimen läßt sich auch auf die Arbeit anwenden. Jede Arbeit ist endweder nötig und nützlich oder überflüssig. Eine vernünftig eingerichtete Gesellschaft müßte unterscheiden zwischen Arbeit, die lebensnotwendig ist, Arbeit, die nützlich ist und deshalb anderen umsonst zukommen sollte, und Arbeit, die überflüssig ist und nur Energie und Rohstoffe ver-

2 Marc H. Ellis: Peter Maurin, Prophet in the Twentieth Century, New York/ Toronto 1981 (Paulist Press), S. 141.

zehrt, die eigentlich den Armen gehören. Ich rede hier nicht über ein vorindustrielles Utopia. Mir geht es vielmehr um die Überwindung der nationalen und deshalb egoistischen Eingrenzungen der üblichen Wirtschaftstheorie und Wirtschaftspraxis. Der Brandt-Bericht der Nord-Süd-Kommission der Vereinten Nationen und die Literatur über Frieden und Abrüstung bieten eine Fülle von Zahlenmaterial dazu, wie viele Traktoren, mobile Landapotheken und landwirtschaftliche Lehranstalten anstelle von Atomraketen und anderen überflüssigen Dingen produziert werden könnten. Der überzogene Ost-West-Konflikt wurde jahrzehntelang zum Vorwand genommen, um den Reichtum der Ersten Welt auf Kosten der Armen weiter zu steigern. Was wir aber wirklich brauchen, ist eine Neudefinition unserer Produktionsziele im Blick auf den Nord-Süd-Konflikt.

Die Massenproduktion im Interesse von mehr Tod und der verzweifelte Zustand der Hungernden sind Tatsachen, die bei den meisten Menschen noch ein Gefühl der Schuld und der Scham hervorrufen. Die Mehrheit spürt, daß etwas von Grund auf falsch ist mit einer Gesellschaft, die zwar den Weltraum militarisiert, aber die Hungernden nicht satt macht. Es ist nur normal, auf diesen fundamentalen Widerspruch unseres Gesellschaftssystems mit Schuld und Scham zu reagieren. Marx hat die Scham ein revolutionäres Empfinden genannt, und es ist revolutionär, weil es den passiven und aktiven Widerstand gegen das Verbrechen des Diebstahls an den Armen stärkt. Eine Versöhnung mit den Armen kann nicht gelingen ohne eine Veränderung der Struktur unserer Arbeit. Was wollen wir eigentlich produzieren? Was brauchen wir denn wirklich? Welche sozialpolitische Bedeutung kommt unserer Arbeit zu? Im Interesse einer Versöhnung mit den Armen muß sich jede, die arbeitet, diese Grundfragen stellen.

Aber diese Fragen nach dem, was wir brauchen, werfen die davorliegende Frage auf, wer den Produktionsprozeß plant und kontrolliert. Alle arbeitenden Menschen sollten daran beteiligt sein. Die Würde des Arbeiters wurzelt doch in seiner Fähigkeit, zu denken und zu planen. Die Partizipation der Arbeiterin an den wirtschaftlichen Entscheidungen ist nicht nur um ihrer Selbstachtung willen notwendig, sondern auch, damit die produzierten Güter und Leistungen nicht auf menschenfeindliche, sondern auf gerechte Weise genutzt werden. Gute Arbeit versöhnt uns mit den Armen; ohne diese Dimension bleibt unsere Arbeit dem alten System der Raffgier verhaftet, in dem die Arbeit auf das Profitmachen heruntergekommen ist.

Ernst F. Schumacher erzählt ein schönes Beispiel kollektiver Arbeiterselbstverwaltung in der britischen Firma Scott-Bader.[3] Die dortigen Arbeiter haben sich im Interesse von mehr Demokratie und Partizipation einige »selbstlose Regeln« gegeben. Eine dieser Regeln betraf die Frage, was mit überschüssigen Gewinnen – nach Abzug der Kosten für Steuern und Investitionen – zu geschehen habe. Alle vierhundert Firmenmitglieder entschieden sich dafür, die Hälfte des zu verteilenden Gewinns für soziale Zwecke zur Verfügung zu stellen. »Für jedes Pfund, das wir unter uns verteilen, legen wir eines auf das Konto, das für einen guten Zweck an anderen bestimmt ist.«

Gute Arbeit enthält diese Perspektive der Weltoffenheit, der Ökumene, ohne die unser Leben provinziell bleibt und ohne die wir unsere Verpflichtung gegenüber den ärmsten Arbeitern der Welt nicht begreifen. Solidarität im Sinne der Traditionen der Arbeiterklasse bedeutet, daß wir unser Handeln nicht nur an denen orientieren, die Arbeit haben, sondern auch an denen, die ihrer Arbeit beraubt wurden. Dabei ist das, was den Armen gegeben wird, kein Almosen, sondern Ausdruck partnerschaftlicher Verbundenheit, die Geber wie Empfänger verändert. Im angeführten Fall der Firma Scott-Bader wurde die versöhnende Qualität dieser neuen Beziehung zur Arbeit sichtbar in der Tatsache, daß die Entscheidung, die Hälfte des Gewinns unter Bedürftige zu verteilen, von allen Arbeitern der Firma gemeinsam getroffen wurde.

3 Schumacher, Good Work, a.a.O., S. 79; vgl. Anm. S. 123.

Eine andere Regel dieser Firma verbot den Verkauf ihrer Produkte an Rüstungsbetriebe. Arbeit, die zur Versöhnung mit der Natur beitragen möchte, muß Gewaltfreiheit im Umgang mit der Natur zu ihrem Leitprinzip machen. Im Weltmaßstab jedoch ist die meiste Arbeit durch Gewalt gegen die Natur gekennzeichnet, das zeigt sich in der fortschreitenden Ausbeutung der unwiederbringlichen Bodenschätze. Zwischen dieser Vergewaltigung der Erde und der um sich greifenden sozialen Gewalt besteht eine innere Verbindung. Gewalt gegen die Natur, von der die Grundannahmen des Industrialismus geprägt sind, kann jederzeit in Gewalt gegen Menschen umschlagen. Die Menschen haben sich daran gewöhnt, Natur zu zerstören, als sei das selbstverständlich; was sollte sie davor zurückhalten, ihre destruktiven Kräfte auch an ihren Mitmenschen auszulassen? Das feindselige soziale Klima, das unser Zusammenleben bestimmt, ist ein direkter Reflex unserer Feindseligkeit gegenüber der Erde.

Welche Auswirkungen hat unsere Produktion auf den Verbrauch von Rohstoffen? Und was tut sie der natürlichen Umwelt an? Wir stellen diese fundamentalen Fragen nur selten, obwohl sie enthüllen könnten, wie sehr die Qualität unserer Arbeit das Schicksal der Erde bestimmt. In den Industriegesellschaften ist die wichtigste »Produktivkraft«, wie Marx das genannt hat, die Wissenschaft. Fast alle menschliche Arbeit, die geleistet wird, ist abhängig von wissenschaftlicher Forschung. Aber noch immer herrscht die allgemeine Meinung, die Wissenschaft sei einzigartig zur totalen Beherrschung der Umwelt befugt und berechtigt; wenn der wissenschaftliche »Fortschritt« dabei unerwünschte Nebenwirkungen erzeugt, so glauben wir, auch damit werde die Wissenschaft schon fertig werden.

Diese Ideologie liegt zunehmend der Industriearbeit zugrunde, nicht nur der Wissenschaft, und täuscht über die massiv betriebene Vergewaltigung der Natur hinweg, als habe man die katastrophalen Nebenwirkungen sicher im Griff. Die Ablagerung von immer größeren Mengen von Giftstoffen auf der Erdoberfläche ist nur ein Beispiel für die heutige Gewalt gegen die Natur, bei der die Wissenschaft mitspielt. Solange Gewalt gegen die Erde als wissenschaftliche Notwendigkeit gerechtfertigt wird, so lange werden wir getrieben, im Namen wissenschaftlicher Objektivität nicht wahrzuhaben, was wir tun. Die moderne Wissenschaft ist keineswegs neutral; in dem täglich sich abspielenden Krieg gegen die Natur ist sie ein Teil des Problems, sie fabriziert es und trägt nur sehr wenig zu seiner Lösung bei. Die Armen, die sich diese Art der Gewalt am wenigsten leisten können, sind oft ihre ersten und unmittelbaren Opfer, wie die Katastrophe von Bhopal in Indien zeigt. Die armen Länder der Südhalbkugel sind der Schuttabladeplatz für die in den reichen Industrienationen verbotenen Insektenvernichtungsmittel, chemischen Dünger und Nahrungsmittelchemikalien. Wiederholt wurden sie zu Opfern der chemischen Entlaubungsmittel und des Napalm gemacht.

Schumacher hat vier Haupttendenzen der modernen Technologie herausgefunden, die dem wissenschaftlich-technischen Komplex erlaubt haben, uns zu beherrschen. Sie heißen: immer größer – immer komplexer – immer kapitalintensiver – immer gewalttätiger.[4] Beispiel dafür: die Concorde, ein gigantisches, äußerst kompliziertes und ungewöhnlich kostspieliges Flugzeug, das ohne Rücksicht auf Rohstoffverbrauch und Umweltbelastung konstruiert worden ist, oder der Transrapid, der nach Heide Simonis von einer völlig falschen Bedarfsplanung ausgeht und ein reines Prestigeobjekt ist, aber die Landschaft nachhaltig zerstört.[5] Die hier sichtbar werdenden Tendenzen moderner Technik gewinnen eine »dämonische« Qualität. Damit meine ich: Im Europa der Reformation glaubte man, wenn der Gott der Schöpfung aufgegeben würde, zögen die Dämonen ein und besetzten Gottes früheren Platz in der Welt. Diese Auffassung hilft mir, die zur Herrschaft gelangte Ideologie der Technik richtig zu verstehen. In ihrer angeblichen Wertneutralität und ihrer Omni-

4 Ebd., S. 54.
5 Heide Simonis: Kein Blatt vorm Mund. Für eine aktive Bürgergesellschaft, Hamburg 1997 (Hoffmann und Campe), S. 126ff.

potenz ist die Technik der neue Dämon geworden; sie hat die Stelle des Schöpfergottes eingenommen, sie ist das allmächtige Surrogat für Gott, dessen Macht keiner entfliehen kann.

Die Geschichte vom Sündenfall endet mit Gottes Fluch über Adam und Eva; sie werden gezwungen, auf einer ihnen feindlichen Erde um ihr Überleben zu kämpfen. Der Industrialismus hat diesen Fluch umgekehrt. Heute ist es die erbarmungslose Gewalt, die die Menschheit an der Erde verübt, wodurch der Fluch über die arbeitenden Menschen kommt. Die Arbeiter werden nicht gefragt, ob sie die Zerstörung der Natur gutheißen. Ihr Arbeitsplatz gleicht eher einer Schule der Gewalt als einem Ort, wo freundliches Verhalten gegenüber der Natur gelernt würde. Dennoch dürfen wir nicht aufhören, uns an die Alternativen zu erinnern. Arbeitsintensive Kleintechnologie im Gegensatz zu kapitalintensiver Großtechnologie, einfachere und weniger kostspielige Werkzeuge und Maschinen sowie Zurückhaltung bei Eingriffen in den Kreislauf der Natur – das sind keine romantischen Visionen, sondern reale Alternativen, die in vielen Regionen der Welt bereits ausprobiert worden sind.

Eine Theologie der Arbeit muß den Aufschrei hören, der aus der Schöpfung dringt. Wenn Paulus von der Schöpfung redet, dann vergleicht er sie mit einer gebärenden Frau, die in ihren Wehen stöhnt:

»Denn die Sehnsucht des Geschaffenen wartet auf das Offenbarwerden (der Herrlichkeit) der Söhne Gottes. Denn der Nichtigkeit wurde das Geschaffene unterworfen, nicht freiwillig, sondern um dessen willen, der es ihr unterwarf; auf die Hoffnung hin, daß auch das Geschaffene selbst befreit werden wird von der Knechtschaft des Verderbens zur Freiheit der Herrlichkeit der Kinder Gottes. Denn wir wissen, daß alles Geschaffene insgesamt seufzt und sich schmerzlich ängstigt bis jetzt. Aber nicht nur das, sondern auch wir selbst, die wir die Erstlingsgabe des Geistes haben, auch wir seufzen in uns selbst und warten auf die volle Offenbarung der Annahme an Sohnes Statt, auf die Erlösung unseres Leibes« (Römer 8,19–23).

Paulus ist sich bewußt, wie sehr die Schöpfung der Vergeblichkeit unterworfen ist, er sieht ihre Gebundenheit an Sterben und Verfall. Aber er hört auch den stummen Schrei der Schöpfung nach Erlösung, er spürt die Sehnsucht alles Geschaffenen danach, zu überschreiten, was ist.

Es gibt zwei verschiedene Arten, diesen Schrei der unerlösten Schöpfung zu hören und zu beantworten. Einige nehmen nicht wahr, daß dieser Schrei ein Ruf nach Befreiung sein kann. Sie hören überall den Widerhall des Todesröchelns statt des Stöhnens einer Gebärenden. Sie erfahren Natur als eine Macht von verstörender Gleichgültigkeit gegenüber jeder menschlichen Hoffnung. In dieser Gleichgültigkeit der Natur konnte der junge Albert Camus sogar so etwas wie einen traurigen Trost finden. Im Schlußkapitel seines Romans »Der Fremde« wird der Erzähler »empfänglich für die zärtliche Gleichgültigkeit der Welt« und empfindet, »wie ähnlich sie mir war, wie brüderlich«. Er vermag den Schrei, der aus der Schöpfung dringt, nicht als Echo der menschlichen Hoffnung auf Freiheit zu hören. Er versteht das Stöhnen der Schöpfung als Bestätigung der isolierten Existenzweise des Menschen. In der nihilistischen Sicht des jungen Camus bleibt die Natur teilnahmslos und kalt.

Paulus vernimmt im Seufzen und Stöhnen der Kreatur etwas ganz anderes. Er hört darin die Sehnsucht nach Freiheit. Aus den Geburtswehen der Schöpfung wird etwas Neues geboren. Der stumme Schrei, der aus der Schöpfung dringt, ist kein Todesschrei, sondern ein Ruf zum Leben und zur Hoffnung. Nach Paulus müssen wir diesen Ruf zur Hoffnung im Zusammenhang mit unserer Partizipation an der Schöpfung sehen. Die Schöpfung wartet auf uns, darauf, daß wir als Söhne und Töchter Gottes »offenbar werden«. Falls wir – endlich! – soweit wären, uns selbst als Mit-Schöpfer zu zeigen, die in Gerechtigkeit und Liebe an den Handlungen der Neuschöpfung teilnehmen, dann würden wir auch die übrige Schöpfung von ihrem Verfallensein an Nichtigkeit und Vergänglichkeit freisetzen können. In der christlichen Tradition lebt die Vorstellung, daß die Tiere an der Weihnachtsgeschichte teilnehmen und die Pflanzen und Bäume an Ostern. Das Wesen der Schöpfung ist nicht Tod und Gleichgültigkeit, sondern Leben – Leben in seiner ganzen Fülle.

Partizipation am Schöpfungsprozeß geschieht um des Lebens willen und erfordert gute, produktive, unentfremdete Arbeit. Aus solcher Arbeit wird neues Leben entspringen, ein Leben, das ganz anders ist als das, was wir heute am Ende der Industriegesellschaft führen, ein Leben, das nicht unter der Vorherrschaft des Todes steht und todessüchtig bleibt. Arbeiter, die für die Bedürfnisse ihrer Kommune und ohne Vergewaltigung der Natur arbeiten, versöhnen Arbeit und Schöpfung. Zu dieser Aufgabe der Versöhnung sind wir alle berufen. In der katholischen Tradition werden Christus und die Heiligen oft als Handwerker dargestellt. Auf Bildern sieht man sie inmitten ihrer Werkzeuge, ihrer Netze und Sicheln, oder umgeben von den Früchten ihrer Arbeit. Diese Bilder preisen die Partizipation der Arbeiter an der Heiligung der Erde. Das Christusbild der bürgerlichen Religiosität dagegen ist entweder das süße Kind in der Krippe oder der sentimentalisierte Schmerzensmann am Kreuz. Protestanten haben Christus als Arbeiter so gut wie vergessen. Partizipation der Arbeiter am Versöhnungswerk Christi klingt in unseren Ohren fast wie Gotteslästerung. Dabei übersehen wir die wirkliche Gotteslästerung, die dem arbeitenden Menschen unter der Lohnsklaverei seine Würde raubt.

Das wichtigste Bild aus dem Neuen Testament, das etwas über Arbeit als Fortsetzung der Schöpfung Gottes sagt, ist das Leben, das Jesus und seine Freunde geführt haben. In den Evangelien wird erzählt, wie Jesus arbeitete. Es war Zusammenarbeit: mit Fischern, mit Landlosen, mit Frauen und anderen Armen, die ihm folgten. Was er tat, war: heilen, satt machen, lehren und predigen. Er betrieb Gemeinschaftsarbeit, heute würden wir es vielleicht »Stadtteilorganisation« nennen. Er drückte sich selber kreativ, schöpferisch aus in dem, was er tat. Er bezog sich auf die Bedürfnisse der Armen, indem er für sie da war. Der Sohn eines Zimmermanns wirkte bei Fischern und Arbeitslosen, von denen viele zu den Ärmsten der Armen gehörten: den Frauen. Jesus kümmerte sich um die Unterdrückten, er ging zu den Ausgestoßenen, heilte die Kranken; reagierte so auf die Notsituationen in seiner Gesellschaft. Die Bedürfnisse der Gesellschaft wurden von ihm verstanden als die Bedürfnisse der Randgruppen, der Schwächsten. Diese Beziehung auf die wirklichen Bedürfnisse der Menschen – und nicht auf eine Produktion als solche – ist vielleicht die klarste Weisung, wie wir Arbeit als sinnvoll denken können. Jesus und seine Freunde verwirklichten neue, herrschaftsfreie Gemeinschaftsformen, in denen keiner Rabbi oder Meister genannt wurde. Wird Jesu Tod als Konsequenz seines Handelns verstanden, dann wird der Versöhnungscharakter menschlicher Arbeit deutlich. Anstatt die besten Jahre unseres Lebens in sinnlosem Streben nach persönlichem Reichtum zu vertun, könnten wir ihm nachfolgen in der Einsicht, daß gute Arbeit der Weg ist, auf dem wir persönlich an Gottes weitergehender Schöpfung und an der Erlösung der Welt mitwirken.

Unabhängig davon, ob wir in der Produktion oder im Service, im Gesundheitswesen oder in der Kultur tätig sind – wir sind Arbeiter und Arbeiterinnen und setzen die Schöpfung Gottes fort, die »sehr gut« genannt wurde. Eine Produktion, die darauf gerichtet ist, die Schöpfung zu vernichten, kann im Sinn dieser Überlegungen nicht »Arbeit« genannt werden; es handelt sich um Verbrechen. Die Aufforderung des texanischen Bischofs Leroy Matthiesson, die Arbeiter der Firma Pantex, die an der Atomraketenproduktion beteiligt ist, sollten den Arbeitsplatz wechseln, sofern sie Christen wären, ist nur konsequent. Unter den drei genannten Dimensionen einer menschlichen Arbeit hat die dritte heute eine immer klarere Bedeutung: Jede Arbeit, die auf die Vernichtung der Lebenden, der Nachkommen, der Mitgeschöpfe und der ganzen Erde abzielt, ist mit dem christlichen Glauben unvereinbar. Ein Soldat ist kein Arbeiter.

Durch Arbeiten im guten Sinn können wir zur Versöhnung der Schöpfung beitragen und den Einklang zwischen ihr und der menschlichen Gemeinschaft wiederherstellen. Die Kirchenväter haben gepredigt, das Leben sei vor der Auferstehung brutal und sinnlos gewesen; die Menschen hatten keinen Anteil am Schöpfungswerk, sondern waren den Herrschern und Machtstrukturen, den »Fürstentümern und Gewalten« dieser Welt unterworfen. Als Christus durch seinen Kampf und sein Kreuz die Königsherrschaft (wie es in der alten Bildersprache heißt) gewann, da gab er die Welt in die Hand der arbeitenden Menschen zurück, in die Hand der Söhne und Töchter Gottes. Diese Sicht der Erlösung macht klar, wie weit sich zeitgenössische Theologie von einer versöhnenden Auffassung sowohl der Schöpfung als auch der Erlösung entfernt hat. Das Christentum hat in seinen Hauptströmungen die Errettung durch Christus auf ein inneres Geschehen reduziert; es hat einen Individualismus des Heils hervorgebracht, in dem der und die einzelne beansprucht, gerettet zu werden, ohne sich zu ändern oder selber zum Auslöser von Veränderung zu werden.

Diese Tendenz, den christlichen Glauben von den sozialen Bedingungen zu trennen, hat unter anderem dazu geführt, daß die Theologie fast gänzlich darauf verzichtet, Arbeit im Kontext von Schöpfung und Erlösung zu deuten. Sie ignoriert die Welten von Leid, die durch die Strukturen unserer Arbeitsorganisation entstehen. Sie verschleiert unbewußt oder sogar zynisch, daß wir als arbeitende Wesen nach dem Bilde des »großen Künstlers« geschaffen sind. Es gibt eine lange Liste mit Beispielen für die Komplizenschaft des Christentums, wenn es darum ging, schlechte, sinnlose oder schädliche Arbeit zu rechtfertigen. Das ist nicht nur das Resultat ungenügender ethischer Reflexion, sondern eine theologische Unfähigkeit, wahrzunehmen, daß Christus durch sein Wirken die Welt den Menschen zurückgegeben hat. In sinnerfüllter Arbeit geschieht Auferstehung aus der Macht der Sünde. Noch warten wir auf Arbeit, die uns versöhnt: mit uns selber, unserem Nächsten und der Natur. Durch solche Arbeit werden wir, von Gottes Macht ermächtigt, endlich sichtbar – als Gottes Kinder.

11
Sexualität und Entfremdung

Gott hat uns als Arbeitende und als Liebende geschaffen. In Gottes Bild geschaffen zu sein bedeutet, daß wir arbeiten und lieben können. Ganz bewußt versuche ich eine Theologie der Schöpfung zu entwerfen, die vom erwachsenen Menschen ausgeht und den Lebensabschnitt durchdenkt, innerhalb dessen Energie, Aktivität und schöpferische Kraft des Menschen blühen. Ich möchte, daß dieses Buch etwas vom Sommer an sich hat; kein ewiger Frühling, kein deutscher Herbst, kein nuklearer Winter. Ich versuche, im Sommer Gott zu loben. Ich bin skeptisch gegenüber theologischen Entwürfen, die sich ausschließlich auf die Grenzsituationen von Geburt und Tod konzentrieren und dadurch die Kirche zu einer Institution machen, die nur für die ganz Jungen und die ganz Alten Bedeutung hat. Wenn wir über unsere Sexualität und unsere Arbeit sprechen, dann drücken wir die einfachen, grundlegenden Lebensäußerungen unseres Erwachsenseins aus; hier erleben wir Schmerz und Glück, Scheitern und Gelingen. Was uns im Bereich unserer Arbeit und unserer Beziehungen zustößt, bestimmt unser Leben mit Gott und ist deshalb untrennbar mit unserem religiösen Leben verbunden. Wir leben das Mit-Schöpfer-Sein aus in Arbeit und Liebe.

Wenn durch Lohnarbeit das Bild Gottes in uns verdüstert und verzerrt wird, so auch durch die herrschenden sexuellen Verhaltensmuster. Es besteht eine Verbindung zwischen entfremdeter Arbeit und dem Schicksal der Sexualität in der kapitalistischen Gesellschaft. Das soziale Klima der Selbstentfremdung und Ausbeutung, das wir erzeugt haben, wirkt auf den einzelnen zurück und definiert, wer wir sind. Geringe Selbstachtung und Zynismus bestimmen in erschreckendem Maße den Charakter der Sexualbeziehungen und sind Auswüchse einer profitorientierten Gesellschaftsstruktur. Wir müssen uns fragen, warum das Fühlen und Handeln zwischen Frauen und Männern so zwanghaften, engen, vorgeformten Verhaltensmustern gehorcht. Warum sind unsere sexuellen Arrangements, wie Dorothy Dinnerstein sie als Psychologin beschrieben hat[1], so hoffnungslos? In welchem Maße sind diese verabredeten Muster von den Arbeitsbedingungen bestimmt? Der Kern des Problems scheint mir in der Unterdrückung der menschlichen Bedürfnisse zu liegen, die aus der Vorherrschaft des Tauschwerts in der kapitalistischen Gesellschaft folgt. Wo Arbeit den Gesetzen des Tauschwerts und dem universalen Bedürfnis nach Geld unterworfen ist, da bleiben unsere zwischenmenschlichen Beziehungen davon nicht unberührt. Es ist eine Illusion, wenn man meint, Leute, die von morgens bis abends für den Tauschwert »Geld« arbeiten und die ihre eigene Arbeitsleistung, ihre Beziehungen zu den Kollegen und ihr Verhältnis zu den hergestellten Produkten nach den Regeln der Tauschgesellschaft behandeln, könnten zu Hause und im Privatbereich ihre unterdrückten Bedürfnisse auf unentfremdete und menschliche Weise erfüllen. Ein Mensch, der all seine Energien der Firma widmet, auf Kosten seiner persönlichen Identität, der der Firma mit ihrem Anspruch auf Loyalität gerecht zu werden versucht, indem er ihr den größten Teil seiner Zeit opfert, hat damit auch über die Entwicklung seiner Sexualität entschieden. Dabei geht es nicht zuerst um die Quantität der Zeit, sondern um ihre Qualität! Wenn von neun bis fünf Uhr gilt: »Zeit ist Geld!« – wie soll dann die Zeit nach fünf Uhr etwas anderes sein, eine wirklich freie Zeit, eine Zeit für die Liebe?

1 Dorothy Dinnerstein: The Mermaid and the Minotaur: Sexual Arrangements and Human Malaise, New York 1976 (Harper & Row); dt.: Das Arrangement der Geschlechter, übersetzt von Hilde Weller, Stuttgart 1979 (Deutsche Verlags-Anstalt).

Der junge Marx benutzte den Ausdruck »Entfremdung«, um die menschliche Arbeit im Frühstadium der Industrialisierung zu charakterisieren. In seinem späteren Werk sprach Marx anstelle von Entfremdung von »Warenfetischismus«. Diesen Begriff gewann er aus der Unterscheidung von Gebrauchswert und Tauschwert; damit wollte er erklären, daß und wie die Vergötzung der Ware und des Tauschwerts nicht nur unsere wirklichen Wünsche unerfüllt läßt, sondern sogar unsere tiefsten menschlichen Bedürfnisse zerstört. Der Ausdruck »Bedürfnis« im Kontext des Werkes von Karl Marx kommt nach meinem Verständnis dem, was wir in der Religion »Seele« nennen, sehr nahe.

Geradeso, wie unsere Bedürfnisse manipuliert und verzerrt werden können, kann auch die Seele verlorengehen, vergessen werden und zugrunde gehen. Was sind denn unsere authentischen Bedürfnisse? Ich habe in diesem Buch viel von dem menschlichen Bedürfnis nach Zusammengehörigkeit, wechselseitiger Beziehung und Kommunion gesprochen. Alle wollen kommunizieren. Der Wunsch, Teil eines größeren Ganzen zu sein und die Grenzen des eigenen Ichs zu überschreiten, ist Ausdruck jenes Triebes, »die lebende Substanz zu erhalten und zu immer größeren Einheiten zusammenzufassen«, den Sigmund Freud den »ewigen Eros«[2] genannt hat. Dieser Trieb drängt uns zu immer umfassenderen menschlichen Beziehungen und Stufen der Kommunikation. In Beziehung zu stehen ist zentral für menschliches Leben. Alle Dinge stehen im Lebenszusammenhang, sind von Grund auf »sozial«, in Beziehung stehend, und wegen dieser fundamentalen Beziehungshaftigkeit habe ich mich gegen die Vorstellung von einem autonomen, zurückgezogen in sich ruhenden Gott gewehrt, der das Andere weder ersehnt noch braucht.

Aber im Kapitalismus ist die Beziehung Ware geworden. Unsere Triebe und Leidenschaften sind vom sozialen Leben ausge-

2 Sigmund Freud: Das Unbehagen in der Kultur, Wien 1930; zitiert nach: Studienausgabe, Bd. IX: Fragen der Gesellschaft, Ursprünge der Religion, Frankfurt/M. 1974 (S. Fischer Verlag), S. 246 und 270.

schlossen. Wir arbeiten für Tauschwerte; da aber Geld unsere wirklichen Bedürfnisse nicht stillen kann, wird unser Verlangen nach Geld grenzenlos. Auch die Suche nach Sexualobjekten ist – in Analogie dazu – grenzenlos, denn der Gebrauchs- oder Tauschwert von Körpern vermag unsere wirklichen Bedürfnisse nach Sexualität und Liebe nicht zu erfüllen. Unser Bedürfnis nach Beziehung wird unterdrückt, weil unsere sozialen Bedürfnisse von ihrem eigentlichen Ziel abgelenkt und in eine falsche Richtung gedrängt worden sind, nämlich auf Tauschwerte hin. Da die eigentlichen Ziele unserer Triebe und Wünsche verfehlt werden, bleiben wir ständig unbefriedigt und daher unzufrieden. So wird der Drang zur Wiederholung des Vergangenen unausweichlich. Das Ziel sexueller Wünsche verlagert sich von einer konkreten, unverwechselbaren Person auf ihre körperlichen Reize oder ihre modische Verpackung. Aus der Person wird ein Objekt, eine sexuelle Ware, die man wie jede andere Ware besitzen oder kaufen kann. Gekauft oder besessen wird abstrakte Sexualität – ein bloßes »Sex-Objekt«. Anonymer Sex, durch den Menschen ihre erotischen Bedürfnisse mit beliebigen Partnern umschweiflos befriedigen, oder der »sportliche« Sex des guttrainierten Sexualathleten sind Kümmerformen der Sexualität; sinnliche Erregung ist getrennt von Gefühl und Erwartung, Sexualität von menschlicher Verbundenheit, Liebe von Erkenntnis.

Wenn eine Ware ihren Wert nicht in sich selbst trägt, jedenfalls nicht für ihren Besitzer oder Käufer, dann kann sie allein aufgrund ihres Tauschwerts zum Fetisch werden. Sie wird – theologisch gesprochen – zum »Götzen«, und ihre Wertschätzung ist Götzendienst. In einer vom Tauschwert bestimmten Gesellschaft gerät alles, was seinen ursprünglichen Gebrauchswert verloren hat, in die Mühle des Warenfetischismus. Das gilt ganz besonders für die Sexualität. Jeder menschliche Körperteil (Beine, Genitalien, Brüste, Hintern) kann zu einem käuflichen Sexualfetisch werden. Standardvorstellungen von Schönheit und Sinnlichkeit im allgemeinen oder partialisierte Sexualobjekte werden mit anderen Produkten in Verbindung gebracht, um deren Verkäuflichkeit zu erhöhen. So arbeitet die Werbung: Man schafft die Illusion, Schönheit oder Sinnlichkeit zu kaufen, während der tatsächliche Gebrauchswert des angepriesenen Produkts – einer Zigarette, eines Getränks zum Beispiel – verschleiert wird. Angesprochen wird in dieser Bewußtseinsindustrie die unbewußte Sexualität des Konsumenten; seine Kaufbereitschaft wird immer wieder neu angestachelt, da es ihm ja nicht gelungen ist, durch den einmaligen Erwerb der angepriesenen Ware in den Genuß der in der Werbung verheißenen Lust zu gelangen.

Je mehr unsere Arbeit und unsere Produkte der fast totalen Herrschaft des Tauschwerts – also des Geldes – zum Opfer fallen, desto mehr wird auch unser Bedürfnis nach sexueller Kommunikation unterdrückt. Statt dessen entstehen Einheitsvorstellungen von dem, was angeblich schön und sexy ist, wobei jugendliches Aussehen eine Hauptrolle spielt. Der Film »Harold und Maude« zeigt, was aus Menschen wird, wenn Kommunikation nur noch als Körperkontakt verstanden wird und Schönheit sich in eine standardisierte Ware ohne Individualität und Persönlichkeit verwandelt. Harold, die jugendliche Hauptfigur des überaus komischen Films, sucht verzweifelt nach jemandem, der sich ihm zuwendet und dem er trauen kann. Er lebt im Hause seiner Millionärs-Mutter; an der Stelle echter menschlicher Beziehung ist grotesker Luxus, Sucht nach mehr materiellen Gütern, Protzerei und gesellschaftlicher Verkehr von Menschen getreten, die sich nichts zu sagen haben, ja einander hassen. Harolds Mutter und zwei ihrer ständigen Begleiter, ein General und ein Priester, führen ihm pausenlos attraktive junge Frauen zu, um seine gedrückte Stimmung aufzuheitern und »einen Mann aus ihm zu machen«. Aber Harold verkriecht sich immer mehr in sich selbst und stellt sich, ähnlich wie Hamlet, wahnsinnig, um diesen Zumutungen und dem sublimen Terror der falschen Bedürfnisse zu entgehen. Er sehnt sich nach etwas, das über den Warenfetischismus seiner mütterlichen Welt hinausgeht. Schließlich lernt Harold die Liebe kennen, aber in einer Form, die in den Augen seiner Mutter und ihrer Freunde nur absurd und abstoßend erscheinen kann: als Liebesbeziehung zwischen ihm und einer ganz alten Frau.

Die Ironie in »Harold und Maude« ist, daß in einer Welt des Konsumismus die Liebe eine Unbekannte, eine Fremde bleibt. Sie erscheint in der Verkleidung einer alten, gebrechlichen Frau, voller Falten und dem Sterben nahe: Echte Liebe bleibt – für die Augen dieser Welt – unsichtbar beziehungsweise erscheint als Verrücktheit. In der vom Konsum geprägten Warenwelt ist die Liebe etwas, das man wie alles andere kaufen kann. Das zeigt sich bis in die Sprache. Der Ausdruck »Liebhaber« bezeichnet heute kaum noch einen Liebenden, sondern im Jargon der Werbung einen Mann, der seine Wünsche durch Geld erfüllt: »Sind Sie ein Liebhaber guter Weine? Schneller Autos? Ein Liebhaber des Erfolgs? Dann legen Sie Ihr Geld bei der XXX-Bank an!« Kaufen und Besitzen ist, wie Karl Marx gesagt hat, zum »Sinn par excellence« geworden, zum »Sinn aller Sinne«. An die Stelle der Religion als Ausdruck für »das, was uns unbedingt angeht« (Paul Tillich) ist die Wirtschaft getreten.

So wie der Konsumismus unsere Bedürfnisse nach sinnvoller Arbeit, nach Selbstwertgefühl, Würde und friedlichen Sozialbeziehungen ohne Konkurrenz unterdrückt hat, so beherrscht er auch unsere familiären und sexuellen Beziehungen. Es wäre oberflächlich, im Zusammenbruch der traditionellen Werte, in der Krise der Familie und der Verherrlichung sexueller Promiskuität einfach nur ein moralisches Problem zu sehen, das gelöst werden könnte, wenn eine selbsternannte moralische Mehrheit mit »gesundem Volksempfinden« wieder sittliche Maßstäbe setzte. Der Zusammenbruch des traditionellen Wertesystems ist die Konsequenz aus einem Wirtschaftssystem, das den Tauschwert höher bewertet als den Gebrauchswert, den Profit höher als die Lebensqualität der Menschen, und in dem das Kapital über die Arbeit herrscht. Es ist in unserem System rationeller, Panzer zu produzieren als Bewässerungsanlagen; es ist gewinnbringend, sein Geld in der Industrie mit dem größten Wachstum anzulegen, der Rüstungsindustrie. Die wirtschaftliche Entscheidung, die dahintersteht – für den Tauschwert und ohne Rücksicht auf den Gebrauchswert –, hat aber nicht nur Folgen für die objektiven Ziele der Produktion, sie hat auch unsere subjektiven Triebe, Instinkte und Bedürfnisse verbogen und verunstaltet. Dieses System hat alle unsere Beziehungen verändert und unsere Beziehungsfähigkeit verkümmern lassen. In einer Klassengesellschaft kann man keine ungehinderten Beziehungen zu Mitgliedern einer anderen sozialen Klasse aufnehmen; in einer rassistischen Gesellschaft können die Mitteleuropäer ihren türkischen Brüdern und Schwestern nicht offen die Hand reichen; in einer sexistischen Gesellschaft ist es gefährlich, wenn Frauen von Männern Respekt oder gar Solidarität erwarten.

Der größte Teil der Werbung ist ein Werkzeug kultureller Unterdrückung, das mehr als jedes andere Massenerziehungsmittel für die Zerstörung echter menschlicher Werte getan hat. Ich denke an Werte wie Achtung vor dem Alter, Hilfsbereitschaft gegenüber Armen und Behinderten und Toleranz für Minderheiten. Jeder, der versucht, Kinder nach Wertvorstellungen zu erziehen, die anders sind als die der herrschenden Zivilisation, weiß das. Die meisten Auseinandersetzungen, die ich mit meinen eigenen Kindern etwa bis zum Alter von zwölf Jahren gehabt habe, drehten sich darum, daß sie – beeinflußt durch die Massenmedien – etwas haben oder kaufen wollten, um damit bei ihren Altersgenossen Eindruck zu machen. Der unmittelbare Sinn der Werbung ist, Waren zu verkaufen, aber in den hochentwickelten kapitalistischen Gesellschaften hat die Werbung längst die Rolle eines Massenerziehungsmittels übernommen. Der Zweck ist nicht mehr nur, ein bestimmtes Produkt zu verkaufen, sondern ein Klima herzustellen, in dem Kaufen und Verkaufen, Handeln und Einsparen – hier drei und da zehn Prozent – zu den wichtigsten menschlichen Tätigkeiten aufrücken. Der Wert von Menschen wird immer mehr von ihren Beziehungen zum Geld abhängig gemacht. Die Werbung reduziert alles menschliche Tun auf die Produktivität und den Konsum von Dingen. Frauen sind in besonderem Sinn Opfer dieser Erziehung zum totalen Konsum.

Früher wurden sie nur neben anderen käuflichen Gegenständen verkauft, sie waren Objekte, heute sind sie zu Agenten geworden, die, ohne es zu wissen, an der totalen Veränderung der menschlichen Bedürfnisse arbeiten. Eine Anzeige für die Zeitschrift »American Business«, die über Geldanlagen und Vermögensbildung berät, enthält unter dem Großfoto einer Frau die handgeschriebenen Zeilen: »Hallo, Darling! Ich mag Männer, die Geld mögen, die wissen, wie man es bekommt, und die es genießen. Ich wette, Du bist einer von ihnen – und möchte Dich zum Bezug einer Zeitschrift einladen, die Dich *sündhaft* reich machen kann ... Laß mich nicht warten. Los, komm und sei ein Schatz!«[3]

Noch sind die Menschen nicht ganz so, wie der totale Kapitalismus sie haben will. Deshalb müssen sie dem Geisteszustand, der sich in dieser Anzeige ausdrückt, angepaßt werden. Diese Bewußtseinsmanipulation läuft heute mehr denn je über die Frauen. In der üblichen Kleinfamilie ist der Mann der Geldverdiener, während die Frau die Einkäufe und Anschaffungen plant und macht. Kein Wunder, daß sie als »der Verbraucher« zugleich das Angriffsziel wie auch das Opfer der neuen Massenbeeinflussung wird. Die generelle Absicht der Massenerziehung ist es, die menschlichen Sehnsüchte zu verändern. Unsere tiefreichenden Wünsche, anders zu leben und schöner, besser, klüger und glücklicher zu sein, müssen umfunktioniert werden in das Bedürfnis, anderes zu haben, zu besitzen oder zu verbrauchen. Unsere Hoffnungen und Träume haben mit unserem Sein zu tun, aber sie werden auf die Erzeugnisse der Industrie abgestellt.

Eine Juwelierfirma mit Filialen in der ganzen Bundesrepublik, die zufällig auch noch den Namen »Christ« trägt, wirbt mit folgendem Text: »Christ bringt Glück in die Liebe. Christ ist ein Schatz. Christ hat ein Herz für Verliebte. Und hat deshalb die

3 »DARLING: I like men who like money – who know how to get it, enjoy it. I'm betting you're one of them, and I'd like to give you a subscription to a magazin that's SINFULLY enriching ... Hurry. Don't keep me waiting. C'mon, be a darling.« New York Times, 21. 2. 1980, S. B9.

Christ-Love-Line kreiert. Eine Geschenkidee, mit der man besonders charmant ausdrücken kann, wie es einem ums Herz ist. Viel besser und viel schöner als mit Worten. Die Christ-Love-Line hat aber auch noch andere Gefühle eingefangen. Zum Beispiel ... das Gefühl für die angemessenen Werte. Denn die ganze Christ-Love-Line wird aus 750er Gold gefertigt. Aus jenem hochkarätigen Gold also, das besonders schön und besonders wertvoll ist: das Gold zum Verlieben.« Neben diesem Text ist das maskenhafte Gesicht einer jungen Frau mit gefrorenem Lächeln und halbgeöffnetem Mund zu sehen, über deren goldgeschmückte Hand ein Mann sich zum Kuß beugt. Man fragt sich, was für ein Glück diese Frau, die auch an Ohrläppchen und Hals »das Gold zum Verlieben« trägt, wohl erwartet?

»Denn wo euer Schatz ist, da ist auch euer Herz« (Matthäus 6,21). Die Werbung diktiert, wo unser Schatz zu sein hat. Dabei verfolgt sie drei erzieherische Ziele: Leugnung kollektiver Bedürfnisse, Unterdrückung authentischer individueller Bedürfnisse und Weckung künstlicher Bedürfnisse. In einer Industriegesellschaft gibt es für jeden Menschen Bedürfnisse, die er mit anderen gemein hat. Zum Beispiel braucht jeder einen angemessenen Arbeitsplatz, sauberes Wasser, öffentliche Verkehrsmittel, Schulen und Krankenhäuser. Keines dieser Grundbedürfnisse erscheint in der Werbung. Unsere gemeinsamen Wünsche und Werte werden zum Schweigen gebracht oder auf den Privatbereich eingegrenzt. Es ist lebensnotwendig, die Sprache unserer Wünsche, Hoffnungen und Träume laut werden zu lassen, aber in der Welt der Werbung gibt es anscheinend nur materielle und individualistische Bedürfnisse. Das ist besonders gefährlich für Minderheiten und unterprivilegierte Gruppen wie Frauen und Arme. Man bringt ihnen bei, zu vergessen, was sie wirklich brauchen; sie werden entpolitisiert und sollen von einem erfüllten menschlichen Leben nicht einmal mehr träumen dürfen. Statt dessen preist die Werbung Luxusartikel an: »Nur wenige Dinge im Leben sind gut genug für ein ganzes Leben.« Mit diesem Slogan wirbt eine Herstellerfirma von teuren Fotoapparaten für ihre Spitzenmodelle.

Diese Zwänge beschädigen Frauen besonders im Blick auf ihre sexuellen Bedürfnisse. Die Werbung verführt sie dazu, die risikoreiche erwachsene Suche nach einem angemessenen Partner einzutauschen gegen die kindlich-magische Vorstellung vom Traummann, dem Märchenprinzen, den man »kriegt« wie irgendeine andere Ware. Aber die Wünsche des einzelnen nach persönlicher Würde, nach Liebe und Sicherheit lassen sich nicht einfach zum Verstummen bringen. Deshalb muß die Werbung diese Wünsche manipulieren und Erfüllung vom Kauf dieser oder jener Sache abhängig machen: »Wärme für ein ganzes Leben« verheißt eine Reklame für Öfen.

Konsumismus ist die Religion einer Gesellschaft, in der jedes Bedürfnis nach menschlicher Nähe und persönlicher Beziehung pervertiert wird zu einem Bedürfnis nach Waren. Der ursprüngliche Wunsch, geliebt zu werden, bleibt zwar erhalten, ist aber ins Unbewußte abgedrängt worden. Im Bewußtsein der Menschen herrscht das Bedürfnis, etwas zu bekommen, zu besitzen, zu kaufen; die Werbung berührt die unbewußten tieferen Wünsche, spielt auf sie an und benutzt ihre Kraft, um zum Konsum anzureizen. Da aber das, was unterdrückt wird, immer von neuem wiederkehrt, müssen die unterdrückten Wünsche jedesmal, wenn sie an die Oberfläche kommen, aufs neue getäuscht werden. Die Werbung redet uns ein, niemals zufrieden zu sein. Wie sollten wir es auch angesichts des massenhaften Warenangebotes, das uns umgibt?

In der Welt der Werbung, in der unablässig neue, überflüssige Bedürfnisse geweckt werden, verfallen die wirklichen Grundbedürfnisse des Menschen der Prostitution. Selbst die von alternativen Bewegungen wiederentdeckten Werte wie Einfachheit und Natürlichkeit werden zu Reklamezwecken ausgebeutet. »Naturbelassen« als Prädikat für Konservenprodukte oder »natürlich-pflegend« für Kosmetikartikel sind typische Beispiele für den Versuch, auch den Wunsch nach Abkehr von Künstlichkeit und Luxus noch der Bedarfsdeckung dienstbar zu machen. Die grundlegenden materiellen Bedürfnisse nach Essen, Unterkunft und Kleidung erlauben bekanntlich eine fast unendliche Differenzierung. Anders zu sein als alle, Individualität durch Verschiedenheit und Neuheit zu beweisen statt durch Einfachheit – wie es einer älteren amerikanischen Tradition im Gefolge Henry David Thoreaus entsprach – gilt dabei als Trumpf. Viele Frauen der Mittelklasse sind heute in steigendem Maße unzufrieden mit ihrer traditionellen Frauenrolle. Die Werbung weiß das und benutzt diesen Wunsch, nicht um die Rollenverteilung zu verändern, sondern um die Frauen dazu zu bringen, die Konsumgüter auszuwechseln.

Man kann die Werbefachleute als Priester einer neuen Religion verstehen. Wer spricht hier eigentlich? Es ist die Stimme eines allwissenden und allmächtigen Gottes, der im Plural majestatis versichert: »Bevor wir anfingen«, nämlich mit der Erschaffung eines neuen Automodells, »haben wir erst mal den Katalog Ihrer Wünsche studiert.« Und die Verheißung dieses Gottes lautet: »Zuverlässig in die Zukunft!« Der Gott der Werbung »weiß, was Frauen wünschen«, und sorgt sich um den in seinem Beruf geplagten Mann: »Erholen Sie sich vom Streß Ihrer Industriewelt« durch eine Urlaubsreise in die Südsee, schon während des Fluges »werden Sie die sanfte Wärme spüren, die nur von Menschen kommen kann, die im Paradies leben«. Allerdings hat der Angesprochene dem göttlichen Rat sofort zu gehorchen: »Bestellen Sie noch heute ... gleich abschicken!« Gerade jetzt hat die Bekehrung zu geschehen, und das Angebot ist »ganz persönlich für Sie reserviert«!

Religiöse Sprache, wohin man sieht: Versprechungen von Paradies und Zukunft, von Erlösung und Heil, die so total sind wie nur einst die Versprechungen der Religion. Gleichzeitig gelten strenge Heilsgesetze: Nur wer kauft, kann gerettet werden. Andernfalls kommt die Strafe der ewigen Einsamkeit auf den Menschen mit dem schlechten Körpergeruch und die Strafe der ewigen Lächerlichkeit auf den mit der veralteten Wohnungseinrichtung. Gesegnet aber ist die Frau, die sich für den extravaganten Schmuck entschieden hat, »weil es eine schöne Gewißheit ist, seine Nummer eins zu sein«. Man sieht: Die Letzten werden die Ersten sein.

Eine Gesellschaft, die auf solche Weise unsere Träume pervertiert und unsere Gefühle in einen goldenen Käfig mit käuflichen Dingen sperrt, ist eine falsche Gesellschaft. Denn Waren können unsere wirklichen Bedürfnisse nicht befriedigen. Was wir brauchen, ist Kommunikation, der Umgang mit anderen Menschen, das wechselseitige Geben und Nehmen der Liebe. Nur Gott kann – religiös gesprochen – unsere Bedürfnisse stillen. Aber Gott – das muß gleich hinzugefügt werden – handelt ausschließlich durch Menschen, nicht durch materielle Idole. Der Gott, der unsere Wünsche stillen kann, ist kein überweltlicher Automat, der all unsere weltlichen Wünsche auf magische Weise erfüllt. »Unruhig ist unser Herz, bis es ruhet, Gott, in Dir«, sagt Augustinus. Daß Gott allein unsere Bedürfnisse stillen kann, ist eine Glaubensaussage, die – anthropologisch aufgeschlüsselt – drei Dinge bedeutet. Erstens bringt sie das Grenzenlose unserer Bedürftigkeit zum Ausdruck; die Transzendenz unserer Wünsche, die durch keine materiellen oder käuflichen Dinge gestillt werden können. Dieser Satz ist sodann eine Bestätigung unserer Abhängigkeit: Was wir brauchen, erhalten wir nicht durch individuelle Anstrengung. Wir gehören hinein in das große Gewebe des Lebens und bedürfen zu unserer Befriedigung der anderen Menschen und Kreaturen. Drittens ist unsere Bedürftigkeit eine Grundbedingung unserer Existenz und als solche weder beklagenswert noch zufällig. Bedürftig zu sein gehört unabdingbar zum menschlichen Dasein, und das fundamentalste Bedürfnis, das wir kennen, ist das Bedürfnis, daß andere unser bedürfen.

Wir brauchen die Erfahrung und das Gefühl, gebraucht zu werden. Und genau um diese Erfahrung betrügt uns das sexuelle Arrangement, das sich zwischen den Menschen etabliert hat. Die Liebe hat heute zwei Feinde; der eine ist ein alter Patriarch, der andere ein flotter junger Mann. Der Patriarch beginnt alle seine Aussagen mit »Du sollst nicht!«. Alles möchte er unter seine Kontrolle bringen, besonders die Frauen. Er vertritt die traditionellen Werte in Religion und Familie, er ist gegen vorehelichen Geschlechtsverkehr, gegen das Selbstbestimmungsrecht der Frauen und gegen Homosexualität. Mit legalen und illegalen Mitteln versucht er, seinen Willen durchzusetzen. Er tritt auf als unterdrükkender Vater oder als maßregelnder Kirchenbeamter. Der neurotische Konflikt, den er normalerweise verursacht, ist der ödipale. Der andere, der neue Feind der Liebe vermeidet diese Formen der Unterdrückung; deshalb ist es schwieriger, die von ihm ausgehenden Zwänge zu entdecken. Sex ist für ihn keine »Sünde« – ein Wort, das er, der jeden Moralismus verabscheut, gar nicht in den Mund nehmen würde –, sondern eine Ware. Das Bedürfnis nach Beziehung wird von ihm durch Konsumismus ersetzt. Er beutet unsere Gefühle aus; er denkt nicht daran, sie zu unterdrücken. Er macht die Beziehungen der Geschlechter zu etwas Trivialem, Sexualität verkommt zur Ware. Der daraus entstehende neurotische Konflikt ist Narzißmus.

Etwa seit Mitte der siebziger Jahre benutzen mehr und mehr Psychotherapeuten die griechische Sage von Narziß zur Deutung der Probleme ihrer Patienten. An die Stelle von Ödipus ist Narziß als Träger von Frustrationen, Neurosen und Depressionen getreten. Er, der Sohn eines Flußgottes, war ein junger Mann von unwiderstehlicher Schönheit. Alle Frauen, die ihn sahen, begehrten ihn; er aber nahm sie noch nicht einmal wahr. Die strahlendste Nymphe mit Namen Echo verliebte sich in ihn, aber seine abweisende Kälte verletzte sie so sehr, daß sie dahinschwand, bis nur noch ihre Stimme – das Echo – von ihr übrigblieb. Als das die Götter erfuhren, wurden sie aufgebracht und suchten Narziß zu bestrafen. Nemesis, die Rachegöttin, wurde zur Ausführung dieses Plans ausersehen. Sie brachte Narziß dazu, sich in sich selbst zu verlieben. Als er sich über das Wasser eines klaren Teichs beugte, um zu trinken, verliebte er sich in sein eigenes Spiegelbild, und er wurde von brennender Begierde nach sich selbst ergriffen. Das Bild des schönen Jünglings im Wasser ließ ihn nicht mehr los, und er blieb an sein eigenes Spiegelbild gefesselt, bis er starb. Noch als er den Styx überquerte, den Fluß, der das Reich der Toten von dem der Lebendigen trennt, lehnte er sich über den Bootsrand, um in den spiegelnden Fluten einen letzten Blick auf sich selbst zu erhaschen.

Narziß ist schön, aber ohne jedes Gefühl. Zu seiner Umwelt hat er keinerlei Beziehung. Keine Interessen verbinden ihn mit anderen Menschen, von ihren Bedürfnissen und Wünschen ist er getrennt. Mit dem Tod ist für Narziß alles aus. Weder Vergangenheit noch Zukunft haben Einfluß auf ihn; nichts zählt als nur der Augenblick der Selbstbespiegelung. Eine ziellose Traurigkeit liegt in seinem Blick. Unberührbar und alterslos ist seine Schönheit. Die freundlichen Nymphen, die der Sage nach seinen Leib bestatten wollten, konnten ihn nicht finden. Wo er gelegen hatte, blühten nur liebliche neue Blumen, denen sie den Namen Narzissen gaben. – Spielt diese Geschichte nicht in unserer Zeit, handelt sie nicht von uns selbst? Wer möchte nicht schön, alterslos, unverletzlich und von sich selbst bezaubert sein? Eine Zeitschrift »für selbstbewußte Frauen« wirbt mit den Schlagzeilen: »Ich genieße das Leben – Ich fühle mich wohl in meinem Körper – Ich habe mehr Selbstvertrauen« und verheißt »neue Erkenntnisse über die erotische Ausstrahlung« mittels eines Tests und »ein ganz neues Psycho-Training«. Sind das die vorrangigen Ziele unseres Lebens?

Narziß ist ein Mensch von heute. Das läßt sich durch viele Beispiele aus der Werbung illustrieren. Vor mir liegt die ganzseitige Anzeige einer Firma für Partnervermittlung, in der es heißt: »Ihre ganz speziellen Wünsche und Vorstellungen von Ihrem zukünftigen Partner tragen Sie bitte in den untenstehenden Partner-Fragebogen ein. Wir ermitteln dann für Sie den zu Ihnen am besten passenden Partner.« Wer diesen Fragebogen ausfüllt, muß auf zwei vollen Spalten eine Vielzahl von persönlichen Auskünften über sich selbst geben. Für die Wünsche an den zukünftigen Partner ist lediglich eine Drittelspalte vorgesehen mit Fragen vor allem nach Alter, Größe und Gewicht sowie nach den Vermögensverhältnissen. Das ist unverhüllter Zynismus. Der gesuchte Partner – so wird suggeriert – ist ein Objekt, das man durch sorgfältige Planung und Berechnung erwerben kann. Dazu bedarf es psychologischer Tests und computertechnischer Auswertungen; die Teilnahme daran ist natürlich »völlig unverbindlich« – so unverbindlich wie die auf diese Weise entstehenden Partnerschaften, die darauf beruhen, daß Übereinstimmung besteht in den finanziellen Verhältnissen, im Freizeitverhalten, im Sexualverhalten und in den Konsumgewohnheiten.

Was über die in diesen Bereichen realisierbare »Selbstverwirklichung« des einzelnen hinausgeht, hat keinerlei Bedeutung. Religion und Politik spielen keine Rolle in der narzißtischen Kultur, sie sind Relikte früherer Gemeinsamkeiten, die heute an die dafür zuständigen Spezialisten delegiert sind. Es klingt wie ein Märchen, daß die großen religiösen und politischen Fragen einmal Ausdruck der wahren Beziehungen zwischen den Menschen gewesen sind, daß um ihre Lösung gemeinsam gerungen worden ist und daß die Auseinandersetzung über Wahrheit und Gerechtigkeit die Menschen geeint oder entzweit hat. Diese Zeiten sind vorbei; die gegenwärtige Kultur des Narzißmus scheut Auseinandersetzungen und Kämpfe, der schöne Jüngling lehnt durchaus friedlich an einem Baumstamm und verharrt in der Selbstbespiegelung. Narziß kennt das Glück nicht, das darin besteht, eine als unüberschreitbar geltende Grenze endlich doch zu überschreiten. Bewegungslos, antriebslos und von sich selbst bezaubert, hockt der Narziß von heute vor dem Teich der Gegenwart, aus dem ihm immer nur sein eigenes Gesicht entgegenblickt.

Die Liebe wird heute bedroht von alten und neuen Feinden, die sich manchmal auf merkwürdige Weise miteinander verbünden. Die Unterdrückung in der älteren jüdisch-christlichen Kultur berief sich auf die Natur und ein scheinbar natürliches Verständnis der menschlichen Sexualität, als deren Sinn die Fortpflanzung angesehen wurde. Fortpflanzung als natürlich, notwendig und gesellschaftlich erzwungen ist die ideologische Basis des sexuellen Konservatismus, des alten Feindes der Liebe. Innerhalb der christlichen Tradition sind Heterosexismus und Frauenhaß die auffallendsten Formen der Sexualfeindlichkeit.

Der Widerstand, den viele Kirchen der Sexualerziehung, der Geburtenkontrolle und dem Selbstbestimmungsrecht der Frauen entgegensetzen, ist empörend, vor allem wenn man ihn mit dem geringen Widerstand gegen Aufrüstung, Erziehung zum Krieg und Militarismus vergleicht. Der Gebärzwang wird ideologisch untermauert und als Grundbedingung der Schöpfung oder als Ausweis der Normalität und Natürlichkeit des menschlichen Lebens angesehen. Auf dieser Basis werden homosexuelle und lesbische Beziehungen verdammt. Die kirchliche Repression gegen Homosexuelle, die sich offen zu ihrer Partnerwahl bekennen (weil sie wissen, daß das Verbergen und Verdrängen den Sinn menschlicher Sexualität zerstört), ist ein schwerer Angriff gegen die Ebenbildlichkeit des Menschen mit Gott. Hier wird Religion zur Aufrechterhaltung einer Herrschaftskultur mißbraucht und werden Menschen in Angst- und Schuldgefühle hineinmanipuliert.

Bei einem Einstellungsgespräch wurde ein Freund von mir gefragt: »Stimmt es, daß Sie homosexuell sind?« Er hat geantwortet: »Ich habe Sie ja auch nicht gefragt, ob Sie heterosexuell sind! Hätten Sie mich gefragt, ob ich silberne Löffel stehle oder kleine Kinder verführe, dann hätte ich für Ihre Frage Verständnis aufbringen können.« Sein Gesprächspartner, übrigens ein kirchlicher, war offenbar gegenüber seiner eigenen Sexualität so entfremdet, daß er die Andersartigkeit eines anderen Menschen nur verdächtigen und mehr oder weniger deutlich verurteilen konnte.

Für eine Theologie der Sexualität, die den Menschen als ein Wesen versteht, das auf Beziehung hin angelegt und geschaffen ist, ist allerdings der neue Feind der Liebe nicht weniger bedrohlich. Der Konsumismus hat seine spezifischen Marktmechanismen für die Ware Sex entwickelt. Sexualität, im weitesten Sinne des Wortes, betrifft unsere Beziehungsfähigkeit. Wird aber Sexualität reduziert auf den Koitus oder den genitalen Orgasmus, so wird die Integration der ganzen Person in eine Beziehung erschwert und das Ausmaß unserer Ekstase vermindert. Wir sprechen von Reduktionismus, wenn ein vielschichtiges und vielfältiges Phänomen zu einem eindimensionalen, streng definierten und damit kontrollierbaren Faktum zurechtgestutzt wird, wenn also etwas, das in Wirklichkeit tausend verschiedene Erscheinungsformen und Qualitäten hat, auf eine einzige quantifizierbare Maßeinheit reduziert wird. Wird Sexualität auf den Geschlechtsakt begrenzt, so spielen andere sinnlich-körperliche Erfahrungen keine Rolle mehr, und die sogenannten Partialtriebe werden ignoriert. Das Ergebnis dieser Reduktion menschlicher Sexualität auf den reinen Geschlechtsakt ist eine Verarmung des Gefühlslebens, ist Lust ohne Phantasie, eine Lust, die die Abwesenheit von Geist nötig hat. Sexuelle Erfahrungen werden dann nicht geteilt, sie kommen nicht im wechselseitigen Geben und Nehmen zur Entfaltung und machen uns selber nicht wachsen. Der Traum vom anonymen Sex ist der Traum der Warenwelt mit ihren austauschbaren und käuflichen Objekten. Diese Häresie verleugnet, daß Ganzheit möglich sei.

Eine der ältesten menschlichen Sehnsüchte, eine Sehnsucht, die in vielen Vorstellungen von erfüllter sexueller Beziehung wiederkehrt, ist die Hoffnung, daß es uns gelänge, die rationalen und die irrationalen Schichten unseres Wesens miteinander zu versöhnen. Diese Sehnsucht hat immer wieder Ausdruck in großen Kunstwerken gefunden, besonders in den klassischen. Ich denke an Werke von Shakespeare, Rembrandt und Mozart, aber auch an das, was Picasso und Brecht – um nur einige Namen zu nennen – im 20. Jahrhundert geschaffen haben. Wenn wir zum Beispiel Mozarts »Zauberflöte« hören, so werden wir der versöhnenden und integrativen Macht seiner Musik gewahr. Wir werden verlockt von dem Versprechen, das jedes große Kunstwerk enthält, nämlich »das sprachlose, irrationale Wesen tief in uns selbst«[4] zu erlösen. So ist auch echtes Lob Gottes nur dann möglich, wenn alles, was in uns ist, sich im Loben löst und frei wird, wenn kein Teil des Selbst ausgeschlossen bleibt oder unterdrückt wird.

4 Dinnerstein, The Mermaid and the Minotaur, a.a.O., S. 11.

Aber die konsumistische Gesellschaft, die nach Pier Paolo Pasolini[5] von einem »hedonistischen Faschismus« beherrscht wird, zwingt uns zur Verleugnung unseres Personseins und zum Verzicht auf die Integration unserer so verschiedenen Triebe, Kräfte und Fähigkeiten. Eine von den Gesetzen der Marktwirtschaft bestimmte Gesellschaft bietet keinen Raum für unser Bedürfnis nach Ganzheit, sie muß deshalb dieses Bedürfnis verleugnen und es als unausweichlich hinstellen, da wir sogar den Anspruch auf Ganzheit aufgeben.

5 Pier Paolo Pasolini: Freibeuterschriften. Die Zerstörung der Kultur des einzelnen durch die Konsumgesellschaft, Berlin 1978 (Verlag Klaus Wagenbach).

12
Ekstase und Vertrauen

Manchmal, wenn ich jemandem zuhöre, dessen psychosexuelle Geschichte voller Unglück ist, oder wenn ich mich unter Menschen finde, die an sexueller Entfremdung schon kaum mehr leiden, weil sie es nicht anders kennen, spüre ich das dringende Bedürfnis nach einer Sprache, die über den analytischen Diskurs hinausgeht. Ich brauche eine Sprache, die mehr leistet als nur die Darstellung der sexuellen Nöte. Es genügt nicht, die psychosexuelle Entwicklung zu erklären, aufgrund deren jemand unfähig zur Liebe geworden ist, oder die sozioökonomischen Bedingungen zu analysieren, die sexuelle Entfremdung als unausweichlich erscheinen lassen. Das Bedürfnis nach Selbstmitteilung, nach einem gemeinsamen Ausdruck nicht nur für unser Versagen und Verzweifeln, sondern auch für unsere Hoffnungen und Träume, das Bedürfnis, unsere Gefühle und Erwartungen öffentlich zu machen, wird von einer bloß analytischen Sprache nicht erfüllt. Erklärungen und Deutungen genügen nicht; wir brauchen eine andere, neue Sprache. Ich brauche eine Vision, die ich mit anderen teilen kann. Wir brauchen eine integre und ganzheitliche Sprache, die das älteste Versprechen des Glücks erneuern kann.

In manchen Abschnitten, Sätzen und Wörtern aus der Bibel höre ich eine Stimme, die aus einer anderen Welt als aus der meinen kommt, eine Stimme, die auf die Vision verweist, die uns so sehr fehlt. »Und sie waren beide nackt, der Mann und sein Weib, und sie schämten sich nicht« (1. Mose 2,25). – »Furcht ist nicht in der Liebe, sondern die völlige Liebe treibt die Furcht aus …

Wer sich aber fürchtet, der ist nicht völlig in der Liebe« (1. Johannes 4,18). In solchen Sätzen begegne ich einer Sprache der Ekstase, die weit über die analytische Sprechweise hinausgeht. Beide biblischen Worte setzen die Realität von Scham und Furcht voraus. Sie sprechen besonders von meiner Situation als Frau, der Scham und Furcht früh beigebracht worden sind. Aber sie transzendieren auch das, was ist.

Eine Sprache der großen Menschheitsfamilie, die sich in verschiedenen Dialekten entwickelt hat, ist die Religion, jener Versuch, von Ganzheit, Segen und Glück zu sprechen und dabei das schon Bekannte und Benannte zu transzendieren. Die religiöse Sprache, das Sprechen von Gott, von Engeln und Wundern, vom Heil, vom Freiwerden, von der Auferstehung – das ist eine Sprache, die uns über den Status quo unseres individuellen Daseins hinaustreibt: so wie wir vor Glück außer uns geraten können! Ich brauche die Religion, weil ich mein Glück in einer Sprache ausdrücken will, die das Alltägliche übersteigt.

Während ich über das Bedürfnis nach einer adäquaten Sprache für unsere Gefühle und Erfahrungen schreibe, werde ich schwankend, ob ich »wir« oder »ich« sagen soll. Ist mein Gefühl für die Kraft der religiösen Sprache nur etwas Subjektives, das nur für mich Wert hat? Tröstet und ermutigt die Sprache der Bibel mich nur deshalb, weil das Christentum zu meinem kulturellen Erbe gehört und ich mit Bachs Oratorien und den Bildern Rembrandts mich selber kennengelernt habe? Was ist mit Menschen, die diese Sprache entweder nicht verstehen oder durch ihren Mißbrauch gekränkt und beleidigt wurden? Viele Brüder und Schwestern sind innerlich entleert oder ausgebrannt und haben es längst aufgegeben, die Schöpfung zu loben; keine religiöse Tradition hat ihnen je dabei geholfen, Schönheit und Freude zu entdecken – auch und gerade in der Sexualität.

Sogar Theologiestudenten mißtrauen vielfach der kirchlichen Sprache und Tradition, wenn sie mehr zu sein vorgibt als moralische Vorschriften. Ich erinnere mich an eine Seminardiskussion, in der ich den Studierenden meinen Glauben an das, was die

Bibel Liebe nennt, vermitteln wollte. Dabei fiel mir auf, daß die meisten jungen Leute von der Tradition höchstens ethische Normen oder göttliche Gebote erwarteten, nicht aber eine Vision menschlicher Verbundenheit. Doch zwischen einem Gebot und einer Vision besteht ein großer Unterschied. Die Zehn Gebote können als ethische Vorschriften einer Gottheit verstanden werden, die uns durch ihr »Du sollst nicht« dazu anhält, bestimmte Handlungen zu unterlassen. Man kann aber die Zehn Gebote auch in einem zukunftsbezogenen Sinn auffassen und sie mit »Du wirst nicht« dies oder jenes tun übersetzen, so daß sie fast den Charakter einer Prophezeiung bekommen, die uns nicht abschreckt, sondern einlädt. Die Vision einer von Liebe getragenen sexuellen Beziehung hat nichts zu tun mit Drohung und Einschüchterung. Eine Sexualethik, die diesen Namen verdient, muß aus der freien Übereinkunft freier Partner erwachsen. Auch subtilere Formen von Druck oder Zwang sind in der theologischen Reflexion über Sexualität fehl am Platze. In diesem Sinne sind Liberalität und Toleranz Kennzeichen guter Theologie.

Abwesenheit von Unterdrückung eröffnet freilich allein noch keine befreiende Perspektive. Eine radikale Auffassung von sexueller Befreiung ist etwas anderes als eine liberale, sie übersteigt die permissive Toleranz des Liberalismus, weil sie das Thema der sexuellen Beziehungen im aktuellen Kontext erörtert, der durch die historische Situation der sexuellen Arrangements gegeben ist. Ich habe versucht, unseren historischen Kontext der westlichen Kultur, seine zunehmende Tendenz zum Konsumismus, zum hedonistischen Faschismus, zum Warenfetischismus auch im sexuellen Bereich, zu charakterisieren. Eine neue Vision kann nur aus dem konkreten Kontext erwachsen, sonst bleibt sie eine Illusion oder ein Museum trüber Romantik. Der Liberalismus hat keine Vision. Er befreit die Sexualität von kirchlichen Verboten und staatlichen Eingriffen, bietet aber nicht, wie die Befreiungstheologie es vermag, eine neue Perspektive an: eine Vision der Liebe im Licht des historischen Projekts unseres Geschaffenseins. Unsere Ebenbildlichkeit mit Gott bedeutet, daß wir dazu erschaffen worden sind, Liebende zu werden – wie Gott eine Liebende ist. Das gehört zu dem ontologischen Projekt, das wir als historisches Projekt ausführen.

Das historische Projekt der menschlichen Sexualität ist in unserer Zeit verschieden von dem früherer geschichtlicher Epochen. Es gibt einen Paradigmawechsel in unserem Verstehenshorizont von der Natur zur Geschichte. Dieser Wechsel ist notwendig geworden wegen der Überbevölkerung der Erde. Die Natur hat die menschliche Sexualität mit der Fortpflanzung verbunden, deshalb wurden in vielen Kulturen Lust und Fortpflanzung aneinander gekoppelt. Und diese natürliche Verbindung wurde vor allem dazu benutzt, um die Frauen zu unterdrücken. Die biblische Schöpfungsgeschichte hat aber eine andere, freiere Perspektive im Blick auf die menschliche Sexualität, wie Phyllis Trible in ihrem Buch »God and the Rhetoric of Sexuality« zeigt. Trible macht deutlich, daß der Geschlechtsunterschied dem Bilde Gottes entspricht und daß er »nicht Hierarchie, sondern Gleichheit bedeutet«[1]. Mann und Frau empfangen nach der Erzählung der Bibel den göttlichen Segen: Beide werden von Gott angesprochen, beiden wird die Herrschaft über die Erde und die gleiche Macht übertragen.[2] Sexualität und der Unterschied der Geschlechter sind mit der Schöpfung gegeben, nicht aber die Herrschaft des Mannes über die Frau. Und entsprechend dieser Tradition sind auch Sexualität und sexuelle Lust nicht notwendig oder »natürlich« mit der Fortpflanzung verbunden. Phyllis Trible macht darauf aufmerksam, daß nach dem Bericht der Genesis die Fortpflanzung allen Lebewesen gemeinsam ist, die Sexualität aber etwas spezifisch Menschliches darstellt. Nur der Mensch wird von Gott als Mann und Frau bezeichnet (1. Mose 1,27), und diese Bezeichnung bezieht sich »nicht auf die Fortpflanzung, sondern auf das Bild Gottes«[3]. Eine Neudefinition unserer Se-

1 Phyllis Trible: God and the Rhetoric of Sexuality, Philadelphia 1978 (Fortress Press), S. 17f.
2 Ebd., S. 18f.
3 Ebd., S. 15.

xualität muß genau bei dieser Verbindung von Geschlechtlichkeit und Geschaffensein nach Gottes Bild ansetzen.

Die Verkoppelung von sexueller Lust und Fortpflanzung war die Grundlage für zwei Formen des Dualismus in der abendländischen Geschichte, den wir uns in seinen katastrophalen Folgen vor Augen halten müssen: der spiritualistische Dualismus von Geist und Körper und der sexistische Dualismus von Mann und Frau. Beide dualistischen Traditionen förderten die Sexualfeindlichkeit, die ein Charakteristikum der abendländischen Kultur (im Gegensatz zu afrikanischen oder asiatischen Kulturen) ist. In der Gegenwart nimmt die Feindschaft gegenüber den Frauen und der Sexualität in kirchlichen Kreisen drei miteinander zusammenhängende Formen an: nämlich Heterosexismus oder Zwangsheterosexualität, Ablehnung frei verantwortlicher Elternschaft (wie sie sich in den Kampagnen gegen die Abtreibung zeigt) und Verherrlichung der Kleinfamilie, die fälschlich mit der Familie gleichgesetzt wird.

Die sexuell Konservativen hängen noch immer dem naturalistischen Paradigma an, indem sie die Bindung von Sexualität an Fortpflanzung sicherstellen. Wenn Fortpflanzung als »normal« und »natürlich« angesehen wird, dann muß die Heterosexualität zum Fetisch werden. Sie allein wird unterstützt, alle anderen Formen der Sexualität werden unterdrückt. Ich erinnere mich an eine kirchliche Tagung zum Thema Homosexualität, bei der ein Mann, Arzt an einem öffentlichen Krankenhaus, aufsprang und zornig schrie: »Ich bin nicht homosexuell! Ich bin nicht heterosexuell! Ich bin einfach sexuell!« Sein Ausruf führte zu einem schallenden, befreienden Gelächter. Die verblüffende Leichtfertigkeit, mit der Menschen einander abstempeln oder in Kategorien pressen, war hinterfragt. Der Heterosexismus als Zwangsheterosexualität war entlarvt worden; jedenfalls hatten einige der Zuhörer den Paradigmawechsel von der Natur zur Geschichte vollzogen.

Konservative Christen sind noch nicht von einer naturalistischen Auffassung der menschlichen Sexualität zu einem historischen, also biblischen Verständnis vorgedrungen. Sie verleugnen, oft unbewußt, das historische Projekt, wonach wir Menschen zur Freiheit geschaffen sind. Sie mißverstehen Gottes Einladung, an der Schöpfungswirklichkeit teilzuhaben, als Aufruf zu einer Art Biologismus, als gäbe es außer der Fortpflanzung keine Teilhabe am Schöpfungsgeschehen. Diese konservative Einstellung zur Sexualität enthält zwar einen unaufgebbaren Wahrheitskern, insofern sie die sich selbst transzendierende Qualität der menschlichen Sexualität betont. Unsere Leiber sind keine puren Lustmaschinen, und Liebe besteht nicht darin, daß zwei Menschen »einander ansehen«, wie Saint-Exupéry gesagt hat, sondern daß sie »gemeinsam auf ein Drittes schauen«. In einer erfüllten sexuellen Beziehung drängen die Partner danach, immer mehr voneinander und von der Welt zu entdecken. Die Liebe enthält eine Qualität von Transzendenz, die ihre biologische Grundlage in der Fortpflanzung hat. In der Liebe ist 1 + 1 nicht nur 2. Der Wunsch nach einem gemeinsamen Kind ist eine der elementarsten Ausdrucksformen der Liebe; fehlt dieser Wunsch bei einem der Partner, so kann das ein Hinweis auf eine oft unbewußte Beziehungsstörung sein, die wirkliche Hingabe wird verweigert oder verschoben.

Kinder zu haben ist aber nur eine von vielen möglichen Ausdrucksformen für die sich selbst transzendierende Liebe. James B. Nelson hat die Bedeutung der Sexualität folgendermaßen umschrieben: »Sexualität ist Zeichen, Symbol und Mittel unserer Bestimmung zur Kommunikation und Gemeinschaft ... Das Geheimnis unserer Sexualität liegt in unserem Bedürfnis, auf andere Menschen zuzugehen und sie physisch und spirituell in die Arme zu schließen. Sexualität drückt so den Willen Gottes aus, daß wir unser wahres Menschsein in der Beziehung auf andere Menschen finden.«[4]

In jeder auf Dauer angelegten Beziehung entsteht das Bedürfnis nach einem gemeinsamen »Projekt«, einem Ziel, das die Lie-

4 James B. Nelson: Embodiment: An Approach to Sexuality and Christian Theology, Minneapolis 1978 (Augsburg Publishing House), S. 18.

benden in ihrer Welt erreichen wollen: ein Haus bauen, einen Garten anlegen, Stadtteilarbeit machen, ein Geschäft aufbauen oder – um das traditionellste, aber keineswegs allgemeingültige Projekt zu nennen – eine Familie gründen. Jede engere Beziehung zwischen Menschen treibt den Wunsch hervor, nicht nur zusammenzusein, sondern auch »etwas zusammen zu machen«. Ich erinnere mich an eine Kinderfreundschaft zwischen mir und einem Jungen; wir waren acht Jahre alt und einen Sommer lang unzertrennlich. Unsere ganze Zeit, Phantasie, Energie und Lust gaben wir an den Bau eines Baumhauses. Es war unser Traum, unser Geheimnis, unser Projekt. So ein gemeinsames Projekt ist wesentlich für eine Liebesbeziehung; sie kann daran scheitern, wenn das Projekt nicht groß genug ist und die Entwicklung eines der Partner einschränkt, sie wächst mit dem Vorhaben. Das größte Projekt, das ich nennen kann, ist das Reich Gottes. Jesus sagt von ihm: »Trachtet am ersten nach dem Reich Gottes und nach seiner Gerechtigkeit, so wird euch alles andere zufallen« (Matthäus 6,33). Ich glaube, daß der Hunger nach Gerechtigkeit zu der Liebesenergie gehört, die in einer erfüllten sexuellen Beziehung freigesetzt wird.

Ich möchte im folgenden eine religiöse Vision von Liebe und sexueller Bezogenheit entwickeln. Woran können wir Beziehungen erkennen, in denen sich erfüllt und verwirklicht, daß wir nach dem Bilde der Liebe geschaffen sind? Ich will vier Dimensionen der Liebe darstellen: Ekstase, Vertrauen, Ganzheit und Solidarität. Gott hat uns als Wesen mit sexueller Identität geschaffen, damit wir teilhaben können an der Ekstase des Lebens. Es ist dem Menschen gegeben, im Rausch des Glücks sich selber zu verlieren, ekstatisch heraustretend das alte Ich abzustreifen wie ein Kleid. Die sexuelle Erfahrung ist eine Form, wie wir an der das Selbst transzendierenden schöpferischen Kraft des Lebens teilhaben. Was ist Ekstase?

Nach Freud wird unsere Fähigkeit zur Ekstase durch unsere psychosexuelle Geschichte bestimmt. Die psychische und emotionale Zuwendung, die der Säugling von seiner Mutter empfängt, ist nahezu umfassend und total. In den ersten Monaten unseres Lebens erfahren wir – wie schon zuvor im Leib unserer Mutter –, daß eine permanent zugängliche Quelle der Lust für uns da ist, uns umgibt und nährt. Aus dieser Erfahrung bildet sich nach Freud – und ich folge hier der eindringlichen Darstellung von Dorothy Dinnerstein[5] – die Illusion unserer Allmacht, die Vorstellung der Omnipotenz. Wenn das Kind dann entdeckt, daß der Körper der Mutter ihm nicht uneingeschränkt und dauernd zur Verfügung steht, so bricht diese Illusion zusammen. Der Zusammenbruch der ursprünglichen Illusion ist irreparabel, jedenfalls bis zu einem gewissen Grade. Wir müssen mit dieser Grunderfahrung von Trauer und Verlust leben lernen. Und doch gibt es Bereiche, in denen das kindliche Empfinden von Lust und absoluter Erfüllung wiedererfahren werden kann. Nach Dorothy Dinnerstein ist der Liebesakt »ein direkter Versuch, den frühen Verlust rückgängig zu machen«[6]. Die Ekstase ist die Zurücknahme der Kränkung, die man uns mit der Individuation und Vereinzelung angetan hat.

Freud deutet diesen Verlust als den Zusammenbruch frühkindlicher Omnipotenzgefühle, das entspricht seiner patriarchalischen Gesamtkonzeption. Ich glaube, wir tun besser daran, vom Verlust der Einheit mit der allsorgenden Mutter zu sprechen und unser ältestes Glück nicht All-Macht, sondern All-Verbundenheit, All-Beziehung zu nennen. Allumfassende Beziehungshaftigkeit ist ein genauerer Ausdruck für das, was wir ursprünglich erfahren haben und wonach wir uns sehnen. Verbundensein mit allem Lebendigen wäre dann die Ur-Erfahrung, die wir in vielen verschiedenen Stufen der Trennung, in schmerzhaften Prozessen, die zur Ausbildung unserer Individualität führen, verlieren. In der sexuellen Vereinigung versuchen wir, den Weg zurückzufinden, ohne jedoch die Stufen unseres erwachsenen Wissens und Wesens zu verleugnen. Die sexuelle Ekstase taucht uns

5 Dinnerstein, The Mermaid and the Minotaur, S. 60.
6 Ebd., S. 61.

aufs neue in das »ozeanische Gefühl«[7] ein, in die Einheit mit der uns umgebenden Welt, in der Tiere, Pflanzen und Steine sprechen, weil die Abgrenzungsmechanismen weggeschwemmt sind: Wir können das »Lied in allen Dingen« wieder hören.

Sexuelle Ekstase bietet einen »direkten Zugang zur frühesten, uneingeschränkten animalisch-poetischen Art und Weise des erotischen Verkehrs mit der Umwelt«[8]. In der Zeit der Ekstase taucht die euphorische Welterfahrung der frühen Kindheit wieder auf, der alte Verlust wird aufgehoben, seine Trauer gemildert, und wir entdecken die ursprüngliche wilde Freude wieder, einfach dazusein. Unsere hilflose Sprache benutzt das Wort »kommen« ohne Zielangabe für die orgastische Erfahrung. »Ich werde nicht sterben« ist ein Satz, den mir jemand in einer solchen Situation gesagt hat; von diesem Satz habe ich viele Jahre lang gelebt. Wir überwinden die älteste Trennung, die wir spürten, als wir aus unserer Mutter Leib ausgetrieben und aus dem Garten des Paradieses vertrieben wurden. Die Zeit der Trennung und Kälte ist vorbei, eine neue Zeit bricht an. Gott ist bei uns, nichts wird uns mangeln.

Das ekstatische Vermögen entspricht unserem oft verleugneten Angewiesensein aufeinander. Die Ekstase der Sexualität läßt uns erkennen, was uns fehlte: wie allein wir waren, wie unvollständig und gebrochen, ohne Anteil an der Ekstase zu haben. Sexualität ist eines der Kennzeichen der Erneuerung des Lebens auf Erden; soviel wir wissen, gibt es auf anderen Planeten kein geschlechtliches Leben. Die Erde ist ein sexueller Planet, und wir sagen endlich mit Gott: »Ja, es ist alles sehr gut.« Der Eros verbindet uns mit der Welt.

Wer Ekstase empfängt, macht auch die Erfahrung, einen anderen Menschen in Ekstase versetzen zu können, ihn vom Alleinsein für eine Zeit zu erlösen. »Es ist nicht gut, daß der Mensch allein sei« (1. Mose 2,18), aber die Schöpfung ist »gut«! Als Adam

7 Vgl. Freud, Das Unbehagen in der Kultur, a.a.O.
8 Dinnerstein, a.a.O., S. 145.

Eva entdeckt, freut er sich über ihr Anderssein und über ihre Ähnlichkeit mit ihm: »Diese ist nun endlich Gebein von meinem Gebein und Fleisch von meinem Fleische« (1. Mose 2,23). In diesem Augenblick erhält das Geschöpf aus Erde eine neue Identität, eine sexuelle Identität. Phyllis Trible interpretiert den Ausdruck »Gebein von meinem Gebein und Fleisch von meinem Fleische« im Sinne von »Einheit, Solidarität, Gegenseitigkeit und Gleichheit«[9]. Adam und Eva werden als Wesen geschildert, die voneinander abhängig und aufeinander bezogen sind; die Freude, die in den Worten »Diese ist nun endlich ...« zum Ausdruck kommt, ist ein wesentlicher Bestandteil der wechselseitigen Ekstase.

Den Orgasmus können wir allein erreichen, Ekstase aber beruht auf Gegenseitigkeit. Jenseits von alter Repression und neuer Permissivität hat in der Gegenkultur ein neues Suchen nach dem Sinn menschlicher Sexualität begonnen. Die Werte, um die es dabei geht, sind Gegenseitigkeit, Kommunion und Verwundbarkeit – Werte, die in striktem Gegensatz stehen sowohl zur naturalistischen als auch zur konsumistischen Auffassung von Sexualität. Wir erleben heute einen hoffnungsvollen Aufbruch zur Veränderung des Modus vivendi unserer ererbten sexuellen Arrangements, die auf Eroberung und Unterwerfung gegründet waren. Gegenseitigkeit und Gefühlsoffenheit in sexuellen Beziehungen kann es ohne Verwundbarkeit nicht geben. Sie wird als ein emotionaler Wert in vielen Frauengruppen erlebt und bewußtgemacht. Es bedarf größter Wachsamkeit, um verwundbar zu bleiben und noch verwundbarer zu werden. Ohne Gegenseitigkeit stirbt die Ekstase.

Vergewaltigung ist die furchtbarste Verleugnung dessen, daß wir nach dem Bilde gegenseitiger Liebe geschaffen sind. Mit Vergewaltigung meine ich nicht nur das Verbrechen selbst, sondern auch die Mentalität, der es entstammt, die den Vergewaltiger zum männlichsten der Männer mythologisiert und die Frau zur Verführerin macht, die angeblich nach sexueller Gewalt begehrt. Die

9 Trible, a.a.O., S. 99.

sexuellen Männerphantasien[10], die in Romanen und Filmen des präfaschistischen und faschistischen Deutschland geschildert werden, enthüllen beispielhaft die »normalen« erniedrigenden und frauenfeindlichen Vorstellungen, die dann im Zweiten Weltkrieg zum Ausbruch kommen sollten, als jüdische, russische und polnische Frauen zum Freiwild für SS-Offiziere und KZ-Wächter wurden. Das Fehlen von Gegenseitigkeit und die Mentalität des Vergewaltigers stehen in einem inneren Zusammenhang, der sich in vielfältigen Formen äußert. Auf die Frage des Scheidungsrichters nach dem Datum des letzten ehelichen Geschlechtsverkehrs hat eine Frau geantwortet: »Er hat mit mir vor drei Wochen verkehrt; ich habe mit ihm vor zwei Jahren zuletzt Geschlechtsverkehr gehabt.«

Ekstase setzt Gegenseitigkeit voraus, die ohne Verwundbarkeit nicht existiert. In der Bibel kommt das in dem Satz zum Ausdruck: »Und sie waren beide nackt, der Mann und sein Weib, und sie schämten sich nicht« (1. Mose 1,25). Sie hatten nicht das Bedürfnis, ihre Zusammengehörigkeit zu verhüllen oder zu verkleinern. Sie schämten sich nicht, einander und sich selbst zu erkennen. Bewußt werden bedeutet, Kleider und Masken abzulegen, damit wir unser selbst innewerden unter Absehung von dem sozialen Status, den die Kleidung darstellt. Wenn wir nackt sind, sind wir auch ohne Verteidigung. Wir haben abgelegt, was uns nicht nur vor Wind und Kälte schützt, sondern auch vor der Gesellschaft und ihren gnadenlosen Blicken auf unseren von Fett, Alter oder Narben entstellten Leib. Viele Frauen sind nicht imstande, sich dem sexuellen Warenfetischismus zu entziehen, und werden von der Angstvorstellung heimgesucht, sie würden lächerlich gemacht und verachtet wegen zu großer oder zu kleiner Brüste, wegen zu dicker oder zu dünner Schenkel usw. Nackt sein bedeutet, schutzlos und unbewaffnet zu sein; dazu müssen wir die »Waffen«, die wir normalerweise mit uns herumtragen,

10 Vgl. Klaus Theweleit: Männerphantasien, Bd. 1 und 2, Reinbek bei Hamburg 1980 (rororo-sachbuch, Nr. 7299 und 7300).

ablegen. Meine Scheckkarte, mein Doktortitel, die Bücher, die ich geschrieben habe – diese Burgmauern, die mich einschließen –, all das sind »Kleider«, die ich ablegen muß, um lieben zu können. In der Liebe kann ich mich nicht mehr verteidigen, bin ich verwundbar. Wir machen uns selbst verwundbar und können dem Risiko der Verwundbarkeit nicht entgehen.

Zur menschlichen Sexualität, als Liebe vorgestellt, gehört auch Vertrauen. Wir haben das Vermögen zur Ekstase und das Verlangen danach; dasselbe gilt für Vertrauen und Verläßlichkeit. Miteinander schlafen hat den doppelten Sinn von einander lieben und beieinander ruhen. Neben unseren progressiven Trieben und Wünschen haben wir auch regressive Bedürfnisse. Manchmal brauchen wir es einfach, uns verstecken, klein sein und unsere Schwäche zeigen zu dürfen – so wie wir auch die Schwachheit des anderen ertragen. Vertrauen bedeutet, nicht der Verzweiflung zu verfallen, wenn wir zeitweise impotent oder frigide sind. Wir brauchen Trost. Die Erfahrung, schwach sein zu dürfen, ohne daß jemand uns beherrscht oder mißbraucht, können wir nur in Beziehungen machen, die frei sind von Furcht oder Unterwerfung. Furchtlos kann ich nur sein, wenn ich auch schwach sein darf. »Furcht ist nicht in der Liebe, sondern die völlige Liebe treibt die Furcht aus« (1. Johannes 4,18). Lieben lernen heißt, immer weniger Angst zu haben. Diese Vertrauensdimension der Liebe beruht auch darauf, daß wir unsere eigene Sexualität annehmen und bejahen. Wir lernen, auch vor unseren eigenen sexuellen Ausdrucksweisen keine Angst zu haben. Wir nehmen unsere Geschöpflichkeit als sexuell empfindende Wesen an und lernen es, uns darüber zu freuen, daß wir so sind, wie wir sind.

Die Dimension des Vertrauens hängt davon ab, inwieweit wir uns der eigenen Sexualität und der unseres Partners bewußt sind. Eines der wenigen wesentlichen Gebote einer neuen Sexualethik ist Bewußtheit: Wir müssen wissen, was wir tun. Wir sollten es lernen, uns selbst, unsere Wünsche und Ängste zu erkennen und sie so klar wie möglich auszudrücken. Nichts sollten wir nur halb bewußt oder nur um eines anderen willen tun. Zum Vertrauen als einem Wesenselement der Liebe gehört selbstverständlich auch die gemeinsame Verantwortung für die Empfängnisverhütung. In einer Beziehung, in der man diesem Problem aus dem Weg geht oder es allein der Frau zuschiebt, herrscht mit Sicherheit nicht genug Vertrauen.

Zwischen Vertrauen und Ekstase besteht eine produktive Spannung. Geht das eine verloren, so wird früher oder später auch das andere verkümmern. Extreme Unausgewogenheit zwischen Vertrauen und Ekstase gefährdet die Balance des Glücks. Viele Ehen könnte man als Vertrauensverhältnis ohne Ekstase beschreiben. Die ekstatischen Elemente wurden verbraucht, vergessen und nicht erneuert; weil die Fähigkeit, einander körperlich zu trösten, verkümmert ist, wird auch das Vertrauen zu einer trivialen Gewohnheit. Die traditionelle bürgerliche Ehe mit ihrer doppelten Moral für Männer und Frauen hat die Ekstase, wenn überhaupt, dann nur in einer außerehelichen Beziehung zugelassen; das führte zum völligen Verfall des Vertrauens. Auf der anderen Seite, in der Welt des sexuellen Konsumismus, wird Ekstase dem Leistungsprinzip zählbarer Orgasmen unterworfen; dabei bleibt die Dimension des Vertrauens unterentwickelt oder unbekannt. Der Partnerwechsel wird unvermeidlich, die Jagd nach augenblicklichem Lustgewinn tritt an die Stelle von Beziehungen, die im Laufe der Zeit an Reife und Gefühlstiefe wachsen.

Je mehr wir uns gegenseitig vertrauen, desto leichter können wir die Rollen tauschen und einander in größerer Verhaltensvielfalt begegnen. Wir können uns trösten, voneinander lernen, einer dem andern helfen, können zusammen lachen, weinen und beten. Das alles geschieht in echter Gegenseitigkeit, anders als in den sexuellen Konstellationen, wo der schwächere Partner ausgenutzt wird, weil die Struktur der Beziehung dem Vorbild der Arbeitswelt und ihrer hierarchischen Zwänge folgt. In einer auf Dauer angelegten Beziehung bewegen wir uns zwischen den Polen von Ekstase und Vertrauen; manchmal nähern wir uns mehr dem einen, manchmal mehr dem anderen Pol, immer aber sind wir uns dieser Polarität bewußt. Diese Grunddimensionen des Liebeslebens sind auch Ausdrucksformen unserer Liebe zu Gott, unserer Verbundenheit mit dem Urgrund des Lebens. Beides, Ekstase und Vertrauen, gehört zum Wesen einer Beziehung zu Gott; wenn eine dieser Dimensionen verkümmert, so wirkt sich das früher oder später auch auf die andere aus.

Das orthodoxe Christentum hat eine gefährliche Neigung, die ekstatische Dimension der Gottesbeziehung preiszugeben und sich auf Vertrauen als einzig angemessene Form der Religiosität zu beschränken. Ganz im Gegensatz dazu haben die großen Heiligen das Feuer der Ekstase lebendig erhalten und unser Vermögen, Gott in der Schöpfung zu loben, als Teilhabe an der Ekstase des Lebens verstanden. Die organisierte Religion, vor allem die der Weißen in nördlichen Ländern, hat nicht selten jeden Funken von Ekstase im Gottesdienst ausgelöscht. Sie wird von weißen Männern normalerweise nicht einmal vermißt! Die Teilnahme an amerikanischen Negergottesdiensten hat mir, die ich aus einer rationalistisch geprägten religiösen Tradition komme, zur Entdeckung meiner eigenen religiösen Bedürfnisse verholfen. In den Kirchen der Schwarzen habe ich einfach mehr Ekstase und deswegen auch mehr Vertrauen in Gott gespürt. Ich kann mich entsinnen, wie ich mit einer kleinen Gruppe weißer Freunde aus einem Gottesdienst in Harlem kam; wir sangen auf der Straße stehend »See the fire burning in my heart ...« und konnten einfach nicht aufhören.

Der nichtreligiöse Leser stellt sich vielleicht die Frage, warum ich sexuelle Ekstase und sexuelles Vertrauen mit der Religion in Verbindung bringe. Ist es notwendig, von Gott zu reden, wenn wir von der Liebe sprechen? Genügt sich der sexuelle Diskurs nicht selbst? Wird die Erfahrung menschlicher Sexualität reicher, wenn Gott ins Spiel kommt? Wird unser Vertrauen bedingungsloser, wenn es Vertrauen in Gott ist? Wird unsere Ekstase stärker, wenn wir sie auf die Quelle allen ekstatischen Seins beziehen? Was macht es für einen Unterschied, wenn wir das Geben und Nehmen sexueller Liebe ein Sakrament nennen?

Auf der Suche nach einer Antwort auf diese Fragen komme ich noch einmal auf den Roman »Die Farbe Lila« von Alice Walker[11] zurück, besonders auf die Stelle, wo Shug ihrer Freundin Celie erzählt, wie sich ihr Gottesbild gewandelt hat:

»Mein erster Schritt von dem alten weißen Mann weg waren die Bäume. Dann die Luft. Dann die Vögel. Dann andre Leute. Aber an einem Tag, wie ich ganz still dagesessen bin und mich gefühlt hab wie ein Kind ohne Mutter, und das war ich ja, da kam es mir: so ein Gefühl, daß ich ein Teil von allem bin, nicht abgetrennt. Ich hab gewußt, wenn ich einen Baum fäll, blutet mein Arm. Und ich hab gelacht und geweint und bin im ganzen Haus rumgerannt. Ich hab genau gewußt, was Es war. Ja, wirklich, wenns passiert, da kannst dus nich verpassen. Es ist so ne Art wie du weißt schon was, sagt sie und grinst und reibt ganz oben an meinem Schenkel.

Shug! sag ich.

Ach, sagt sie. Gott mag die ganzen Gefühle. Das is was vom Besten, was Gott gemacht hat. Und wenn du weißt, daß Gott sie mag, dann hast du einen Haufen mehr Spaß dran. Dann kannst du einfach loslassen und laufen mit allem, was läuft, und Gott damit preisen, daß du magst, was du magst.

Findet Gott das nicht schmutzig? frag ich.

Nä, sagt sie, Gott hats doch gemacht.«

Das ist ein mystischer Text über Sexualität und Religion. »Gott hats doch gemacht« – nämlich all unsere sexuellen Empfindungen, unsere Ekstasen und unser Vertrauen – dies zu begreifen heißt, uns selbst als sexuelle Wesen anzunehmen und zu bejahen. Dann verschwindet der Argwohn, Sexualität sei etwas Schmutziges oder Belangloses. Wir können unsere Abwehr aufgeben und uns loslassen. Das Gespräch zwischen Celie und Shug berührt den Kern religiöser Erfahrung innerhalb der sexuellen Erfahrung. Beide, Religion und Sexualität, heilen, weil sie die Kluft

11 A.a.O., S. 140f.; vgl. Anm. S. 81.

zwischen uns und der Welt schließen! Wir entdecken uns als »Teil von allem« und erfahren uns als eins mit dem Mysterium des Lebens. Wenn wir über Gott sprechen in Beziehung auf unsere Sexualität, dann werden wir der Liebe, die in uns wirkt, gewahr. »In Gott leben, weben und sind wir« (Apostelgeschichte 17,28). Der Ausdruck »in Gott sein« bedeutet, daß wir uns selbst gleichzeitig als aktiv und passiv erfahren: Wir leben, aber das Leben trägt uns weiter; wir bewegen uns vorwärts, aber werden auch in das Gewebe des Lebens einbezogen. Wir sind geschaffen und selber schöpferisch.

13
Ganzheit und Solidarität

Wie wir in der politischen Ökonomie drei Sichtweisen unterscheiden können – die konservative, die liberale und die radikale –, so lassen sich auch für die menschliche Sexualität drei verschiedene Positionen ausmachen. Die sexuell Konservativen versuchen hartnäckig, an den angeblich biologisch definierten Geschlechterrollen festzuhalten. Sie haben es nicht geschafft, die seelisch-sexuellen Nöte der Menschen, insbesondere der Frauen, aufzufangen und zu versöhnen. Die von ihnen vertretene »natürliche« Koppelung von Lust und Fortpflanzung kann nur durch massive soziale Repression aufrechterhalten werden. Repression aber bringt keine Änderung, sondern vergrößert nur den Leidensdruck der Opfer. Der konservative Widerstand gegen Sexualaufklärung und Geburtenkontrolle zum Beispiel vermindert keineswegs die Zahl der Abtreibungen, sondern gefährdet das Leben von Frauen. Die öffentliche Diskriminierung der Homosexuellen bringt die Homoerotik nicht zum Verschwinden, sondern führt nur zu einem schnelleren Partnerwechsel zwischen schwulen Männern; der gesellschaftliche Druck verringert ihre Chancen, zu ganzheitlichen, langfristigen Beziehungen zu kommen. Die konservative Einstellung zur Sexualität hat etwas merkwürdig Hilfloses.

Die liberale Haltung gegenüber der Sexualität, die sich in größerer Akzeptanz von vor- und außerehelichem Geschlechtsverkehr, Scheidung, Homosexualität und Abtreibung äußert, hat in den vergangenen Jahrzehnten zu größerer sozialer Toleranz beigetragen. Es gehört zu den unbestreitbaren Errungenschaften des

Liberalismus, den Freiraum für sexuelle Selbstverwirklichung zwar nicht völlig hergestellt, aber doch erheblich vergrößert zu haben. Der Liberalismus tritt für Gleichheit und wechselseitige Selbstbestimmung in sexuellen Beziehungen ein, aber seine Sexualethik krankt an einer zu engen Auffassung, die die Sexualität ethisch lediglich an die private Übereinkunft von freien Individuen bindet. Deshalb tendieren die sexuell Liberalen dazu, bei ihrem Eintreten für sexuelle Freiheit den sozialen und ökonomischen Kontext der Beziehungen außer acht zu lassen. Diese Trennung zwischen sexueller und sonstiger Freiheit hat aber die weiterreichende Hoffnung derer, die gegen sexuelle Unterdrückung und soziale Ungleichheit kämpfen, auf eine Veränderung der maschinenhaften Beziehungen in ihrer Gesamtheit verraten.

Die besten Vertreter der Neuen Linken in der Studentenbewegung der sechziger Jahre forderten sowohl eine soziale als auch eine sexuelle Revolution. »Make love, not war« war ein wichtiger Slogan. Wilhelm Reich, ein Denker, der nun wiederentdeckt wurde, hatte in den zwanziger Jahren von einer »Sex-Pol«-Bewegung geträumt, in der die »orgastische Potenz« oder die Fähigkeit, sich selbst im Sexualakt ganz zu geben, mit dem Kampf für echte politische Freiheit verbunden sein sollte.[1] Obwohl die sexuelle Revolution der sechziger Jahre einen nicht geringen Einfluß auf die Veränderung der Sitten in den westlichen Industrieländern hatte, wurde die weitverbreitete Hoffnung auf eine neue soziale Ordnung nicht Wirklichkeit. Die sexuelle Freiheit führte nicht – wie viele geglaubt hatten – zu mehr politischer Freiheit. Viele, die sich als sexuell befreit verstanden, haben es nicht fertiggebracht, ihre partielle Befreiung von Angst- und Schuldgefühlen auch für die Überwindung der Strukturen der Ungerechtigkeit,

1 »Sex-Pol« (sexualpolitisch) war der Name einer Organisation, die Wilhelm Reich 1932 unter der Ägide der Kommunistischen Partei Deutschlands gegründet hatte. Ein Jahr später löste die KPD diese Organisation auf und schloß Reich aus der Partei aus. Zum Begriff der »orgastischen Potenz« vgl. Wilhelm Reich: Die Funktion des Orgasmus (Neue Arbeiten zur ärztlichen Psychoanalyse, hrsg. von Sigmund Freud, Bd. VI), Wien 1926.

die die Liebe so unmöglich machen, einzusetzen. Es gab die Befreiung *von* Verboten, nicht aber die Befreiung *zu* einer gerechteren und freieren Welt.

Zugleich verlor die sexuelle Protestbewegung rasch ihre revolutionäre Schärfe, weil die neuen sexuellen Freiheiten von der Wirtschaft bereitwillig aufgesogen und vermarktet wurden. Die Perversion der ursprünglichen Ziele der sexuellen Befreiungsbewegung läßt sich nachweisen im Aufkommen einer ganzen Literatursparte von populären Sex-Handbüchern bis zum »Playboy«, die menschliche Sexualität als genitale Eroberung darstellen. Ein solcher Schreiberling ermuntert die Männer zum Beispiel, sich die folgende Philosophie zu eigen zu machen, wenn sie »mit Erfolg« an Frauen herankommen wollen: »Wir sind in erster Linie nicht dazu da, um in unserem Leben etwas außergewöhnlich Wunderbares zu erreichen, anderen Hilfe zu bringen oder den Lauf der Welt zu ändern, sondern um uns auf die eine oder andere Weise, je nachdem, was besonders Spaß macht, zu amüsieren.«[2]

Was ich das sich transzendierende Element menschlicher Sexualität genannt habe, spielt in diese Auffassung auch nicht von fern hinein. Sex ist eine »nichts als«-Angelegenheit, und es gibt nur ein Gebot: den Selbstgenuß. Der blanke Zynismus gehört unabdingbar zur Kommerzialisierung der Sexualität. Sex muß zu einer gewöhnlichen Ware gemacht werden, käuflich, quantifizierbar und austauschbar wie jede andere Ware auch. Die liberale Vorstellung von der Sexualität als Privatsache steht dieser Art des Zynismus und der Kommerzialisierung nicht weniger hilflos gegenüber als der Konservatismus vor dem Zusammenbruch der sexualethischen Normen, die Generationen lang gegolten hatten.

Eine radikale Einstellung zur Sexualität unterscheidet sich sowohl von der konservativen als auch von der liberalen Haltung. Sie geht über die Fragestellung von Unterdrückung oder Toleranz

2 Albert Ellis, 1963, zitiert bei Sam Keen: The Passionate Life: »Stages of Loving«, New York 1983 (Harper & Row), S. 115; dt.: Die Lust an der Liebe. Leidenschaft als Lebensform, Weinheim 1984 (Beltz Verlag).

hinaus und versucht, sexuelle Beziehungshaftigkeit im Zusammenhang mit Gemeinschaft zu sehen. Gegenseitigkeit bedeutet in dieser befreiungstheologischen Sichtweise mehr als wechselseitiges Einverständnis von Erwachsenen über bestimmte Sexualpraktiken. Gegenseitigkeit ist ein Weg, jenes erstarrte Arrangement der Geschlechter aufzubrechen, das für die gegenwärtige Gesellschaft notwendig ist, um die Privilegien weißer heterosexueller Männer, die an der Spitze der hierarchischen Ordnung stehen, zu garantieren. Weder der konservative Versuch, sexuelle Verhaltensmuster der Vergangenheit wiederherzustellen, noch das Beharren des Liberalismus auf der Ansicht, Sexualität sei eine Privatangelegenheit, bringen uns weiter. Es ist notwendig, sexuelle Erfahrung mit den anderen Bereichen unseres Lebens zu verknüpfen und endlich Leiblichkeit, Gemeinschaft und den Kosmos in eine große Vision der Liebe zu integrieren.

Die beiden im vorigen Kapitel behandelten Wesenselemente der Sexualität – Ekstase und Vertrauen – reichen deswegen allein nicht aus. Wir müssen über die exklusiven Ich-Du-Beziehungen hinausgehen, um zwei andere Dimensionen der Liebe zu erfassen, die unsere Suche nach Sinn und Gemeinschaft erfüllen: Ganzheit und Solidarität. Diese vier Dimensionen der Liebe – Ekstase und Vertrauen, Ganzheit und Solidarität – stehen in Zusammenhang. Keine davon kann für sich allein bestehen oder auf Kosten einer der anderen Komponenten allein herrschen, ohne daß unsere Beziehungsfähigkeit und unser Vermögen zur Transzendenz Schaden litten.

Wir können die menschliche Sexualität nicht verstehen, wenn wir sie von der lebenslangen Herausforderung, ein Mensch zu werden, trennen. Unsere Suche nach Sinn und Kommunion mit anderen gründet in unseren physiologischen Trieben und unserem Angewiesensein auf andere. Der Zusammenhang zwischen Trieben, Bedürfnissen und Sinnsuche kann in religiöser Sprache am besten durch den Begriff des Sakramentalen beschrieben werden. Sexualität ist ein Sakrament, ein Zeichen der Gnade im Element des Leibes. Nach traditioneller Theologie vollzieht sich das

Die vier Dimensionen der Liebe

Ganzheit
Lieben heißt ganz sein
Mehrdimensionalität
Integration unserer physischen, psychischen, intellektuellen, ästhetischen, emotionalen und spirituellen Fähigkeiten

Vertrauen	*Ekstase*
Lieben heißt	Lieben heißt
Heimat haben	sich selbst verlieren
Trost	Lust, am Leben zu sein
Verläßlichkeit	Gegenseitigkeit
Regressive Triebe	Progressive Triebe
Verwundbarkeit	Sich-selbst-Transzendieren

Solidarität
Lieben heißt Erkennen
Keine Trennung von Liebe und Gerechtigkeit
Keine Trennung von privat und öffentlich
Beziehungshaftigkeit allen Lebens
Die politische Dimension von Eros/Agape

Sakrament, wenn das gesprochene Wort sich mit dem naturhaften Element verbindet, zum Beispiel mit dem Element des Brotes beim Abendmahl. Das Brot, die Frucht menschlicher Arbeit, ist Symbol der Gnade Gottes; aber sein sakramentaler Charakter erscheint nur in Verbindung mit dem interpretierenden, sinngebenden Wort. Werden beim Abendmahl die Worte Christi wiederholt »Das ist mein Leib, der für euch gebrochen wird«, so verbinden sich Wort und Element zur sakramentalen Gegenwart des Leibes Christi. In analoger Weise kann die menschliche Sexualität als sakramentale Wirklichkeit aufgefaßt werden, in der das

Wort der Liebe in das Element des Fleisches eingeht und es deutet. Der sexuelle Akt wird dann zum Zeichen von Gottes Gnade.

Leider sind wir von solchen einfachen Erkenntnissen in der Christenheit weit entfernt. Das Christentum hat zur herrschenden Verwirrung über den Sinn des Wortes »Liebe« und zur Mißdeutung der menschlichen Sexualität nicht wenig beigetragen. Die alten Griechen haben nicht allgemein von Liebe gesprochen, sondern ihre verschiedenen Ausdrucksformen verschieden benannt. Mit *epithymia* bezeichneten sie den biologischen Drang nach sexueller Entspannung, *eros* bedeutete das intensive Begehren nach dem geliebten Wesen, und *philia* bezog sich auf Gegenseitigkeit und Freundschaft. Als das Urchristentum nach einem Ausdruck für die Zusammengehörigkeit der Christen untereinander suchte, diese Gemeinschaftsform, die sich so vielfach von der Kultur der heidnischen Umwelt unterschied, wählte man ein Wort, das im klassischen Griechisch selten vorkommt: *agape*. Dieses Wort wurde zum wichtigsten christlichen Ausdruck für die Liebe. Gott ist – entsprechend 1. Johannes 4,8 – Agape, das heißt selbstlose, frei angebotene und nicht besitzergreifende oder zwingende Macht der Liebe. Diese verschiedenen griechischen Wörter sind nützlich, um die verschiedenen, aber komplementär aufeinander bezogenen Dimensionen der Liebe zu verstehen. Die meisten meiner theologischen Lehrer – ob sie nun orthodox, neo-orthodox oder liberal waren – machten allerdings eine scharfe Unterscheidung zwischen Eros, der »nur« menschlichen Liebe, und Agape, der göttlichen Liebe. In seinem Buch »Eros und Agape« (1930) hat Anders Nygren die göttliche Agape als absolut verschieden von der erotischen Leidenschaft dargestellt, die von Natur aus besitzergreifend und egozentrisch sei. Gottes Agape ist, Nygren zufolge, völlig spontan und nicht von Menschen hervorgerufen; ihnen kommt, abgesehen von dem, was Gott ihnen gewährt, kein eigenständiger Wert zu. Gottes Liebe schafft erst den Wert der Objekte, die er liebt und die an und für sich ohne Wert sind. In Übereinstimmung mit der neo-orthodoxen Betonung von Gottes totalem Anderssein führt Nygrens strikte Trennung von Agape und Eros zur Abwertung der sexuellen Liebe und zur Vertiefung der Kluft zwischen göttlicher und menschlicher Liebesfähigkeit.

Statt den Eros zu humanisieren, hat die christliche Tradition durch die Trennung von Eros und Agape die Triebe als animalisch betrachtet und de facto brutalisiert. Statt die verschiedenen Manifestationen der Liebe zur Ganzheit zu integrieren, hat das Christentum die Liebeskräfte partialisiert und in eine hierarchische Ordnung gezwungen. Die sogenannte Fleischeslust wurde verworfen, statt sie als einen Weg zu sehen, auf dem wir uns selbst und Gott erkennen; das Christentum hat in seiner Sexualfeindschaft unser Bedürfnis nach dem Unbedingten verraten. Statt Sexualität als Zeichen der Gegenwart Gottes unter uns zu preisen, hat die repressive christliche Tradition ihren sakramentalen Charakter als leibhaftes Symbol der Gnade zerstört.

Sexualfeindschaft und sexuelle Unterdrückung gefährden nicht nur die Bejahung unserer Leiblichkeit und das Lob unseres Daseins als sexuelle Geschöpfe. Die schlimmste Auswirkung dieses repressiven Erbes besteht vielleicht darin, daß sie den menschlichen Wunsch nach seelischer und sozialer Ganzheit kaputtmacht und die Integration von Sexualität und Liebe als Unmöglichkeit erscheinen läßt. Zwischen der Verherrlichung der christlichen Liebe und der gleichzeitigen Verdammung ihres elementarsten und zwingenden Ausdrucks herrscht ein schreiender Widerspruch. Denn es ist die sexuelle Liebe, die uns zur Ganzheit treibt, uns frei macht, uns herausfordert, all unsere Fähigkeiten und Möglichkeiten zu entwickeln und immer mehr Mensch, Ebenbild der Liebe, zu werden. Eine Liebesbeziehung, die grundlegende Bereiche unseres Lebens – seien es geistige, ästhetische oder politische – nicht integrieren kann, schmälert unsere Fähigkeit zur vollen Hingabe an einen anderen Menschen. Wenn die gemeinsame Basis zu schmal wird (oder es vielleicht immer war), verkümmert die Beziehung. Ich erinnere mich an eine kurze Bekanntschaft während meiner Studienzeit, bei der ich in ständiger Angst lebte, mein Partner könnte im falschen Augenblick den

Mund auftun und etwas peinlich Triviales sagen. Ich schämte mich zu Tode für ihn. Anfänglich machte ich mir Selbstvorwürfe, ich sei zu anspruchsvoll und zu mißtrauisch, aber schließlich wurde mir klar, daß ich meine intellektuelle und emotionale Entwicklung nicht auf die Ebene meines Partners zurückschrauben konnte. Als ich endlich begriff, daß ich nicht um eines anderen willen vergessen durfte noch konnte, wer ich war, brach ich die Beziehung ab.

Liebe ist notwendig mehrdimensional; in ihrem Drang nach Ganzheit gibt sie sich mit teilweiser Übereinstimmung nicht zufrieden. Dieser Drang nach Ganzheit erstreckt sich auch auf die Zeit: Die Liebe bringt Vergangenheit, Gegenwart und Zukunft zusammen. Liebende brauchen es, über ihre Vergangenheit zu sprechen, Kindheitserlebnisse auszutauschen und ihre bisher getrennten Lebensgeschichten zueinander in Beziehung zu setzen. Auf der Suche nach der Vergangenheit beschwören sie Zukunft herauf. Eine Liebesbeziehung, die das, was war und sein wird, auslöscht, die das Erinnern wie das Träumen nach vorn vergißt, macht unser zeitliches Sein fragmentarisch und reduziert die Liebe zu einer Fluchtbewegung in die Illusion purer Gegenwart.

Ohne diesen Wunsch, ganz zu sein, können sich auch Ekstase und Vertrauen nicht entwickeln. Diese Behauptung mag mancher Leserin idealistisch klingen und wie ein romantischer Traum, der niemals Wirklichkeit werden kann, weil kein Einzelwesen jemals imstande ist, alle unsere Bedürfnisse zu erfüllen. Das ist durchaus richtig, widerlegt aber unser Bedürfnis danach, möglichst viele Aspekte unseres Lebens zu integrieren, keineswegs. In einer Beziehung bedeutet Ganzheit nicht, daß ich außer dir niemanden und nichts sonst mehr brauche! Eine solche Beziehung wäre totale, ja neurotische Abhängigkeit. Ganzheit in einer Beziehung meint vielmehr, daß wir unsere jeweiligen Bedürfnisse miteinander teilen und unsere Identität im Zusammensein stärken, statt sie zu verleugnen. Es gibt keine Integrität in einer Beziehung, wenn wir nicht einbringen können, wer wir wirklich sind. Wenn es wahr ist, daß die »völlige Liebe« Furcht, Scham und Mißtrauen austreibt, dann sollten wir uns nie kleiner machen, als wir sind, und uns mit weniger als dem Ganzen nicht abspeisen lassen.

Zufällige und kurzfristige Wegwerfbeziehungen verletzen dieses Bedürfnis nach Ganzheit, auch wenn wir sie – im Sinne des liberalen Einverständnisses – als solche planen. Es gibt eine oft sehr rational begründete Anspruchslosigkeit an Partner, die niemanden »stört«, aber unsere Integrität zerstören kann. Auch wenn du (ich denke beim Schreiben an junge Frauen, die ich kenne) die Erfahrung einer ganzheitlichen Sexualbeziehung noch nicht gemacht hast, sollst du den Wunsch danach in deiner Seele nicht zum Schweigen verurteilen. Die gegenseitige Übereinkunft, sich auf eine eindimensionale Beziehung zu beschränken, verbildet unsere Wünsche. Auch wenn, wie es in moderner Rationalisierung heißt, das Objekt unserer Lust völlig einverstanden ist und niemandem sonst Schaden zugefügt wird, so wird doch unser Verlangen nach Ganzheit, Gegenseitigkeit und Selbsttranszendierung nachhaltig geschädigt. Wo wir einander zu bloßen Lustobjekten machen, geht der sakramentale Charakter des Liebens verloren. Die Vision ganzheitlicher Liebe unterscheidet sich dadurch von einer romantischen Illusion, daß sie auf unsere wirklichen Bedürfnisse bezogen bleibt. Der Wunsch, ganz zu sein, läßt sich nicht verleugnen, es sei denn um den Preis unseres eigentlichen Selbst. Versuchen wir, diesen Wunsch zu unterdrücken, so taucht ein merkwürdiges Gefühl der Fremdheit und Leere auf. Wenn die Tiefendimension unseres Daseins nicht ins Spiel kommen darf und unangerührt bleibt, so wird unser sexuelles Leben mechanisch funktionell, wir vertrocknen.

Im Gegensatz zu dem repressiven Charakter unseres religiösen Erbes steht eine Befreiungstradition, die uns an Ganzheit zu glauben lehrt auch dann, wenn wir uns kaputt und verzweifelt fühlen. Ohne Frage ist »Gott größer als unser Herz« (1. Johannes 3,20), und wir können wissen, daß unsere Vision der Liebe größer ist als der kleine Teil davon, den wir bis jetzt verwirklicht haben. Die jüdische wie die christliche Tradition besteht auf einem Zusammenhang zwischen Lieben und Erkennen, der unser Bedürfnis nach Ganzheit bestätigt. In der Hebräischen Bibel hat das Verbum »erkennen« zwei Bedeutungen; die eine bezieht sich auf wahrnehmen und verstehen, die andere auf den Geschlechtsverkehr. In 1. Mose 4,1 heißt es: »Und Adam erkannte sein Weib Eva, und sie ward schwanger und gebar den Kain.« Dieser archaische Gebrauch des Wortes »erkennen« enthüllt einen vergessenen Bestandteil der Liebe, nämlich ihre kognitive Kraft. Wenden wir diese Bedeutung auf den Bereich des Sexuellen an, so wird uns klar, was es heißt, jemanden sexuell zu erkennen: nämlich den anderen wirklich wahrnehmen, sich bewußtmachen, wer er oder sie ist, und die geliebte Person in all ihrer Vielfalt erfahren. Die Liebe selbst hat kognitive Kraft. Abstrakte Sexualität dagegen trennt Erkennen und Lieben voneinander.

Augustin hat gesagt, daß wir nur, was wir lieben, wirklich erkennen. Ohne den Eros gibt es keinen authentischen Logos. Für jeden, der nach Ganzheit strebt, ist der erotische Impuls auch ein kognitiver. Das Sexuelle ist eine Weise, den Partner, uns selbst, die Gemeinschaft und die Welt, in der wir leben, zu erkennen. Der Geist entwickelt sich nicht abgelöst von Begehren und leiblicher Ausführung. Sexuelle und intellektuelle Neugier gehen Hand in Hand. Unsere körperliche und seelische Sehnsucht verarmt, wenn sie von dem Wunsch, einen anderen Menschen im Tiefsten zu erkennen, abgespalten wird; und unser Erkenntnisvermögen läßt nach, wenn es die Leidenschaft einbüßt und die Beziehung zur sozialen Wirklichkeit verliert. Mehr erkennen heißt mehr lieben, und mehr lieben heißt mehr erkennen. Erkenntnis zielt auf Gemeinschaft, nicht auf Besitz. Echte Erkenntnis – sei es Erkenntnis eines anderen Menschen, Selbsterkenntnis oder Gotteserkenntnis – trägt in keinem Falle besitzergreifende, beherrschende oder unterwerfende Züge; sie ist vielmehr ein Mittel der Kommunikation: Wir teilen mit, wer wir sind. Erkennen und Sich-erkennbar-Machen ist ein einziger Akt in der Liebe, die gegenseitig ist.

Wie ich schon sagte, werden manche meine Vision von ganzheitlichen sexuellen Beziehungen als hoffnungslos idealistisch abtun. Weit verbreitet ist die Meinung, daß die Forderung nach Ganzheit in den sexuellen Beziehungen eine Überforderung sei. Enttäuschung und sexuelle Hoffnungslosigkeit ist, was ich von Erwachsenen aller Altersstufen immer wieder zu hören bekomme. Deshalb sei es besser, sich mit der physischen Befriedigung oder der Verläßlichkeit zu bescheiden, die nicht notwendig auf die Weiterentwicklung der Person, die religiöse Erfahrung des kosmischen Einsseins oder auf soziales Engagement für Gerechtigkeit und Frieden bezogen sei. Es macht mich traurig, wenn ich Männer und Frauen diese Auffassung vertreten höre; ich höre darin eine falsche Toleranz gegenüber der Selbstzerstörung, eine Zustimmung dazu, daß unsere Sehnsucht stumm gemacht wird, eine Einwilligung in die Mittelmäßigkeit und eine Bereitschaft, die eigene Integrität preiszugeben.

Aber es regt mich noch mehr auf, wenn ich Frauen gegen ein ganzheitliches Verständnis der Liebe reden höre, denn meine Hoffnung, die herrschenden Strukturen des Unrechts und der inneren Leere zu unterlaufen, ruht mehr auf den Frauen als auf Männern. Gerade wegen unserer sozioökonomischen Benachteiligung gilt hier Walter Benjamins Satz: »Nur um der Hoffnungslosen willen ist uns die Hoffnung gegeben.«[3] Manchmal habe ich Angst, daß Frauen in der objektiv hoffnungslosen Situation die Hoffnung aufgeben könnten. Bei dem Versuch, die Ungleichheit sexueller Privilegien zu überwinden und die doppelte Moral aufzuheben, derzufolge Frauen »im Vergleich mit Männern weniger Freiheit zu eigenem sexuellen Lustgewinn genießen«[4], entsteht die Gefahr, die patriarchalischen Verhaltensmuster einfach umzukehren, statt sie zu verändern. In der bisherigen Geschichte war es das Vorrecht der Männer, zwischen Zuneigung und Lust zu trennen und die physische Liebesfähigkeit von der emotionalen und spirituellen abzuspalten; sie allein genossen das Privileg,

3 Walter Benjamin: »Goethes Wahlverwandtschaften«, in: Gesammelte Schriften, Bd. I/1, Frankfurt/M. 1974 (Suhrkamp Verlag), S. 201.
4 Dinnerstein, The Mermaid and the Minotaur, a.a.O., S. 38; vgl. Anm. S. 170.

Sexualität als etwas Unverbindliches betrachten zu dürfen, den Liebesakt zu etwas Beiläufigem zu machen und die Frauen unter Kontrolle und Zwang zu halten. Aber wollen wir Frauen das wirklich nachmachen: diese Trennung von Körper und Geist, diese Gefühlsverarmung und Verkrüppelung menschlicher Würde, die dem System männlicher Vorherrschaft zugrunde liegt? Tragen wir nicht eine größere Hoffnung – um der Hoffnungslosen willen?!

Noch bin ich nicht bereit, auf Ganzheit zu verzichten. Ich denke, daß die Sozialisation der Frauen im Laufe der abendländischen Geschichte dazu geführt hat, daß wir weithin sexuell stumm geblieben sind und deshalb die meisten von uns kaum Anspruch auf eine eigene, spontane Erotik erheben. Aber in der ererbten Benachteiligung liegt auch eine einzigartige Chance. Als Frauen sind wir gerade aufgrund unserer Sozialisation dazu gezwungen, intensiv an der Integration aller unserer Gefühle in unsere Beziehung zu arbeiten, im Gegensatz zu den meisten Männern. Der Mangel an Ganzheitlichkeit in einer Beziehung scheint uns viel tiefer zu treffen, während Männer oft ganz gut mit einer partiellen Beziehung leben können. Das heißt aber auch, daß wir uns vom Versprechen des Ganzseins immer wieder verlocken lassen. Sollen wir uns diese Art von Verwundbarkeit selber ausreden? Ich möchte lieber auf die leise Stimme hören, die zu einer Art von Ekstase ruft, die sich außerhalb der Ganzheit nicht ereignet.

Ich erinnere mich an eine Begegnung mit einem berühmten Intellektuellen, als ich ein ganz junges Mädchen war. Von diesem Mann hatte man mir gegenüber immer nur im Ton der Ehrerbietung gesprochen, aber als ich ihm dann selbst gegenüberstand, verflogen meine Illusionen sehr rasch, und zwar wegen seiner Angeberei gegenüber seiner Begleiterin, einer hübschen, neunzehnjährigen Blondine, die in meinem Freundeskreis als oberflächlich und dämlich galt. Ich erinnere mich noch an den Schock, den ich erlebte, als ich den Charakter ihrer Beziehung durchschaute. Später sprach ich mit meiner Mutter über meine Entdeckung. Sie meinte, dergleichen rein sexuelle Liaisons gebe es oft und sie seien ganz normal. Ich fand das widerlich. Ich hatte das Gefühl, dieser berühmte Mann benutzte ein junges Mädchen, und beide vergingen sich an etwas, wofür ich damals keinen Namen wußte und was ich heute ganzheitliche Liebe nennen würde.

Gibt es Spuren dieser Ganzheit? Wo wird sie sichtbar?

Bei meiner Suche nach Quellen innerhalb der christlichen Tradition hat mich vor allem das Hohelied angezogen. Es preist die Liebe zwischen einem jungen Mann und einer jungen Frau, das Verlangen, die Ekstase, den Verlust und die Wiederkehr der Liebe. »Liebe ist stark wie der Tod«, heißt es da: Die Liebe trifft, wie der Tod, unser ganzes Wesen. In diesen Gedichten gibt es keinerlei Festschreibung bestimmter geschlechtsspezifischer Rollen und Verhaltensweisen; die junge Frau ergreift oft die Initiative. Mit einem Ton der inneren Sicherheit, des ruhigen Selbstbewußtseins und der Einladung verkündet sie:

> Denn stark wie der Tod ist die Liebe,
> Leidenschaft hart wie die Unterwelt;
> ihre Gluten sind Feuersgluten,
> ihre Flammen wie Flammen des Herrn.
> Große Wasser können die Liebe nicht löschen,
> Ströme sie nicht überfluten (Hoheslied 8,6b–7a).

Von der Ehe oder einer vergleichbaren gesellschaftlichen Institution ist im Hohenlied nicht die Rede. Es richtet den Blick weder auf die Fortpflanzung noch auf die Familie. Es ist ein Loblied auf die Erfüllung der Schöpfung in der menschlichen Sexualität.

Wie im Garten Eden gibt es auch in diesem Garten der Liebe Brunnen und Ströme, aus denen man trinken kann. Der Unterschied ist nur, daß die Liebenden einander einladen dürfen, von den »köstlichen Früchten« des Gartens (Hoheslied 4,16c) zu essen. Es gibt kein Verbot, dessen Übertretung mit der Todesstrafe bedroht würde, und von Gehorsam und Ungehorsam ist überhaupt nicht die Rede. Das Hohelied steht in klarem Gegensatz zu der Fluchtradition in der Geschichte vom Sündenfall (1. Mose 3). Im Garten des Hohenlieds sind Arbeit und Liebesspiel ineinander verwoben:

> Mein Geliebter ist in seinen Garten gegangen,
> hinab zu den Balsambeeten
> seine Herde in den Gärten zu weiden
> und Lilien zu pflücken.
> Ich bin meines Geliebten, und mein Geliebter ist mein,
> der auf Lilienauen seine Herde weidet (6,2–3).

Das Hohelied läßt Pflanzen und Tiere, Mann und Frau teilhaben an der Freude, an dem Überfluß und der Lebensfülle, die in diesem Garten zu finden sind.

Die erfüllte Beziehung hat noch eine weitere Dimension, in der unsere Verbundenheit mit allem, was lebt, zum Ausdruck kommt. Ich habe lange geschwankt, wie ich diese vierte Dimension nennen sollte; ich dachte an Wörter wie Einssein oder Bezogenheit, Relationalität, aber auch an das biblische Bild der Heiligen Stadt. Ich kann mir die Liebe schlecht ohne eine neue Stadt, ohne ein Jerusalem, in dem die Sklaven frei herumlaufen, vorstellen; unser Nachdenken über Sexualität wäre unvollständig ohne die Vision einer *polis.* Schließlich entschied ich mich dafür, dieser soziopolitischen Dimension der Sexualität den Namen »Solidarität« zu geben, also den Ausdruck zu wählen, mit dem die Arbeiterbewegung im 19. Jahrhundert bezeichnet hat, was die christliche Tradition mit dem Wort »Liebe« meint. Wer in den letzten Jahrzehnten unseres Jahrhunderts von Solidarität spricht, kann nicht umhin, zugleich an die polnische Gewerkschaft gleichen Namens zu denken. Das geschieht hier mit voller Absicht, weil ich nicht will, daß einer der großen Freiheitskämpfe unserer Zeit in Vergessenheit gerät.

Echte erotische Liebe öffnet den Liebenden Herz und Sinn auch für andere Menschen. Dieser Satz mag banal klingen, ich befürchte aber, daß die im Christentum entwickelte scharfe Unterscheidung zwischen Eros und Agape uns blind gemacht hat für die umfassende Wirklichkeit der Liebe. Mehr lieben heißt mehr erkennen – nicht nur von unserem Partner, sondern auch von der übrigen menschlichen Familie. Es gibt keinen Eros ohne Agape und keine Agape ohne Eros. Es wäre oberflächlich, wollte man die Relationalität, die mit unserem Geschaffensein als sexuelle Wesen zusammenhängt, auf den Austausch zwischen Sexualpartnern beschränken.

Genau diese Oberflächlichkeit herrscht unangefochten in unserer Kultur. Der triviale Mythos von der schönen, idyllischen Insel, auf der Du und Ich Zuflucht finden vor einer feindlichen Welt, stellt eine gefährliche Form des sexuellen Eskapismus dar, der unseren größeren Wunsch, mit der Welt, in der wir leben, vereint zu sein, verleugnet. Und doch ist dieser Trivialmythos einer der dauerhaftesten und einflußreichsten Mythen in unserer Kultur, der im Film, in der Werbung und anderen Massenmedien immer wieder hervorgezaubert wird. Er spricht uns an, weil jeder manchmal das Bedürfnis nach einem schönen, verborgenen Zufluchtsort der Zweisamkeit hat. Und wie verschieden im einzelnen unsere Träume vom Inselglück auch sein mögen, eines ist ihnen gemeinsam: Sie sind von der Vorstellung getragen, unser eigentliches Leben spiele sich nicht hier in Arbeit und Alltag ab, sondern irgendwo weit weg.

In den Massenmedien erscheint dieser Mythos von der glücklichen Insel so, daß eine ganz bestimmte Form der Zweierbeziehung idolisiert wird: Ein junges, weißes, heterosexuelles, wohlhabendes Pärchen, gesund und gepflegt, zieht sich auf eine Insel zurück. Es wird als frei und ungebunden dargestellt, ohne Beruf und Familie oder andere menschliche Bindungen und Verpflichtungen. Derlei Freiheit von weltlichen Sorgen erscheint in den Medien in erlesenen Bildern; wir sehen, zum Beispiel in der Werbung, lange einsame Sandstrände, Luxusjachten oder Vögel im Flug. Das Paar lebt ausschließlich für sich selbst und genießt seine sonnenüberglänzte Umwelt in einer Art von Narzißmus à deux.

Die Medienmacher verheißen diesen Mythos vom neuen Leben allen, die es sich leisten können, das Alltagsleben, das im Gegensatz dazu als fad und öde, gewöhnlich und langweilig dargestellt wird, hinter sich zu lassen.

Der Mythos vom Inselglück macht sich unser Bedürfnis nach Ganzheit zunutze. Er schafft die Illusion von Ganzheit durch die Vorstellung von Liebesglück inmitten unberührter, schöner Natur, blendet aber den größten Teil der Realität und selbstverständlich alles, was mit Politik zu tun hat, aus. Dieser apolitische Traum verfälscht die Tendenz der Liebe nach Vereinigung mit allem, was lebt. Er hebt uns ab von allen anderen. Träumen wir diesen falschen Traum, dann isolieren wir die Liebe vom Rest unserer Welt, einer Welt, aus der wir nur noch fliehen wollen. Weltlosigkeit wird zur Bedingung für Liebesglück gemacht. Liebe wird zur Entschädigung für alle Verluste und Schädigungen, die das Leben uns zugefügt hat. Die Liebe ist aber keine Entschädigung für irgend etwas anderes. Sie ist auch kein Schutzwall, der uns vor Störungen abschirmt. Im Gegenteil: Echte Liebe läßt unsere Abwehr- und Verteidigungshaltung schwinden; sie macht uns störbarer und schutzloser. Die Ekstase, die wir in der Liebe erfahren, erhöht unsere Sensibilität für die Gewalt, in der andere Menschen gefangengehalten sind, und macht uns aufmerksamer für die, denen die Fülle des Lebens verweigert wird. Lieben lehrt uns vertrauen, was auch bedeutet, daß wir unsere Neigung zum Mißtrauen verlernen. Weil das so ist, fangen wir auch an, die ungetröstete Einsamkeit, die Angst und den Selbsthaß wahrzunehmen, die uns in allernächster Nähe begegnen. Weil wir durch Liebe in die Ganzheit hineinwachsen, verlangen wir nach Versöhnung mit den Entrechteten dieser Erde. Mit anderen Worten: Je stärker die Liebe, desto stärker auch die revolutionäre Kraft! Oder, wie ein anderer Slogan der 68er Bewegung sagte: »The more I make love, the more I want to make the revolution!«

Liebe kann von Gerechtigkeit nicht getrennt werden. Der Trieb zu lieben und das Bedürfnis, Gerechtigkeit zu verwirklichen, sollten eins werden; und sie werden sich annähern, je mehr wir die gegenwärtige Spaltung zwischen privatem und öffentlichem Leben überwinden. Kleine Kinder empfinden ihren Körper nicht als aufgeteilt in verborgene erogene Zonen einerseits und in empfindungslos gemachte Partien andererseits; von ihnen können wir lernen, unser Empfindungsvermögen nicht zu trennen in private Gefühle, die wir nur mit engsten Freunden teilen, und in öffentliche rationale Umgangsformen, die uns nur zu oft gegenüber den Schmerzen unserer Mitmenschen unempfindlich machen.

Eine Szene aus dem Stück »Der kaukasische Kreidekreis« von Bertolt Brecht kann verdeutlichen, worum es mir geht. Das Küchenmädchen Grusche muß mit anderen Bewohnern des Gouverneurspalastes wegen einer feindlichen Invasion fliehen. In dem ausbrechenden Tumult läßt die reiche Frau des Gouverneurs ihr Kind zurück. Grusche entdeckt den Kleinen und bringt es nicht fertig, ihn einfach liegenzulassen. Trotz der dringenden Warnungen des Personals, daß jeder, der bei dem Erbe des Gouverneurs angetroffen werde, damit rechnen müsse, von den feindlichen Panzerreitern abgeschlachtet zu werden, zögert sie, gelähmt von Unentschlossenheit, bis das eintritt, was der »Sänger« folgendermaßen erzählt:

> Als sie nun stand zwischen Tür und Tor, hörte sie
> Oder vermeinte zu hören ein leises Rufen: das Kind
> Rief ihr, wimmerte nicht, sondern sprach ganz verständig:
> »Wisse, Frau, wer einen Hilferuf nicht hört,
> Sondern vorbeigeht, verstörten Ohrs: nie mehr
> Wird der hören den leisen Ruf des Liebsten noch
> Im Morgengrauen die Amsel oder den wohligen
> Seufzer der erschöpften Weinpflücker beim Angelus.«[5]

5 Bertolt Brecht: Gesammelte Werke (Werkausgabe), Bd. 5, Frankfurt/M. 1967 (Suhrkamp Verlag), S. 2024.

Grusche flieht nicht mit den andern, sondern macht sich allein mit dem Kind auf den Weg. Brecht zeigt, daß wir unsere Gefühle nicht für einige wenige Menschen reservieren können, um sie ansonsten zu verstecken und zu unterdrücken. Die »Verführung zur Güte«, wie er es nennt, gehorcht nicht dem Selektionsprinzip.

Verschließen wir unsere Ohren den Schreien der Hilflosen, so töten wir nicht nur die Agape, das Erbarmen, sondern auch den Eros in uns. »Nie mehr / wird der hören den leisen Ruf des Liebsten«: Ohne Agape kein Eros. Genausowenig läßt sich auch das Glück der Liebe auf den Privatbereich einschränken, lassen sich die in ihr freigesetzten Energien vom öffentlichen Leben fernhalten. Die Tiefe unserer Liebesbeziehung ist entscheidend auch für das, was wir öffentlich tun oder schweigend dulden. Die Tatsache, daß die Völker der Ersten Welt den größten Teil ihrer Rohstoffe und ihres intellektuellen und finanziellen Vermögens zur Vorbereitung von Krieg und Tod einsetzen, ist nicht ohne Einfluß auf unsere psychosexuelle Wirklichkeit. Die tägliche Zunahme von Waffen und Massenvernichtungsmitteln sagt etwas über unsere Liebesfähigkeit aus. Das wichtigste Todessymbol unserer Zeit, die Rakete, ist ein phallisches Symbol; die sexuelle Potenz der Machtelite drückt sich als Todeswunsch aus.

Erich Fromm hat diesen Charakterzug der Gegenwart als »Nekrophilie«, Liebe zu Totem, beschrieben; in den Werbematerialien für die Bundeswehr zum Beispiel, besonders für die Luftwaffe, läßt sich die aggressive Techno-Erotik nicht übersehen. Wenn wir öffentlich den Tod anbeten, wie stark ist dann eigentlich die persönliche Entscheidung für das Leben, die wir in unseren sexuellen Beziehungen vollziehen? Wie ernst nehmen wir unsere Liebe eigentlich? Was ist von der Kraft unserer Gefühle zu halten, wenn sie nicht auch im Politischen zur Geltung kommen? Im Vollzug der Liebe bejahen wir unser Geschaffensein, erschaffen einander neu und leben endlich *in*, nicht mehr *gegen* unseren Leib. Diese Verleiblichung (»embodiment«) ereignet sich im sexuellen Akt, trägt uns aber weiter über die augenblicklichen Erfüllungen und Ängste unserer Körper hinaus, in den Raum des Politischen hinein. Wenn unsere Leibwerdung nicht bis ins Gesellschaftliche hineingeht, dann ist sie nicht weit genug gegangen.

Ich habe an früherer Stelle die Wegwerfbeziehungen kritisiert, weil sie unserer Entwicklung zur Ganzheit im Wege stehen. In gewisser Weise ist aber unser gesamtes Sexualverhalten Wegwerfbeziehung, weil unser Lieben uns nicht dazu gebracht hat, Gerechtigkeit zu verwirklichen und unsere erotische Kraft in revolutionäre Kraft zu transformieren. Unsere intimen, persönlichen Beziehungen tragen Frucht, wenn sie uns mit den Kämpfen und Leiden anderer Menschen in Verbindung bringen. Die Selbsttranszendenz der Sexualität führt zur Solidarität, und die Abwesenheit von Solidarität ist ein Hinweis auch auf sexuelle Beziehungslosigkeit und Unterentwicklung. Solidarität intensiviert unsere Ekstase, stärkt unser Vertrauen und ist unabdingbar für unser Ganzsein.

Das Hohelied der Liebe im ersten Brief des Paulus an die Korinther ist vielleicht das Schönste, was das Neue Testament über den Sinn der Liebe zu sagen hat. Um so erstaunlicher zu sehen, wie sehr die traditionelle Auslegung von 1. Korinther 13 bemüht war, der ganzheitlichen Definition der Liebe bei Paulus auszuweichen. Ein unbefangener Blick auf den Text läßt erkennen, daß im paulinischen Begriff der Liebe die Dimensionen von Ekstase, Vertrauen, Ganzheit und Solidarität in wechselseitigem Zusammenhang erscheinen:

»(1) Wenn ich mit Menschen- und mit Engelzungen redete, und hätte der Liebe nicht, so wäre ich ein tönend Erz oder eine klingende Schelle. (2) Und wenn ich weissagen könnte und wüßte alle Geheimnisse und alle Erkenntnisse und hätte allen Glauben, also daß ich Berge versetzte, und hätte der Liebe nicht, so wäre ich nichts. (3) Und wenn ich alle meine Habe den Armen gäbe und ließe meinen Leib brennen, und hätte der Liebe nicht, so wäre mir's nichts nütze.«

In den Versen 1–3 redet Paulus von dem, was wir Ganzheit nennen. Ohne die Liebe sind alle unsere Fähigkeiten zur religiösen Ekstase (Vers 1), zur philosophischen Erkenntnis und prophetischen Weisheit (Vers 2), zur Barmherzigkeit und zum sozialen Engagement (Vers 3) nichts wert. Ohne die Agape bleiben Ekstase, Weisheit und Barmherzigkeit nur vereinzelte Versuche, etwas zu leisten, das wie eine Tat der Liebe aussieht, aber die Veränderung der ganzen Lebensrichtung, die wahre Liebe fordert und hervorruft, nicht schaffen kann. Paulus kritisiert hier eine Liebe ohne Integration ihrer eigenen Fähigkeiten zu Ganzheit und Solidarität; diese ersten Verse handeln von einer Art Halb-Liebe. Was ist dann aber Agape? In ihrer paulinischen Beschreibung können wir die Dimensionen der Liebe, die ich deutlich zu machen versucht habe, wiedererkennen:

»(4) Die Liebe ist langmütig und freundlich, die Liebe eifert nicht, die Liebe treibt nicht Mutwillen, sie bläht sich nicht, (5) sie stellt sich nicht ungebärdig, sie sucht nicht das Ihre, sie läßt sich nicht erbittern, sie rechnet das Böse nicht zu, (6) sie freut sich nicht der Ungerechtigkeit, sie freut sich aber der Wahrheit; (7) sie verträgt alles, sie glaubt alles, sie hofft alles, sie duldet alles.«

Hier finden wir die Dimension des Vertrauens und der Verantwortlichkeit füreinander sowie die Abwesenheit von Eifersucht und Arroganz (Vers 4). Das Element der Solidarität wird genannt und die Abwesenheit von Opportunismus und Verbitterung (Vers 5), die beide die Solidarität zerstören. Solidarität in der Liebe bedeutet schließlich, daß wir uns selbst transzendieren. Liebe »freut sich nicht der Ungerechtigkeit, sie freut sich aber der Wahrheit« (Vers 6). Sie leidet mit den Benachteiligten und lebt von jedem Stückchen Wahrheit und Widerstand gegen die Mächte des Todes, das wir zu Gesicht bekommen. Das griechische Wort *panta*, das »alles« oder »alle Dinge« bedeutet, wird im letzten Vers viermal wiederholt; es drückt das ganzheitliche Bezogensein der Liebenden auf andere Menschen und die ganze Schöpfung aus.

Elemente der Agape tauchen in jeder ganzheitlichen Sexualbeziehung auf. Anstatt uns auch im Sexuellen einem unbarmherzigen Leistungsprinzip zu unterwerfen, können wir in einer Beziehung erfahren, wieviel Trost wir einander spenden können. Daß uns jemand nach einem Verlust oder einer Verletzung körperlich zu trösten vermag, beweist, wie falsch es ist, Eros und Agape voneinander zu trennen. Die Liebe erträgt, glaubt, hofft und duldet in der Tat alles (1. Korinther 13,7), und in erfüllter sexueller Beziehung haben wir Anteil an diesem Sein der Liebe und lernen das Ertragen, Glauben, Hoffen und Dulden. Die Liebe verschwistert uns mit der Welt. Wir werden immer verfügbarer füreinander in einer Beziehung, die Eros und Agape verkörpert.

Ein lebendiges und ungewöhnliches Zeugnis für die Unzertrennlichkeit dessen, was die dualistische Tradition oft hierarchisiert und zerrissen hat, ist das Leben des Franziskus von Assisi, eines Heiligen, in dessen Spiritualität Eros und Agape miteinander verschmolzen. Franziskus, der sich selbst einen »Troubadour Gottes« nannte, verehrte seine geliebte »Frau Armut« in der Form von höfischen Minneliedern. Sein Lebensstil ist ein Beispiel für die die Zeitgenossen peinlich berührende Vermischung von erotischer und fürsorglicher Liebe. Aus seinen Gebeten, Aussprüchen und manchmal närrischen Taten spricht die Leidenschaft für Gott und zugleich eine ungeteilte Liebe zu allem Lebendigen. Aussätzige hat er umarmt und geküßt. Die brüderliche Gemeinschaft, in der er lebte, schuf ein Klima der Zärtlichkeit und Erotik. Sie verschenkten all ihr Eigentum und auch die Gaben, die sie von andern erhielten; gleichzeitig achteten sie aber aufmerksam auf die Bedürfnisse der Schwächeren in der Kommunität und brachen nicht selten die strengen asketischen Regeln, zum Beispiel des Fastens. Extreme Ausdrucksformen der Freude und des Schmerzes wie Tanzen und Weinen waren für Franziskus und seine Brüder ganz natürlich.

Aus einer solchen Perspektive muß ein Leben ohne Leidenschaft, ohne Verwundbarkeit und Freude, als Tod erscheinen. In der Liebe finden wir die Gewißheit, daß wir gebraucht werden, und nicht nur ein Bewußtsein unserer eigenen Bedürftigkeit. In dem Maße, in dem wir uns als nicht gebraucht und ersetzbar erfahren, sind wir tot. Wir können aber wissen, »daß wir aus dem Tode in das Leben gekommen sind, denn wir lieben die Brüder.

Wer den Bruder nicht liebt, der bleibt im Tode« (1. Johannes 3,14). Die biblische Tradition gründet das Bedürfnis, gebraucht zu werden und anderen ein Bedürfnis zu sein, in der Schöpfung selbst. Unser Nachdenken über das Bedürfnis nach Liebe – Liebe geben und Liebe empfangen zu können – erreicht einen Punkt, an dem es notwendig wird, von Gott zu sprechen, der uns alle, jede und jeden einzelnen von uns, vorbehaltlos braucht und bedingungslos liebt. Um die Schöpfung weiterzutreiben, ist Gott darauf angewiesen, daß wir endlich und immer mehr lieben lernen. Im sozialen und politischen Kampf gegen den Tod, der in Hunger, Ausbeutung und Krieg über uns herrscht, will Gott von unseren Leidenschaften und unserer ganzen, ungeteilten Liebe zum Leben Gebrauch machen.

14
Zur Hoffnung geschaffen

Dieses Buch ist ein Versuch der Vergewisserung darüber, daß wir Geschöpfe sind, die selber Schöpfer werden, daß wir befreit worden sind, um selber für Befreiung einzutreten, daß wir geliebt werden, um selber zu Liebenden zu werden. Doch wir leben in einer Zeit, wo die Gewißheit stiftende Kraft, die uns in den Schöpfer vertrauen läßt, immer wieder von Zweifeln, ja Verzweiflung überschattet wird – aufgrund einer noch nie dagewesenen geschichtlichen Situation, in der die globalen Weltbesitzer jeden regionalen Kampf für Freiheit und Gerechtigkeit zu verhindern suchen, während die apokalyptische Bedrohung der gesamten Schöpfung noch immer ansteigt.

Wo ist noch Hoffnung? Der alte Satz der amerikanischen Friedensbewegung »The bombs are falling – now« trifft ja nicht nur auf die Vergessenen und ihrer Menschenrechte auf Nahrung und Obdach, Erziehung und Heilung Beraubten zu. Die Bombe tötet nicht nur die Armen, sondern auch uns, schon jetzt, indem sie unsere Fähigkeit, auf die Schöpfung und ihr geschichtliches Weiterbestehen zu vertrauen, zerstört. Wir sind dazu geschaffen, Liebe und Gerechtigkeit zu verwirklichen, aber welche Kraft haben die Ohnmächtigen?

Wir brauchen eine stärkere Ermutigung, als sie aus der gegenwärtigen Situation erwachsen kann. Als Christin stehe ich in einer langen Tradition, die, obwohl von Versagen und Niederlagen weit mehr als von Hoffnungen und Siegen geprägt, in ihrer Botschaft eindeutig ist. Im Mittelpunkt dieser Tradition steht das Kreuz, die Niederlage Gottes auf Golgatha und in Auschwitz und darüber hinaus. Dennoch spricht diese Tradition eine unaufgebbare Wahrheit aus, die ihr Lebensrecht begründet: Sie beharrt darauf, daß wir nach dem Bilde Gottes geschaffen sind; daß wir anders gemeint waren, nicht als Räuber und Plünderer. Der Vorteil, den Christen haben, ist, daß sie zu einer religiösen Tradition gehören und auf die Stimmen ihrer Väter und Mütter zu achten lernen. Auch sie erfuhren Vereinsamung und Niederlage, fühlten sich überwältigt von der Militärgewalt ihrer Zeit. Oft sahen sie ihre Hoffnungen zertreten von dem eigenen Volk. Auch sie mußten mit ansehen, wie Regierung und organisierte Religion, Thron und Altar ihren Glauben auf Reichtum und militärische Macht gründeten statt auf Gottes Gerechtigkeit. Aber beim Rückblick auf das christliche Vermächtnis gewahre ich auch Gegenkräfte, Formen des Widerstandes und Unterbrechungen der Gewalt. Die Tradition erzählt Geschichten vom Exodus eines kleinen Volkes aus dem Herrschaftsbereich einer ökonomischen Supermacht und von der Auferstehung des Lebens aus dem gewaltsamen Tode. Das stärkt und klärt meinen Glauben. Meine Väter und Mütter helfen mir dabei, meine Hoffnung auf die Kraft des Lebens zu setzen, die sie Gott genannt haben.

In einem klassischen Text des Neuen Testaments über die Hoffnung spricht Paulus von Abraham, dem »Vater vieler Völker«, der an Gott glaubte und auf Gottes Verheißung vertraute: »Und er hat geglaubt auf Hoffnung, da nichts zu hoffen war« (Römer 4,18). Der Begriff der Hoffnung spielt eine zentrale Rolle im jüdischen wie im christlichen Denken, im Gegensatz zur antiken Philosophie, die die Hoffnung zumeist nicht als Tugend, sondern als Schwäche betrachtete, die man vor allem den Frauen zuschrieb. Hoffnung galt als etwas Illusionäres und Törichtes. Paulus hat Menschen, die so denken, im Blick, wenn er sagt, die Heiden hätten keine Hoffnung (Epheser 2,12; 1. Thessalonicher 4,13); damit sind alle die gemeint, die ohne Hoffnung leben, gleichgültig welcher Religion sie auch anhängen.

Warum wurde die Hoffnung verachtet – und von wem? Sicher vor allem von denen, die sie nicht brauchten, die sich – weisheitsvoll – in einer gewissen Weltdistanz und Zurückgezogenheit auf rationale Erkenntnis der Wirklichkeit beschränkten. Die kulturelle Basis des Herrschaftssystems, unter dem das Christentum entstand, die Pax Romana, hatte als Grundlage eine rechtlich und ökonomisch abgesicherte strikte Unterscheidung zwischen dem Zentrum und der Peripherie. Glanz und Misere waren verteilt, eine erwartbare Lebenssicherheit stand dem normalen Elend der Armen, das unter den von der Kolonialmacht Rom unterworfenen Völkern herrschte, gegenüber. Die Anzahl der Kranken, Hungernden, Verlassenen, Rechtlosen und Verzweifelten, die in den Evangelienberichten des Neuen Testaments auftauchen, ist ein einziger Hinweis auf die, die Hoffnung brauchten und sich an sie klammerten.

Ein Grundgefühl, das sich mit dem Neoliberalismus der neunziger Jahre verstärkt, sagt mir, daß unsere heutige Welt diesem alten Imperium immer ähnlicher wird, weil die Schere zwischen den »Ökonomiefähigen« und den Ausgeschlossenen sich immer weiter öffnet. Für den Gott der Gerechtigkeit, der auf das »Leben in seiner Fülle« für alle sieht, war in diesem ökonomisch-politischen System kein Raum vorgesehen. Glaube, Hoffnung und Liebe, die Grundbegriffe des Christentums, waren lächerliche, überflüssige Formen des Aberglaubens, des vorwissenschaftlichen Denkens, Weiberträume. Es ist kein Zufall, daß einer der Hauptpunkte der antiken Kritik am Christentum sich darauf berief, daß die Auferstehung Jesu ja nur von Frauen, die vor Gericht nicht angehört wurden, bezeugt war. Die Hoffnung der Rechtlosen, die sich in der Überwindung des Todes ausdrückte, war überflüssig.

In der gegenwärtigen Welt gibt es ein vergleichbares, allseitig anerkanntes ideologisches System, dem wir unsere ökonomische und technologische Stärke verdanken, das unsere alten Hoffnungen für überflüssig ansieht. Es ist die Wissenschaft. Ihren Prämissen und Zielvorstellungen sollen wir um den Preis unserer Hoffnung gehorchen. Ihre Wahrheit ist für uns nur in wenigen Teilaspekten, für Spezialisten, zugänglich. Das scheinbar wertneutrale System wissenschaftlicher Erkenntnis ist zu einem restriktiven Gesetz geworden, das sich mit Begriffen wie Sachzwang, ökonomische Notwendigkeit oder Fortschritt schmückt und von dem Prinzip geleitet wird, daß das, was erfunden, entdeckt und konstruiert wird, auch gemacht und vermarktet werden muß.

Martin Luther hat die Vernunft eine Hure genannt. Dieses Bild habe ich erst in den neunziger Jahren, mit ihrem gnadenlosen Triumph der Technokratie, verstanden. Die Ideologie der Wissenschaftlichkeit hat ein Glaubenssystem mit eigener Priesterkaste ausgebildet; innerhalb dieses Systems der rationalen Kontrolle wird »Hoffen« zu etwas Vorwissenschaftlichem und Überflüssigem. Ideologisierte Wissenschaft läßt keinen Raum für das Unvorhersehbare. Ich versuche das zu zeigen, indem ich in dem erwähnten Text aus dem Römerbrief über die Hoffnung das dort von Paulus kritisierte Wort »Gesetz«, Nomos, mit unserem gegenwärtigen fundamentalen Grundbegriff »Wissenschaft« interpretiere.

»Denn nicht durch die *Wissenschaft* wurde dem Abraham oder seinen Nachkommen die Verheißung zuteil, daß er Erbe der Welt sein solle, sondern durch die Gerechtigkeit des Glaubens. Wenn nämlich die Anbeter der *Wissenschaft* die Erben sind, so ist der Glaube entwertet und die Verheißung kraftlos geworden ... Deshalb heißt es ›aus dem Glauben‹, damit es nach Gnade gehe ..., auch für die aus dem Glauben Abrahams, der unser aller Vater ist (wie geschrieben steht: ›Zum Vater vieler Völker habe ich dich gemacht‹) vor dem Gott, dem er glaubte, der die Toten lebendig macht und das, was nicht ist, ins Dasein ruft; welcher gegen alle Hoffnung auf Hoffnung hin glaubte.« Angesichts der Tatsache, daß der wissenschaftlich-ökonomische Komplex uns beherrscht, braucht der Glaube Hoffnung, nicht als Illusion, sondern als lebendige Antwort auf den Ruf des Lebens, die sich gegen die ideologisierte Wissenschaft wehrt. Hoffnung entspringt für Paulus nicht aus unsern Absichten oder Taten, sondern geht ihnen voraus. Sie wendet sich gegen die Stagnation und Prolongation dessen, was ist. Sie wendet sich gegen das technologisch durchkonstruierte »Ende der Arbeit« ebenso wie gegen die Behandlung der menschlichen Sexualität als Ware. *Spes contra spem*, Hoffnung gegen alle Hoffnung bedeutet, das Gegebene, die Sachzwänge zu überschreiten. Die Hoffnung läßt sich nicht trennen vom Glauben an die Kraft des Transzendierens, die manche Gott nennen. Die Art von Glauben, die sich als Widerstand ausdrückt, hat nicht unbedingt etwas mit institutionalisierter Religion zu tun. Wer sich auf einen Gottesglauben beruft, aber die Hoffnung auf das Überleben der Menschheit in Würde und Arbeit aufgegeben hat und bewußt oder unbewußt die Vorbereitung der Zerstörung der Schöpfung toleriert oder fördert, der glaubt nicht wirklich an Gott. Eine Gottesideologie, die nichts von Hoffnung weiß, ist kein Glaube. Wer aber Hoffnung in seiner Lebenshaltung und in seinem Handeln gemeinsam mit anderen zum Ausdruck bringt, der glaubt wirklich an Gott, wobei es nicht wichtig ist, ob jemand die religiösen Ausdrücke »Glauben« oder »Gott« benutzt oder nicht.

Ein anderer »Kirchenvater«, der mich die Bedeutung der Hoffnung verstehen gelehrt hat, ist Augustinus. In bemerkenswertem Gegensatz zu Paulus, der in 1. Korinther 13,13 lehrt, daß unter Glaube, Hoffnung und Liebe die Liebe die größte sei, nennt Augustinus die Hoffnung als größte dieser drei theologischen Tugenden. Der Glaube lehrt uns nach Augustinus nur, *daß* Gott ist, die Liebe lehrt uns, daß Gott *gut* ist, aber die Hoffnung lehrt uns, daß Gottes Wille auch in Erfüllung geht. Gottes Wille ist Gerechtigkeit für alle. Wie aber verwirklicht die Gottheit ihren Willen? Wo und mit wem tut sie das? Wer sind ihre Verbündeten und Mitarbeiter? Wenn wir uns mit diesen Fragen herumschlagen, kann uns eine weitere Einsicht Augustinus' helfen, nämlich die, daß die Hoffnung zwei liebliche Töchter habe: Zorn und Mut; Zorn, damit das Nichtige auch nichtig bleibe – Mut, damit das, was sein soll, auch sein wird.

Es genügt nicht, nur zu beschreiben, was ist, ohne in Betracht zu ziehen, was gebraucht wird und darum sein sollte. Die Analyse, die von den Benachteiligten ausgeht, sieht anders aus als eine sogenannte neutrale. Der Kampf ist eine wichtige Quelle der Hoffnung; Hoffnung fällt nicht als göttliche Gabe vom Himmel, sie erwächst aus dem Widerstand der Beleidigten und Rechtlosen. Eine Analyse, die nicht mehr ist als bloße Analyse, dient der Aufrechterhaltung des Status quo. Eine wissenschaftliche Beschreibung der bestehenden Verhältnisse, die nichts zur Veränderung beiträgt, genügt nicht. Wir müssen auf den Zeitpunkt hinarbeiten, an dem die inneren Widersprüche eines Systems sozialer und ökologischer Ungerechtigkeit so offen zutage treten, daß die Menschen dadurch aus Apathie und Verzweiflung erwachen und zum Kampf und zur Hoffnung, zu »Zorn und Mut«, ermutigt werden. Genau das haben die Propheten des Alten Bundes getan. Eine gute und nützliche Analyse nennt die Opfer der Ungerechtigkeit in dem jeweiligen sozialen Kontext beim Namen und fragt: Wie lange können sie das noch ertragen? Wie lange werden sie sich noch still verhalten? Wann werden sie aufstehen? Wer sind die Handlungsträger der Veränderung?

Die Hoffnung liegt bei den Armen, die die Kraft gewinnen, um die Unterdrücker auszutreiben, wie Jesus und seine Freunde die Dämonen austrieben. »Wer sich nicht wehrt, lebt verkehrt« – das ist auch eine religiöse Aussage. Wer sich nicht wehrt, glaubt nicht an die Liebe oder traut ihr zumindest nichts zu. Eine Gemeinschaft von Christen in der Ersten Welt, die sich als Kirche versteht, ist in meinen Augen nur dann wirklich Kirche, wenn sie Widerstand leistet. Im Widerstand leben, das heißt gegen alle Hoffnung auf Hoffnung hin glauben.

Im Augenblick wird die Frage nach der Hoffnung vielfach gestellt. Sie irritiert mich, weil sie oft so lamentös vor allem Handeln gestellt wird. Viele wollen zunächst in der Aussicht versichert sein, daß alles gutgeht, um allenfalls dann zu handeln und zum guten Ausgang beizutragen. Vielleicht sollten wir die Frage nach dem guten Ausgang vergessen; sie ist nicht beantwortbar. Es garantiert uns keiner, daß das Leben auf der Erde in absehbarer Zeit nicht kollabiert, auch kein Regenbogen. Aber wir können tun, als hofften wir. Wir können handeln, als sei Rettung möglich. Dabei helfen uns die Augustinischen Töchter der Hoffnung.

Zu tun, als gäbe es einen guten Ausgang, sind wir uns selber, aber auch unseren Nachkommen schuldig. Man entwürdigt sich und spricht sich selber Subjektivität ab, wenn man die Dinge zuschauend ihrem Unglück entgegentreiben läßt. Luthers Satz vom Apfelbäumchen, das er noch angesichts des Weltuntergangs pflanzen wollte, heißt nicht, daß er den Blick auf die untergehende Welt verweigert. Es ist kein verblendeter Optimismus. Er ehrt sich selber, indem er sich auch als Handelnden begreift, als einen Menschen, der den Auftrag und die Fähigkeit hat, das Leben zu behüten und zu fördern. Nicht allein der Erfolg rechtfertigt, was ein Mensch tut. Es gibt Handlungen, die in sich selber gerechtfertigt sind. Die Liebe und die Gerechtigkeit heiligen den Menschen; nicht erst der Erfolg der Liebe und der Gerechtigkeit.

Wir sind es auch unseren Nachkommen schuldig, jetzt zu handeln. Es ist nicht ausgemacht, daß unsere Mühe vergeblich ist. Es ist auch nicht ausgemacht, daß alle Rettungswege verschlossen sind. Auf die Predigt des Propheten Jonas von der bevorstehenden Vernichtung der Stadt Ninive befiehlt der König Umkehr und Trauer. Und er sagt: »Wer weiß! Vielleicht läßt sich's Gott gereuen und läßt von seinem Zorn, daß wir nicht untergehen« (Jonas 3,9). Wer die Welt und das Leben der eigenen Nachkommen liebt, wird zumindest »Wer weiß!« sagen. Er oder sie wird, wenn schon nicht in ausdrücklicher Hoffnung, so doch im praktischen Handeln damit rechnen, daß das Leben, die Freiheit, die gerechte Verteilung der Güter und der Schutz der Schöpfung gelingen können. Hoffnung ist nicht hauptsächlich Sache theoretischer Einsicht oder Erwartung. Sie ist Sache des Handelns. Ob ich ein hoffender Mensch bin, läßt sich kaum an meiner theoretischen Prognose ablesen, sondern an meiner Praxis. Die Hoffnung ist eine Schwester der Liebe. Sie wird nicht ernährt durch gute Gründe, sondern durch die Güte des Handelns. Wer Kinder hat und sie liebt, wird an ihrer menschlichen Zukunft nicht bauen, weil diese Arbeit Erfolg hat, sondern weil er oder sie die Kinder liebt.

Besteht denn eine innere Verbindung zwischen unserem Glauben an die Schöpfung und unserer Fähigkeit, zu hoffen und zu widerstehen? Wie können wir die beiden biblischen Traditionsstränge von Schöpfung und Befreiung miteinander verknüpfen? Diese Verknüpfung wird sichtbar, wenn wir aufhören, unsere Auffassung von Schöpfung an der Vergangenheit zu orientieren, und uns endlich ganz darauf einlassen, daß die Schöpfung ein unabgeschlossener Prozeß ist; sie geht weiter. *Creatio continua.*

Die Schöpfung wird in der Bibel in drei verschiedenen Versionen erzählt. Die erste Schöpfung, die uns ins Dasein gebracht hat, wird in 1. Mose 1 geschildert. Denke ich über diesen Text nach, so finde ich Trost in dem Wissen, daß Wind und Wasser, Erde und Luft, Fische und Vögel schon da waren, bevor wir Menschen ins Dasein gerufen wurden. Mit Dasein ist hier ein Sein in Beziehung gemeint, unter Leben wird Zusammenleben verstanden. Denke ich an den Tod – und das heißt an meinen eigenen Tod –, dann empfinde ich mich als Teil dieses Planeten Erde. Auch wenn ich sterbe, werden Wind und Wasser, Erde und Luft, Fische, Vögel und alle anderen Lebewesen weiterbestehen. Warum also sollte ich den Tod fürchten? Weil alle geschaffenen Dinge miteinander in Verbindung stehen, konnte Franziskus von Assisi vom Tod als von unserer Schwester sprechen. Und wer so sprechen kann, sagt das größte Ja zur Schöpfung, das vorstellbar ist, in dem auch der Tod ein Teil des Lebens geworden ist. So können wir unser kleines Dasein als Teil des großen Seins verstehen, in das wir zurückkehren werden: als Schwester zur Schwester Tod, als Kind zur Mutter Erde, als Bruder zum Bruder Sonne, als Tropfen zu den großen Wassern und als Flamme ins Licht.

Dennoch befürchte ich, daß die Menschen heute eher am Nicht-Sein als am Sein partizipieren, daß unsere tiefe Beziehungslosigkeit dazu führt, alles Leben auf dem kleinen Planeten Erde der Vernichtung preiszugeben und die Schöpfung ins Nicht-Sein zurückzustoßen. Ich habe Angst, daß das Nichts über das Sein triumphieren wird. Ich habe Angst, daß der Krebs des unbegrenzten Wachstums, des Schneller-Öfter-Mehr von allem weitere Teile der Schöpfung zerstört und auch in uns selber zunimmt. Keine Generation der bisherigen Geschichte konnte so nein zur Schöpfung sagen, wie wir es können. Keine frühere Generation war in der Lage, nicht nur Christus wieder und wieder zu kreuzigen, sondern auch Gott selbst, den Schöpfer, das Sein-in-Beziehung abzuschaffen. Gott wird in der Bibel der Anfang und das Ende des Lebens genannt (Offenb. 1,8), das Alpha und das Omega. Heute regeln Gentechnologie und der Umgang mit dem Sterben beides in fast vollständiger Souveränität.

Konservative Christen mißverstehen das, was Schöpfung bedeutet, oft in einer schicksalsgläubigen Art. Ihr Vertrauen auf den Schöpfer wird von den Vertretern der äußersten politischen Rechten dahingehend manipuliert, daß man behauptet, Gott sei schließlich Herrscher über alles, und wenn es sein Wille sei, die Schöpfung zurückzunehmen, dann könne an diesem Entschluß niemand und nichts etwas ändern; weder Mutterliebe noch gesunder Menschenverstand, weder vernünftige Politik noch entschlossener Widerstand gegen die Todesstrategien könnten gegen »Ihn« und seinen absoluten Willen etwas ausrichten.

Die pseudoreligiöse Ideologie ist eine Irrlehre, die im Gewande frommer Ergebung in den Willen Gottes einhergeht. Sie vermischt Gott und Satan, bis sie ununterscheidbar werden. Die Frage, wer von beiden der Schöpfung ein Ende setzen will, bleibt unbeantwortet. Die Reformatoren haben die Unterscheidung zwischen Gott und Abgott für ein kritisches Hauptanliegen der Theologie gehalten. Beide, Gott und Abgott, versprechen das Leben. Aber während Gott Geberin des Lebens ist, gibt der Abgott den Tod. Der gegenwärtige Abgott verspricht Leben, gibt aber den Tod.

Wollen wir auf die Schöpfung anders antworten, nämlich im Sinne einer Zärtlichkeit für alles, was auf dieser Erde lebt, und wollen wir die werden, als die wir gedacht sind, nämlich Mit-Schöpfer, geschaffen nach Gottes Bild, dann muß klarwerden, daß sich Schöpfung niemals nur auf unseren Ursprung, sondern immer auch auf unsere Zukunft bezieht. Die Schöpfung, die mit der ersten Schöpfung begonnen hat, ist noch nicht zu Ende.

Eine andere Schöpfung, der wir unser Dasein verdanken, offenbart sich in der biblischen Exodus-Geschichte, als das Volk Gottes das Rote Meer durchschritt und aus der Sklaverei in das Land der Freiheit kam. Diese zweite Schöpfung ist ein Ereignis der Geschichte. Auch heute ist ein großer Exodus im Gange: heraus aus der ägyptischen Finsternis von Herrschaft und Abhängigkeit in ein Land, wo Friede und Gerechtigkeit einander umarmen. Wenn wir uns an unsere zweite Schöpfung erinnern, an das geschichtliche Ereignis der Flucht aus Ägypten und dem »Diensthaus«, dann denken wir gleichzeitig an alle Völker, die heute – wie die indigene Bevölkerung von Chiappas in Mexiko, die sich gegen die Plünderung ihrer Lebensgrundlagen erhoben hat – einen langen und leidvollen Kampf kämpfen, um aus dem Ägypten ihrer Unterdrücker herauszukommen. Auch die zweite Schöpfung ist noch nicht zu Ende. Jede Generation muß ihr Verständnis von Freiheit neu definieren.

Es gibt noch einen dritten Diskurs über die Schöpfung; dort, wo die Bibel in symbolischer Sprache von unserer Taufe in den Tod und von der Auferstehung Jesu Christi redet. Der »neue Mensch« tritt als »neue Frau« und »neuer Mann« ins Sein und wird im Prozeß von Tod und Auferweckung offenbar: »Wisset ihr nicht, daß alle, die wir in Jesus Christus getauft sind, in seinen Tod getauft sind? So sind wir ja mit ihm begraben durch die Taufe in den Tod, damit, gleichwie Christus ist auferweckt von den Toten durch die Herrlichkeit des Vaters, also sollen auch wir in einem neuen Leben wandeln. Denn wenn wir in ihn eingepflanzt sind zu gleichem Tode, so werden wir ihm auch in der Auferstehung gleich sein, weil wir ja wissen, daß unser alter Mensch samt ihm gekreuzigt ist, damit … wir hinfort der Sünde nicht dienen« (Römer 6,3–6). Um von neuem geboren zu werden, müssen wir mit Christus sterben; das bedeutet: Unser altes Selbst muß mit Christus gekreuzigt werden. Wer ist »der alte Mann« oder »die alte Frau«, die sterben müssen? Es ist unser altes Wesen: das egoistische, ichbezogene, apolitische menschliche Wesen, dessen Frömmigkeit nicht selten in einem extremen Individualismus besteht. Aber Paulus meint auch den säkularen Individualisten, der ein anständiges und ordentliches Leben führt, aber vor dem konkreten Leiden in unserer Welt die Augen verschließt.

Das »alte Wesen«, das sterben muß, ist nicht nur das egozentrische, sondern – schlimmer noch – das ohnmächtige Ich, das sich unfähig fühlt, irgend etwas zur Veränderung der Welt beizutragen. Es ist versklavt, unter der Herrschaft der Sünde, und den Mächten, die Unrecht und Zerstörung über die Erde bringen, hilflos ausgeliefert. Egozentrismus und Ohnmacht sind die hauptsächlichen Kennzeichen dieses alten Wesens.

Der neue Mensch wird in der Auferstehung Christi geboren. Mann und Frau bekommen die Kraft, um den Kampf gegen den Tod und gegen die, die uns im Banne des Todes halten, aufzunehmen. Der neue Mensch in Christus ist ein Widerstandskämpfer und ein Revolutionär: Frauen, die wissen, wofür sie leben und wofür sie ihr Leben lassen, und Männer, die für das Reich Gottes kämpfen. Der neue Mensch ist ein liebendes Wesen, das als Mit-Schöpfer an den drei Arten des Schöpfungsprozesses beteiligt ist: an der Erneuerung der Erde, an der Befreiung von Sklaverei und am Widerstand gegen den Tod und alle todbringenden Mächte. Keine der drei Arten des Schöpfungsprozesses ist abgeschlossen, alle drei gehen weiter.

Ein naiver Glaube an die erste Schöpfung ist uns nicht mehr möglich. Das Schicksal der Erde steht auf dem Spiel, und wir können uns nicht damit beruhigen, es läge allein in Gottes Hand. Das Schicksal der Erde liegt gleichermaßen in unserer Hand, und nur eine Gemeinschaft von Menschen, die Widerstand leisten, kann die Vernichtung der Möglichkeiten, zu lieben und zu arbeiten, verhindern. Gott, die das Universum geschaffen hat und auch unseren kleinen Planeten, Gott, die uns aus jeglicher Sklaverei befreit – Sie ist dieselbe, die Tote zu neuem Leben erweckt, so daß auch wir, die wir tot und ohne Hoffnung sind, zu Menschen des Widerstands und zu Liebhabern des Lebens werden können. »Liebhaber des Lebens« (Weisheit Salomonis 11,26) ist ein alter Name für Gott. Es soll auch unser Name sein, jetzt und immerdar.

Pressestimmen zu:

Gegenwind. Erinnerungen

320 Seiten, 3. Aufl. 1998

Weniger ein Stein, auf dem man Kirchen baut, als ein Stein des Anstoßes – so kennen wir Dorothee Sölle. In ihren Erinnerungen nun, einem sehr empfehlenswerten »Hausbuch« im besten unbürgerlichen Sinne, nimmt sie von ihrem Engagement für die Dritte Welt, ihrer Abneigung gegen den Gottseibeiuns namens Weltbank und der Überzeugung von der Notwendigkeit auch marxistischer Analysen beim politischen Handeln von Christen kein Jota weg. *Neue Ruhr Zeitung*

Gegenwind enthält durchaus selbstkritische Töne. Aber keine der durch die entscheidenden Lektionen ihrer Lebenszeit, Auschwitz und Vietnamkrieg, gewonnenen Überzeugungen ist aufgegeben; Dorothee Sölle ist sich bewundernswert treu geblieben. Obwohl sie am Geist der Utopie festhält, gelingt ihr die Verbindung des Prinzips Hoffnung und des Prinzips Verantwortung. Der Ort dieser Synthese ist die Bergpredigt – und von Anfang an war diese glühende Fürsprecherin des Lebendigen hier zu Hause. Säße ich in der Jury für den deutschen Friedenspreis, sie wäre meine Kandidatin. *Süddeutsche Zeitung*

Dorothee Sölle war und ist keine »Kathedertheologin« (das kann sie auch), sondern eine praktisch streitbare und streitende Frau. *Neues Deutschland*

Ein fesselndes, im besten Sinne aufregendes Buch einer überzeugten Christin. *Sonntagsblatt*

Mystik und Widerstand – »Du stilles Geschrei«

384 Seiten, 4. Aufl. 1998

Die Theologin Dorothee Sölles hat ein furioses Buch über Alternativen zum Kapitalismus geschrieben. In den sechziger Jahren gehörte Dorothee Sölle in Köln zu den Begründerinnen der »Politischen Nachtgebete«. Sie versuchte, »atheistisch an Gott (zu) glauben«, und ist eine der Protagonistinnen der feministischen Theologie. Nun hat sie eine Verbindung hergestellt, die so etwas wie die Summe ihres politischen Engagements und ihrer Gott-Suche bildet: »Mystik und Widerstand«. *die tageszeitung*

Am besten ist Dorothee Sölle, die Grande Dame theologischer Widerspenstigkeit, immer dann, wenn sie konkret wird. (...) Widerstand und »Stilles Geschrei« findet die Theologin bei den Mystikern und Mystikerinnen aller großen Religionen, grenzüberschreitend, im Judentum (Chassidismus), im Islam (Sufismus), im Buddhismus, vor allem natürlich im Christentum.
Neues Deutschland

Mit kraftvoller Subversivität plädiert Dorothee Sölle dafür, neue, spirituell geprägte Formen des zivilen Widerstandes zu erproben, die introvertierte Mystik mit extrovertierter Zeitkritik verbindet. Ziel ist die Einübung neuer Lebensformen, die neben dem Ich auch der Ichlosigkeit, neben Besitz auch der Besitzlosigkeit, neben Gewalt auch der Gewaltlosigkeit Raum gibt. *Pro Zukunft*

Ihre Stimme ist aus unserem Land nicht mehr wegzudenken. Selten klingt es so ehrlich und so leidenschaftlich wie bei ihr. Für viele Menschen ist sie die Vertreterin eines »anderen Christentums«. Eines Christentums, in dem Mystik und Engagement, Frömmigkeit und Politik, Wärme und Wahrhaftigkeit nicht auseinanderfallen, sondern zusammengehören. *Augustana Forum, Augsburg*